非営利組織会計の基礎知識

ACCOUNTING GUIDE FOR NONPROFIT ORGANIZATIONS

寄付等による支援先を選ぶために

石津寿惠・大原昌明・金子良太［編著］

東京 白桃書房 神田

はじめに
「お金」の面からのアプローチ

高齢者人口の増加，経済の低迷，自然災害の頻発，世界情勢の緊張感の高まり，そして引き続く感染症の影響などを背景とし，さまざまな社会環境との共生や人と人とのつながりが意識される時代となってきました。個々人が置かれている状況やそれぞれの意識の多様化が一層進むなか，かつてのように社会的問題が生じた時に画一的な公的サービスに頼り切る時代は終わりを告げつつあります。

いろいろな意味での格差社会は，支援を求める人々を増加させています。それとともに，支援をしたいという人々も増加しています。支援を受けたい，支援をしたい，そうした思いの間に非営利組織は存在します。しかし，多くの場合，非営利組織の財政基盤は脆弱で，行い得る公益サービスと直面する財政的厳しさの間でジレンマを抱えているのが現状です。

高齢者・障がい者などの社会的弱者のケア，貧困の撲滅，被災地・国際紛争支援，教育の普及…さまざまな公益サービスを提供する非営利組織は，実は身近な存在であるにもかかわらず，それが「非営利組織」として認知されていないことが多いかもしれません。また，非営利組織といっても玉石混交ということもあります。そこで，支援をしたいという気持ちを持った時，それを適切に受け止めて活動してくれる組織体かどうかを見抜く「眼」が必要になるのです。

本書は，社会をよりよくするミッション（使命）を持った非営利組織という組織体について理解を深め，支援をしようとする際の意思決定をアシストすることを目的としています。そして，その切り口を「お金」の動きにしています。「お金」に着目したのは二つの理由からです。

一つには，活動の裏には必ずお金が絡んでいるからです。活動を主観的な美しい言葉で語ることもできますが，主観的な言葉からでは，外部の人間にはその本当の姿はわからないことも多くあります。一方，ほとんどの場合，活動にはコストがかかりますので，活動の実体は，その裏面にあるはずのお金の動きで客観的に確認することができます。そういう意味で，実は「お金」は正直なのです。ですから，非営利組織の活動を理解するためには，そのお金の動きを表す財務諸表（決算書）を読みこなすことが重要になります。

二つには，寄付は社会を変える力があるということです。自然災害，国際紛争，感染症対策などを契機として日本でも寄付意識が高まってきています。ここで，寄付の意味を考えてみましょう。所得税，消費税…私たちはいろいろな場面で税金を納めています。その税金でさまざまな公益サービスを受けますが，どのような分野のサービスの供給に力点を置くかについては私たちが直接的に決められるわけではありません。一方，寄付では，促進してほしい公益サービス分野を自己決定して支出できます。そして，一定要件を満たせば税制優遇を受けることもできます。つまり，税金も寄付も公益サービスの原資となる支出という意味では同様にとらえることもできるわけですが，寄付であれば自分のお金に思いや意思を直接的に反映させられるという違いがあります。それは個々人のちいさな思いかもしれません。しかしそれが積み重なれば社会を変える原動力になっていくと考えられるのではないでしょうか。寄付には社会を変える力があります。

本書が「お金」の面から非営利組織にアプローチするのは，上記のような理由からです。なお，本書では，寄付は社会を変える力があるという視点ですので，ふるさと納税などに見られる返礼品目的の「寄付」の説明は限定的にとどめています。

なお，本書は，上記の目的に沿ってまとめたものですが，各章の内容については各執筆者の責任において記述しています。

本書を読み進めるにあたって

1　目的と想定読者

本書は，非営利組織の活動・会計を学びたい，応援したいとする読者を主たる対象としています。「お金」の面からのアプローチを取っていますが，わかりやすさを重視して，お金の動きと活動そのものの説明とを表裏一体のものとして記述しています。会計は組織活動の「写像」といわれますが，財務諸表（決算書）を読み解くことは非営利組織を理解するうえでとても有用です。

また，主要な支援方法である寄付の「選択に資する情報提供，選択のポイント」が理解できることを意識しています。さらに，財務諸表（決算書）の理解や寄付に関する情報という視点は，非営利組織を立ち上げたいという方にも有用です。

本書は，できるだけ平易な「読み物」として記載していますので，当領域の入門書として活用していただければと思います。さらに詳しく学びたい方は，各章末の［もっと深く学びたい人へのお勧め文献・Web 情報］を活用してみてください。

2　全体の構成について

本書は，4 部構成になっています。Ⅰ部（第 1 章－第 5 章）は非営利組織全体の基礎知識として押さえておいていただきたい事柄を，Ⅱ部（第 6 章－第 9 章）は主な非営利組織の会計情報について，公益法人，学校法人，社会福祉法人，NPO 法人といった法人の類型ごとに記載しています。企業会計にはなじみがある方も多いと思いますので，冒頭には企業会計の概略を入れ，非営利組織の会計がこれとどのように違うかを理解していただけるようにしました。またⅢ部（第 10 章－第 11 章）は寄附や遺贈にあたっての税制上の優遇措置などについてまとめています。そしてⅣ部（第 12 章－第 16 章）は発展的内容です。本書は民間非営利組織を中心に扱っていますが，国や地方公共団体の会計も国民からの支出によるサービス提供という意味では同様にとらえることもできます。また，寄付の現状からとらえればふるさと納税の説明は避けて通れません。さらに非営利組織を立ち上げようとしている方々も意識して，最後に起業についても触れる章を設けています。

各部・章を順番に読み進んでいただくほか，たとえば，寄付先を考えるにあたって税制の優遇措置がどうなっているか知りたい人はⅢ部から，授業テキストとしてとにかく決算書の読み方を知りたいという人はⅡ部からといったように，ご自身の関心の所在や必要性に応じて本書を活用いただくこともできます。なお随所に「☞マーク」が付いています。たとえば **(☞第 1 章Ⅱ参照)** とあれば，そこに関連の記載があるので，もっと詳しく知りたいときに効率よく読み進むことができます。でも，「拾い読み」して，効率的に飛ばし読みした後は，他の章も是非振り返って読んでみてください。気づかなかった視点が見つかることと思います。

最後に，出版事情の厳しいなか，株式会社白桃書房代表取締役社長大矢栄一郎氏に特段のご配慮を頂いたことに感謝申し上げます。

2023 年 8 月

編著者　石津寿恵

大原昌明

金子良太

略語一覧表　本文記載の略語について

英文（アルファベット順）

ASBJ	企業会計基準委員会（日本）	Accounting Standards Board of Japan
ASC	会計基準のコード体系（米国）	Accounting Standards Codification
CSR	企業の社会的責任	Corporate Social Responsibility
ESG	環境・社会・統治	Environment・Social・Governance
FASB	米国財務会計基準審議会	Financial Accounting Standards Board
IFAC	国際会計士連盟	International Federation of Accountants
IFRS	国際会計基準	International Financial Reporting Standards
IPSAS	国際公会計基準	International Public Sector Accounting Standards
IRC	米国内国歳入法	Internal Revenue Code
IRS	米国内国歳入局	Internal Revenue Service
SDGs	持続可能な開発目標	Sustainable Development Goals

邦文（あいうえお順）

一般法人法	一般社団法人及び一般財団法人に関する法律
公益認定法	公益社団法人及び公益財団法人の認定等に関する法律
整備法	一般社団法人及び一般財団法人に関する法律及び公益社団法人及び公益財団法人の認定等に関する法律の施行に伴う関係法律の整備等に関する法律
NPO 法／法人	特定非営利活動促進法／法人

目　次

第 III 部 非営利組織の税制

第I部

非営利組織の会計・情報・支援の入口

第1章

非営利組織・会計の概要

この本を手に取られた方は「非営利組織」がどういう組織なのか，すでにご存じだと思います。でも，もしかしたら，それぞれ異なったイメージをお持ちの可能性もあります。多いのは「利益を得ない組織」というとらえ方です。利益が「収入」と「支出」の差額というようにとらえた場合，収入の方が多いと非営利組織とはいえないのでしょうか？　逆にいえば赤字の企業は非営利組織なのでしょうか？　また，「ボランティアで活動する組織」と考える人もあると思います。この場合，ボランティアを無償労働という意味でとらえているのであれば，組織として継続的に無償活動を続けることは可能でしょうか？　非営利組織とはどういう組織なのか，その必要性，経済規模そして会計のあらましなど，本書を読み進めるウォーミングアップを始めましょう。

キーワード　L. M. サラモン　FASB　ASBJ　ソーシャル・エンタープライズ　概念フレームワーク

I　非営利組織とは？

1……非営利組織の必要性——三つの不十分性——

非営利組織の存在理由を，政府，市場，ボランティアによる公益サービス提供の不十分性という点から考えてみましょう。まず政府についてです。公益サービスの発端を経済的に困難な人への支援と考えた場合，日本における発端は奈良時代，光明皇后による悲田院の設立（聖徳太子との説もある）に遡ると考えられます。また，明治期になって制度化された恤救（じゅっきゅう）規則にしても[1]，生活の困窮等への最低限の救済は「お上」が行うものという意識があるようです。

しかしながら，生活水準の向上・複雑化につれて，政府による公平で画一的な公的サービスの供給では多様化するサービスニーズへの対応が不十分であり，また財政逼迫の面からもその肥大化や非効率性が問題となりました。また，公的サービスを受けるまでには煩雑で時間を要する各種手続きがあり，タイムリーなサービス提供が行われないという課題もあります。これが第一の不十分性，**政府によるサービス提供の不十分性**です。そして，この政府の不十分性を補うものとして市場の活用があげられます。しかしマーケット原理では利益率の高いサービスやサービス需要の多い地域に供給が偏在するなど，社会に必要な財やサービスが十分に提供されないという問題が生じます。さらに，利益を追い求めることによるサービスの質の低下も課題となります。これが第二の不十分性，**市場によるサービス提供の不十分性**です。

そこで期待がかかるのがボランティアです。利用者に寄り添うサービスを自発的・機動的に行うボランティアは，とりわけ阪神淡路大震災の際にその存在の重要性が認められるようになりました。確かにボランティア個々人の活動は大きな役割を果たします。しかし，個々人の活動では限界もあります。たとえば大学生が被災地で夏休みにボランティア活動を行った場合を考えてみましょう。被災地で継続的な支援が必要だったとしても，大学生は授業が始まれば学校に戻るので継続的にニーズに応えることができません。また，熱意があっても，専門性は高くない場合がほとんどです。このように，サービスを受ける側のことを考えると，個々人が任意に行う活動だけでは不十分なことがあります[2]。これが第三の不十分性，**（個人）ボランティアによるサービス提供の不十分性**です。

非営利組織は社会をよくするミッション（使命）を持った「組織」です。多様化する公益サービスへのニーズに，官でも民でも個人ボランティアでもない非営利組織が対応する必要性がここにあります。

2……非営利組織の特徴

(1)　サラモンによる特徴の説明

非営利組織研究の世界的第一人者**サラモン**（L. M. Salamon（1943-2021），元米国ジョンズ・ポプキンス大学教授）は，非営利組織の特徴を次の五つにまとめています（サラモン著，山内訳（1999）14頁）。

①組織の形態をとること
②政府組織の一部を構成しないこと
③利益を配分しないこと
④自律的運営を行っていること
⑤非課税団体であること

①は正式な組織形態をとっていること，②は政府から独立した組織であること，③は利益を理事等関係者で分配しないこと，④は自己統治していること，⑤は法制により公益目的のために活動しているとみなされ，各種税の一部または全部を免除されているということ，です。

このなかでとくに留意すべきことが二つあります。まず一つには③です。非営利組織だからといって利益を上げてはいけない，としているわけではありません。活動の継続性を考えれば一定の差額（利益）は必要です。それは，たとえばサービス提供のために必要な施設設備のメンテナンスをしたり，組織マネジメントのためにお給料を支払う必要があることからも明らかです。③で述べているのはその利益を「分配しない」ということです。株式会社は活動の成果である利益を出資者である株主に配当（分配）しますが，非営利組織には株主はいませんし，拠出者への分配もありません。また，社会通念と照らし合わせて不当に高額な理事等への報酬等も，結果として利益の分配になりますから認められません。

もう一つには②です。五つの特徴のうち②がなかったら，どんな組織が含まれるようになるでしょうか。政府組織，たとえば市役所や公立病院なども含まれることになります。非営利組織にはさまざまな区分があります。政府組織などを公的非営利組織（パブリック・セクター），それ以外を民間非営利組織（プライベート・セクター）として両者を合わせて非営利組織ととらえられることもあります。しかし上述のようにサラモンはプライベート・セクターのみを非営利組織としています。本書ではその考え方に依拠してプライベート・セクターを中心に取り上げていますが（☞**第Ⅱ部参照**），「はじめに」で説明したとおり，パブリック・セクターも併せて取り上げています（☞**はじめに，第14章，第15章参照**）。

⑵　FASBによる特徴の説明

非営利組織の会計を考える時には，会計的な意味における非営利組織がどういうものなのかを明らかにする必要があります。非営利組織会計の「先進国」である米国で会計基準を作成する機関であるFASBの**概念フレームワーク**4号（par.6）では非営利組織の特徴として下記三つがあげられています。

①受領資源のうちの相当額が見返りを期待しない資源

②利益獲得以外の目的の存在

③所有主請求権の不存在

これらはサラモンの定義と重なるところも多いですが，会計的側面に焦点が絞られている点が異なります。本書は会計を扱いますから少し丁寧にみていきましょう。

まず，①です。図表1は組織活動の受託委託関係を概略化して示しています。資源提供者（委託者）は，組織（受託者）に，資源を提供して事業活動の遂行を委託し，その活動の顚末について報告を受けます。この仕組みは営利組織も非営利組織も同様です。では両者の違いはどこにあるでしょうか。

図表1の点線上半分は営利組織（株式会社等）についてです。主たる資源

図表1　受託委託関係

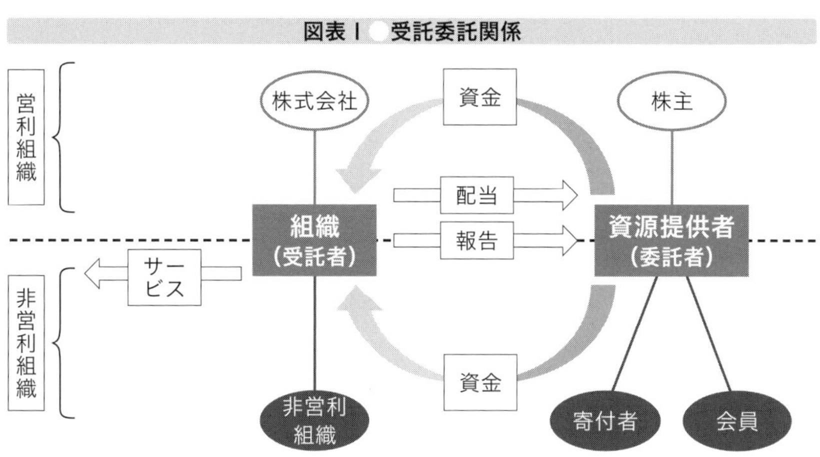

（出典）筆者作成

提供者は株主です。彼らは株を買って会社という組織に資金を提供します。通常，資金提供の目的は，その見返りによって得られる配当金を受領することです。株式会社は株主に配当金を分配する組織です3)。

では，図表1の点線下半分を見てください。非営利組織についてです。資源提供者として寄付者や会員がいます。彼らは自分たちが何かリターン（配当）を得るために資金を提供するのでしょうか。いいえ，自分へのリターンではなく，必要な人に公益サービスを行ってもらうために非営利組織へ資金を提供したのです（これを「反対給付のない取引」ということもあります)。つまり，非営利組織にとってこれは「見返りを期待しない資源」を受領することです。活動を支える資源のうちの相当額が，そういった資源であるということが①の意味するところです。なお，受託委託関係は，アカウンタビリティ（説明責任）と大きくかかわりますがそれは別の章 **(☞第2章Ⅰ参照)** で説明します。

次に，②です。サラモンと同様にここでも利益の獲得は否定されていません。ただ，利益獲得以外の目的が必要だとしています。本来の目的はあくまでも公益サービスの提供であり，差額（利益）は公益サービスの提供に資するために組織体内部で留保されるものです。

ただし，非営利組織も利益獲得のための収益事業を行うことがあります。たとえば社会福祉法人が設立した良い立地の病院が，駐車場を株式会社Timesに運用させ一般に貸し出すなどです。当該社会福祉事業に支障がなく，その収益を公益事業や社会福祉事業の経営に当てるのであれば収益事業を行うことも認められています（社会福祉法第26条）**(☞第8章Ⅰ参照)**。

最後に，③です。さまざまな理由により組織が解散する時のことを考えてみましょう。活動の成果としての施設設備や現預金などの残余財産があった時，これを資金提供者などの特定の関係者で分け合うことを認めたら，それは利益を分配することと同じになってしまいます。それは認めないということが③の意味です。では，解散時に残っている財産はどうするのでしょうか。たとえば公益法人であれば，定款の定めるところにより類似の事業を目的とする公益法人や国・地方公共団体などに贈与することになります（公益認定法第5条17)。

本稿は，会計を視点としていますので，非営利の特徴についてFASBの3つを中心にとらえていきます。

Ⅱ　非営利組織の位置づけ

組織にはさまざまなものがあります。町内会も○○クラブといった任意的集まりも組織です。しかし，たとえば組織名で銀行口座を作ろうとした時，あるいは活動拠点の事務室を賃借しようとした時，苦労された経験をお持ちの方もいるのではないでしょうか。任意的集まりは契約の当事者になれません。契約のような権利義務の主体になるには法人になる必要があります。法人は，自然人以外の存在で，「人」とみなされて**権利義務の主体**となることができます。法人は法律に基づいて成立します（民法第33条）。

ここでは，法人のさまざまな形態のなかでの非営利法人の位置づけを明確にし，続いて社会的課題を解決するために活動する法人のなかでの非営利法人の現状をみていきます。

1……いろいろな法人形態

さて，法人形態にはさまざまなものがありますが，ここでは非営利・営利，公益・非公益という識別軸で分類し，非営利組織の位置づけを明らかにしていきましょう。

図表2は，非営利・営利，公益・非公益という二つの識別軸を用いて法人形態を四つに分類しています。二つの識別軸のうち非営利・営利についての説明は，すでにFASBによる非営利組織の三つの特徴でみましたので省略します。ここでは，公益・非公益の識別軸について考えてみましょう。公益

図表2　さまざまな法人形態

	非営利		営利
公益	プライベート・セクター	公益法人，学校法人，社会福祉法人，NPO法人　など	鉄道会社，電力会社など
	パブリック・セクター	国，地方公共団体　など	
非公益（共益）	一般社団法人 コープ，労働者協同組合　など		株式会社　など

（出典）筆者作成

とは**不特定多数の人々へのサービスの提供**を意味しています。非公益はそれ以外です。特定の人々へのサービス提供は共益ともいいます。

まず，イメージしやすい，図表2右下の営利・非公益エリア（株式会社など）からです。利益を得ることを目的とし，対価を支払う者に対して財・サービスを提供します。一般の株式会社が該当しますのでわかりやすいと思います。

では，図表2右上の営利・公益エリア（鉄道会社など）はどうでしょう。公共企業ともいわれ，不特定多数の者に公益サービスを提供します。やはり株式会社ではありますが，たとえばJRは運賃改定を自由に行うことはできません。鉄道事業法（第16条）により，鉄道事業者は運賃改定に当たり国土交通大臣から上限運賃額の認可を受ける必要があるからです。JRは株式会社であり営利企業ですが，鉄道運送という不特定多数の人に公益サービスを提供する事業体であり，自由な経済活動を行う通常の株式会社とは異なります。

続いて図表2左下の非営利・非公益エリア（一般社団法人など）はどうでしょう。たとえばコープ（生活協同組合）でサービスを受けるには，出資金を支払って加入して組合員になる必要があります。そして，基本的にコープは組合員に対してサービスを提供しますので非公益ということになります。組合員のための活動が目的であり，利益を目的とはしていません（ただし，組合活動により生じた剰余金は，出資金に組み込まれて事業の元手として運用され，脱退時に組合員に払い戻されます）。

さて最後は図表2左上の非営利・公益のエリア（公益法人など），つまり非営利組織の位置です。非営利の特徴は先に見ましたが，ここではさらに不特定多数にサービスを提供するという内容が含意されています。先に述べましたように，非営利組織にはプライベート・セクターとパブリック・セクターとがあります。前者には公益法人，学校法人，社会福祉法人，NPO法人といった本書が中心的に扱う組織体が位置づけられます（☞第Ⅱ部参照）。このほか，本書では扱っていませんが医療法人や宗教法人もこのエリアになります。後者には国や地方公共団体といった政府組織があります（☞第14章，第15章参照）。本書では扱っていませんが国立大学（国立学校法人）や，国立病院，国立博物館といった独立行政法人や，市営バス，市営ガスといった地方公営企業などもあります。

2……株式会社による社会的課題への取組み（ソーシャル・エンタープライズ）

ソーシャル・エンタープライズ（社会的企業）という名称をよく聞くようになりました。これは，法人形態を超えて，あるいは各法人形態間のコラボレーションを通じて，多様化してきている社会的課題の解決のために取り組む組織です（☞第16章Ⅲ参照）。

法人形態としては非営利組織から営利組織まで幅広く存在し，広義では株式会社という形態で福祉サービスやSDGs関連事業などに取り組むものも含めてとらえることができます。図表3のように既存の株式会社がCSR（企業の社会的責任）として社会的活動に取り組む場合もソーシャル・エンタープライズととらえられることがあります（谷本，経済産業省）[4)]。

多くの場合，非営利組織は資金難に直面しがちですが，株式会社形態をとることにより出資という形での資金調達ができ，また配当も可能なために幅広く出資を募ることができるメリットがあります。ソーシャル・エンタープライズは英国で活動の幅を広げ，日本でも社会的課題解決の担い手として期待が寄せられています。しかし，社会的課題解決のためのサービスを提供するといっても，やはり株式会社によるサービス提供である以上，利益を求めることになるという点では非営利組織とは異なります。本書では，非営利として公益サービスに取り組む非営利組織に焦点を当てています。

図表3　ソーシャル・エンタープライズ（社会的企業）の組織形態

<table>
<tr><td rowspan="4">純粋非営利組織
⟆
純粋営利組織</td><td colspan="2">公益法人，学校法人，社会福祉法人，NPO法人など</td></tr>
<tr><td colspan="2">一般社団法人，コープ，労働者生活協同組合
JR，電力会社　など</td></tr>
<tr><td rowspan="2">株式会社</td><td>ソーシャル・ベンチャー</td></tr>
<tr><td>企業のCSR活動</td></tr>
</table>

（出典）谷本（2020，185頁）を参考に筆者作成

Ⅲ　非営利組織の経済的な大きさは？

1……非営利組織の経済規模

内閣府の『民間非営利団体実態調査』（2021年度調査）によると，民間非営利組織の収入は合計20兆4,362億円で，前年度より6.5%増加しています。たとえば東京都の都税収入決算額5兆8,479億円（2021年度）と比較すると非営利組織の収入規模が大きいことがわかります。なお，非営利組織の収入の多くを移転収入（寄付金・会費・補助金等）が占めています（69.1%）。ここから非営利組織の活動には社会から支援が必要なことがわかります。一方，古い調査資料になりますが（2004年度）国民経済計算体系の非営利団体サテライト勘定によって付加価値総額を見ると，SNA基準で20.78兆円に上り，例えば電気機械産業の16.7兆円を大きく上回っています。

2……非営利組織の財源

先に述べたように民間非営利組織の収入の大半は移転収入（寄付金・会費・補助金等）です。つまり，営利企業であれば財・サービスを提供する相手から直接そのコストを回収するわけですが，非営利組織は財・サービスの利用者から直接的に必要コストをほとんど回収せず（できず），それ以外の寄付者・会員，役所などから収入を得てコストを賄っているということです。

収入の状況をもう少し具体的に見ていきますと，たとえば内閣府の『特定非営利活動法人に関する実態調査』（2020年度）によれば，NPO法人のうち一般の認証NPO法人では事業からの対価収入が83.1%となっています。他方，一定の要件をクリアした認定NPO法人では近年財源の多様化が進み，事業の対価収入が37.9%，寄付金収入が32.2%，補助金・助成金収入が26.1%となっているものの，やはり事業収入が大きいことに変わりはありません（☞第4章Ⅰ参照）。そして，その事業収入の多くが役所からの委託事業や介護保険などの保険料収入となっています。

特定の財源が大半を占めると，その特定財の提供者からの支援が打ち切られた場合に活動継続が危うくなります。また，その資金拠出側からの過度な「紐付き」事業になる恐れもあり，民間の自由な発想に基づくサービス提供という非営利組織の存在意義からすると課題が生じる場合もあり得ます。こういった意味からも，**財源の多様化・分散**は重要であり，とりわけ不特定多数からの寄付金収入の増加が必要であるとも考えられます。

3……寄付の状況

日本ファンドレイジング協会の『寄付白書 2021』によると，日本の個人寄付総額の名目 GDP に占める割合は 0.23% にとどまり，米国 1.55%，英国 0.26%（半年分）に対して著しく限定的です。しかしながら，寄付総額（個人寄付）は 1 兆 2,126 億円（うちふるさと納税 6,725 億円）に上り，10 年前（2010 年）の約 2.5 倍になりました。とりわけ 2020 年においては，新型コロナ感染症による社会連帯意識の高揚等などが増加に大きく寄与したと考えられます（☞第 16 章Ⅰ参照）。

また，寄付者にとっては，非営利法人等への寄付について一定の要件で**税制優遇**が受けられるというメリットもあります（☞第 10 章，第 11 章，第 12 章Ⅱ 1 参照）。使い道が直接的には特定できない納税という手段に替えて，自分自身で支援したい領域・使途を決めて寄付をして税制優遇が受けられるということは，「はじめに」で述べたように，寄付という手段によって，自分自身が望ましいと考える方向に社会を変えていくことにつながると考えられます。

ただし，内閣府の『令和元年度市民の社会貢献に関する実態調査報告書』によれば，寄付の受け皿（寄付をした相手）としては共同募金（37.2%），日本赤十字社（29.5%），町内会・自治会（28.9%）が高く，民間非営利法人である公益法人は 20.0%，NPO 法人は 12.4%，社会福祉法人は 7.8% といったように低くとどまっています（複数回答）。先に見た株式会社形態で公益サービスを提供するソーシャル・エンタープライズは，株主からの出資という形で原資を得て活動を行うことができますが，非営利組織は出資を受けるという資金入手の手段を持っていませんし，また，サービス利用者からサービス提供コストの回収ができないので，寄付金等により収入増を図る必要性は大きくなります。

また，社会連帯意識が高揚し社会からの公益サービスへの関心が高まる現在，支援したい人が的確な情報に基づく意思決定の下にその受け皿となる組織を選択できるよう，非営利組織の側においては的確な情報を開示し，支援者の側においてはその情報を的確に読みこなす知識を身に付けることが大切です（☞**第2章Ⅲ参照**）。

なお，非営利組織を支援する手段はお金の拠出のみではありません。フードバンクへの食品提供などのようにモノの提供や，ボランティア活動による参加という手段もあることはいうまでもありません（☞**第3章参照**）。

Ⅳ　法人形態ごとに異なる会計

先に述べましたように，米国で非営利組織の会計基準を作成しているのはFASBです。ここでは，非営利組織を一括りにした会計基準が作成されています（その下に業種別会計も存在します）（☞**第13章Ⅰ参照**）。しかし，日本では法人形態ごとに設立認可をする省庁が異なり，会計基準もその所轄庁が定めています。ここではまず，各非営利法人の会計の枠組みを比較し，続いてその統合化の動きについて検討していくこととしましょう。

1……さまざまな会計

図表4は，本書で取り上げている非営利組織（プライベート・セクター）の定義・数・会計基準・財務書類を記載したものです。参考に株式会社についても記載しました。詳細は本書の各章に記載されていますので，ここでは法人形態を比較する形で概要をみてみましょう。

まず会計基準欄をご覧いただくと，法人形態ごとに別々の会計基準が設定されていること，そして基準設定主体はおおむね法人の**所轄庁**であることがわかります。おおむねというのは，NPO法人については民間のNPO法人関係者によるNPO法人会計基準協議会が作成したからです。NPO法人の成り立ちを勘案して民間が主体的に会計基準を作成することが好ましいとの国民生活審議会（当時）の考えがあったためです（☞**第9章Ⅱ1参照**）。

次に財務書類欄をご覧いただくと，貸借対照表はすべての法人に共通して作成が求められていることがわかります。そのほかの書類は法人によってさまざまです。公益社団法人・公益財団法人における正味財産増減計算書，学校法人における事業活動収支計算書，社会福祉法人における事業活動計算書，NPO法人における活動計算書のように，あまり見慣れない名前の書類もあります。これらは名称は異なりますが株式会社の損益計算書的な役割，つま

図表4　法人の定義・数・会計基準・財務書類

	定義など	法人数	会計基準	財務書類（注1）
公益社団法人・公益財団法人 **（☞第6章参照）**	一般社団法人・財団法人のうち公益目的事業を行うとして行政庁の認定を受けた法人（公益認定法第2，3，4条）	公益社団法人 4,174 公益財団法人 5,466（2021年12月1日現在）	公益法人会計基準（内閣府公益認定等委員会）	貸借対照表，正味財産増減計算書，キャッシュ・フロー計算書，附属明細書，財産目録（基準第1，2）
学校法人 **（☞第7章参照）**	私立学校の設立を設置を目的として，私立学校法の定めにより設立される法人（私立学校法第3条）	7,992（準学校法人を含む）（2020年）	学校法人会計基準（1971年文部省令第18号）（最終改正2013年）	資金収支計算書，事業活動収支計算書，貸借対照表及び附属明細表（基準第4条）
社会福祉法人 **（☞第8章参照）**	社会福祉事業を行うことを目的として設立された法人（社会福祉法第22条）	20,972（2019年）	社会福祉法人会計基準（2018年3月20日厚生労働省令第25号）（最終改正2021年）	貸借対照表，資金収支計算書，事業活動計算書（基準第7条の2）
NPO法人 **（☞第9章参照）**	特定非営利活動を行うことを主たる目的とし，一定の要件に該当する団体でNPO法により設立された法人（NPO法第2条）	認証法人 50,502 特例認定法人 1,257（2022年11月末現在）	NPO法人会計基準（2010年7月20日NPO法人会計基準協議会）（注2）	活動計算書，貸借対照表，財産目録（基準Ⅲ8）
株式会社 **（☞第5章参照）**	「資金を集めて事業を行うことをサポートするために法が用意した法的仕組み」（注3）	民間事業者数 507万9千事業所（2021年6月現在）	企業会計基準（ASBJ），企業会計原則（経済安定本部企業会計制度対策調査会中間報告）	貸借対照表，損益計算書，事業報告，附属明細書（会社法第435条），株主資本等変動計算書，個別注記表（会社計算規則第59条）

（注1）法により作成が求められている財務書類について，法人形態により財務諸表や計算書類等のようにさまざまに呼称されていますが，ここでは総称して「財務書類」欄としました。なお，下線の書類は企業会計の損益計算書に類似する内容の計算書です。

（注2）NPO法人会計基準は民間のNPO法人会計基準協議会が作成したもので強制力はありませんが，認定NPO法人の87.8%が採用（2020年度）。

（注3）神田（2015）の説明により記載しています。

（出典）各法人の法令・会計基準などから筆者作成。法人数は下記資料（いずれも政府資料）による。
公益社団法人・公益財団法人 https://www.koeki-info.go.jp/outline/pdf/2021_00_gaiyou.pdf
学校法人 https://www.mext.go.jp/content/20210323-sigakugy-main5_a3_00003-004.pdf
社会福祉法人 https://www.mhlw.go.jp/content/12000000/000768593.pdf
NPO法人 https://www.npo-homepage.go.jp/about/toukei-info/ninshou-seni
民間事業者数 https://www.meti.go.jp/statistics/tyo/census/r3result/pdf/r3_sokuho.pdf

りフロー情報と利益（差額）情報を含む計算書です。これらが**損益計算書的な位置づけ**であることは，本書を読み進む際の理解のポイントになりますからよく覚えておいてほしいと思います（図表4の該当計算書名に下線を引きました）。

ただし，丁寧に見ると貸借対照表は名称が同じでもそれぞれ内容に違いがありますし，「損益計算書的な位置づけ」の各書類も目的や内容に違いがあります。これらの詳細については第Ⅱ部の各論でさらに記載しています。

2……会計基準の統合化？

日本では現在ASBJ（企業会計基準委員会）が，米国ではFASBが企業会計基準を作成しています。ASBJはFASBと制度的によく似ていますが，両者は非営利組織会計の扱いに関して大きく異なります。米国FASBは非営利組織会計基準についても作成していますが，日本のASBJでは非営利組織会計基準を作成していません。先に述べたように日本では法人形態ごとに所轄庁があり，ほとんどの場合各所轄庁が会計基準を作成しています（図表4参照）。

たとえば，教育の機会保障に重要な役割を果たしている私立学校の設立主体である学校法人は，文部科学省による各種規制のなかで事業活動を行い，一方，国や地方公共団体から多額の補助金交付を受けています（☞第7章Ⅰ2参照）。つまり，文部科学省は規制と補助金を通じて学校の教育水準の維持向上に努めており，その一連のしくみのなかで文部科学省令として定めた会計基準による会計書類の作成を求めています。

非営利組織の会計が，所轄庁への報告目的にとどまっていた時代においては，所轄庁がそれぞれ自分たちの政策や管理目的に合う会計基準を定めることに合理性がありました。しかし，非営利組織の役割が大きくなり，またさまざまな不正事件が明るみに出たことなどを契機として，また税制優遇を受け，補助金等公的資金が投入されていること等の責任の面からも，**組織の透明性**が求められるようになりました。そして，情報開示が進められるコンテクストのなかで，会計情報が広く一般社会に公開されるようになってきました（☞第2章Ⅱ参照）。また，その過程で非営利組織会計基準には，企業会計的手法が採り入れられるようになってきました。

しかし，法人形態ごとに異なる会計基準により作成された会計情報を，組織外部にいる私たちが理解するのは容易なことではありません。情報を比較検討することも困難です。組織外部者が会計情報を読み解くには，米国のように非営利組織横断的な会計基準が必要だという動きも生じるようになりました。

日本公認会計士協会では，2013年に「非営利組織の会計枠組み構築に向けて」という研究報告の公表をはじめとして，2022年には「非営利組織モデル会計基準の普及のための課題整理～非営利組織会計基準の共通化に向けた提案」など，非営利組織の共通化された会計基準の策定の参考となる**モデル会計基準**の開発が進められています。

さらに，国際的動きも活発化してきています。2021年に非営利組織国際財務報告機構のプロジェクトにより国際非営利会計基準のコンサルテーションペーパー（IFR4NPO）が公表されるなど，今後の動向が注目されます。

［注］

1）政府により制定（1874年）された国費による窮民への慈恵的な救済制度。

2）こうしたボランティアの組織だった活動の必要性がNPO法成立の一つの背景となりました（**☞第9章Ⅰ参照**）。なお，これらは三つの「失敗」として説明されることもありますが，本稿ではさまざまなセクターが協力し合う必要性を意識して「不十分性」と記載しています。

3）株主に剰余金を受ける権利を与えない旨の定款の定めは，その効力を有しない（会社法第105条）。

4）ソーシャルビジネスの範囲にはさまざまなとらえ方があります。たとえば経済産業省資料では，本業と直接関係ない領域も含めた社会貢献活動で対価を得ないもの（CSR推進部等が担当）と，本業を通じて市場戦略により対価を得て展開するもの（企画部等が担当）の両方をとらえた見方を示しています（経済産業省）。

［参考文献］

神田秀樹（2015）『会社法入門（新版）』岩波文庫。

経済産業省（2011）『ソーシャルビジネス推進研究会報告書』https://www.meti.go.jp/policy/local_economy/sbcb/sb%20suishin%20kenkyukai/sb%20suishin%20kenkyukai%20houkokusyo.pdf

谷本寛治（2020）『企業と社会―サステナビリティ時代の経営学―』中央経済社。

内閣府（2020）『令和元年度市民の社会貢献に関する実態調査報告書』https://www.npo-homepage.go.jp/uploads/r-1_houkokusyo.pdf

内閣府（2023）『民間非営利団体実態調査』https://www.esri.cao.go.jp/jp/sna/data/data_list/hieiri/files/r3/pdf/hieiri_kekka20230131.pdf

内閣府経済社会総合研究所国民経済計算部（2007）『非営利サテライト勘定に関する調査研究について』。
L. M. サラモン著，山内直人訳（1999）『NPO 最前線』岩波書店。

［もっと深く学びたい人へのお勧め文献・Web 情報］

L. M. サラモン著，江上哲監訳（2007）『NPO と公共サービス』ミネルヴァ書房。
非営利組織会計の統合化の検討について→日本公認会計士協会非営利組織会計検討プロジェクト https://jicpa.or.jp/specialized_field/non-profit-accounting/index.html
国際非営利会計基準の動向について→ https://www.ifr4npo.org/

コラム 1　非営利組織会計の検定試験にチャレンジ

企業会計の簿記検定試験である日本商工会議所の日商簿記検定試験は皆さんおなじみだと思いますが，非営利組織会計関連の検定試験があることはご存じですか。

公益法人には「公益法人会計検定試験」（3 級，2 級）（株式会社全国公益法人協会），社会福祉法人には「社会福祉法人経営実務検定試験」（入門，会計 3 級，会計 2 級，会計 1 級，経営管理）（一般財団法人総合福祉研究会），NPO 法人には「NPO 法人会計力検定」（入門，基本，実践）（一般社団法人 NPO 会計力検定協会）などがあります。また，公会計についても「地方公会計検定」（3 級，2 級）（一般財団法人日本ビジネス技能検定協会）が実施されています。

オンライン受験ができるものもありますので，非営利組織会計を学修したら，これらの検定試験に挑戦してみてはいかがでしょうか。各実施団体の Web サイトから詳細を知ることができます。

（石津寿惠）

第2章

情報開示の必要性と情報の入手

さまざまなリスクが高まる現在，隣人のそして社会のために支援したいという人々が増えてきていますが，その有力な受け皿である非営利組織について理解が進んでいるとはいえないかもしれません。よりよい社会の実現に向けて活動している組織があり，支援したい人がいる，その両者をつなぐ重要な役割を果たすのが「情報」です。ここでは情報開示制度の必要性と，信頼できる情報の入手方法等についてみていきます。

キーワード アカウンタビリティ　情報の非対称性　難民支援　非財務情報

I 情報開示制度の必要性

世の中には多くの情報が氾濫しており，そのなかから信頼に足る情報を選別するのはたやすいことではありません。株式市場で安心して株を売買できるのはなぜでしょうか。金融商品取引法や証券取引所の自主規制ルールといった制度的な規制の枠組みがあり，また，重要な開示書類が会計専門職による監査を受けた信頼に足るものだからです。

支援したいという思いを安心して託すことができる組織かどうかを判断するために，また，支援してもらうに足る組織であることを理解してもらうために，非営利組織においても情報開示が不可欠です。ここでは，まず，情報開示制度の必要性について考えてみましょう。

1……情報の非対称性

組織の外部者である私たちが，どの組織を支援するかの意思決定をする際には，組織体についての情報が必要です。組織体の情報を最も持っているのは誰でしょうか。当該組織の経営層です。経営層と組織の外部者とでは持っている情報の量にも質にも大きな格差があります（**情報の非対称性**）。組織外部者が組織を適切に理解して意思決定するためには，情報の非対称性を是正する必要があります。非対称性が緩和されてこそ，外部者は安心して寄付をしたり会員になったりすることができます。情報開示による非対称性の緩和は，支援する人と受ける人（組織）の双方にとって不可欠なものです。

2……説明責任

アカウンタビリティ（accountability）という用語を耳にしたことがあるのではないでしょうか。説明責任と訳されることが多いですが，一定の責任を課された者が，その責任を課した者に対して自らの責任について説明する責任ということです。第１章の「図表１　受託委託関係」の図をもう一度ご覧ください。資源提供者は資源を提供して当該組織に経営活動を委託します。資源を受領した組織には受託責任が生じ，その受託した責任の履行状況（顚末）について説明する責任が生じます。この説明を会計情報に依拠して履行する場合には会計責任と呼ばれます。英語では会計を accounting といいますが，これは account for（説明すること）に由来するといわれます。

企業会計で会計報告を行う理由として，投資者等へのアカウンタビリティを果たすということがあります。同様に，非営利組織においても資源提供者（会員，寄付者等）にアカウンタビリティを果たす必要があります。また非営利組織においては，税制優遇を受けたり多額の公的補助金を受けたりすることから，広く一般への情報開示が制度として求められています（図表１参照）。なお，国や地方公共団体については，公益サービスを税金を財源として行っていることから，さらに広くパブリック・アカウンタビリティがあるという考え方があります。

図表１　財務書類開示・監査に関する規定

法人形態	開示規定（備置，閲覧等）	監査等
公益法人 **（☞第６章参照）**	○貸借対照表の公告（一般法人法第128条） ○計算書類等の主たる事務室，従たる事務室への備置。社員・債権者の閲覧請求（一般法人法第129条） ○事業計画書，収支予算書その他政令で定める書類の主たる事務室，従たる事務室への備置（公益認定法第21条）	○計算書類及び事業報告並びにこれらの附属明細書についての監事の監査（一般法人法第124条） ○公益法人は会計監査人を設置（但し，収益額，費用額，負債額などに一定要件あり）。（公益認定法第５条12号，公益認定法施行令第６条）
学校法人 **（☞第７章参照）**	○財産目録，貸借対照表，収支計算書，事業報告書等を各事務所に備え置き，正当な理由がある場合を除いて閲覧に供する（私立学校法第47条）	○財産の状況についての監査及び監査報告書の作成（私立学校法第37条） ○貸借対照表，収支計算書その他の財務計算に関する書類に公認会計士又は監査法人の監査報告書を添付（私立学校振興助成法第14条）
社会福祉法人 **（☞第８章参照）**	○計算書類等を主たる事務所に備え置き。何人（なにびと）も計算書類等（書面・電磁的記録）の写しの閲覧請求可（社会福祉法第45条の32）	○計算書類及び事業報告並びに附属明細書への監事監査（社会福祉法第45条の28） ○特定社会福祉法人への会計監査人設置（社会福祉法第37条）
NPO法人 **（☞第９章参照）**	○事業報告書，計算書類及び財産目録等の事務所への備え置き。社員その他の利害関係者への閲覧（NPO法第28条） ○貸借対照表の公告（NPO法第28条の2） ○認定NPO法人の事業報告書等の事務所での閲覧（NPO法第52条）	○財産の状況についての監事監査（NPO法第18条） ○認定NPO法人への公認会計士／監査法人の監査等（NPO法第45条三ハ）

（注）いずれも詳細については，各条文および本書の該当する章を参照してください。
（出典）各条文から筆者作成

3……監査

衝立の向こうの人とじゃんけんをして,「私はパーです」と言ったら,相手は「私はチョキでした」と言われたとします。信じられますか。見ず知らずの組織への支援の意思決定をする際には当該組織の情報が公開されていることが不可欠ですし,さらにその情報は信頼できる情報でなくてはなりません。「自己証明は証明に非ず」といわれますが,経営層など当事者が作った情報について,自らが信頼性を証明することはできません。一方,専門的見地から第三者が「適正な情報である」というお墨付きを付与するのであれば信頼に足ると考えられます。

独立した立場から情報を検証して情報の正しさを保証し,情報の信頼性を担保するのが監査という仕組みです。監査には組織内部における内部監査と外部の独立した監査人による外部監査があります。公認会計士は独立した第三者として法定監査を独占業務として行う国家資格です。上場会社のみならず一定の非営利法人の財務諸表等の監査を行うことにより,社会活動を円滑に行うためのインフラとして重要な役割を果たしています。

Ⅱ　制度的情報開示――財務書類について――

情報開示には,制度により求められる制度的情報開示とそれ以外の非制度的情報開示があります。図表1は,財務書類に関する制度的情報開示規定と,その情報に関する監査についての規定を法人形態ごとに一覧にしたものです。作成が求められる計算書類名を記載した第1章の図表4と併せてご覧ください。

非営利法人の財務情報は,かつては所轄庁への報告を主たる目的として作成されてきましたが,天下りや経理不正問題などから活動の透明性が求められる潮流にあって,優遇税制などを受けていることも踏まえて社会一般への情報開示が進められるようになってきました。また,監事などの監査や内部監査のみならず,一定の要件を満たす法人には公認会計士(監査法人)による会計監査も求められるようになってきています。

Ⅲ　情報の判断と入手

上記のように，情報開示規定は整備されてきました。しかし，具体的な法人のこれらの情報にはどのようにアクセスすればよいのでしょうか。支援したい具体的な法人名がわかっていれば，インターネットで手軽に情報を得ることができますが，それが信頼できる情報かどうかわかりません。さらに，同様の活動をしている別の組織と比較したうえで支援先を決めた方が，自分の気持ちにもっと沿う支援につながるかもしれませんので，他組織との比較も重要です。ここでは，情報判断のポイントと，情報へのアクセス方法についてみていきます。

1……組織体判断のポイント

組織を判断する際に，活動内容を確認することはもちろん大切です。しかし寄付が有効に用いられるかどうかを判断するためには，当該組織の活動の継続性・信頼性についても確認することも肝要です。そのためには「どういう法人形態か」「信頼できる情報が開示されているか」といったことを判断の視点として持つことが重要です[1)]。そして当該組織が「やろうとしていること」とともに，「やったこと」の良否を見極めるために事後報告の内容確認も忘れてはなりません。

⑴　法人形態の確認

まず，「法人格を持っているか持っていないか」の確認です。継続的な活動を行っていくには正式な組織，法人格を持つかどうかも重要なポイントです（☞第1章Ⅰ参照）。たとえばNPO法人は発起人が10人以上必要ですし，さらに認定法人になるには，パブリック・サポートテストという社会からの支持が必要なテストをクリアしなければならないなどの要件があります（☞第9章Ⅰ参照）。また，公益法人になるは公益認定等委員会（審議会）の審査を経る必要があります（☞第6章Ⅰ参照）。このように設立及び運営に規制があるため，一般的に継続性・信頼性について一定の安心感を持つことができます。

たとえば，広告・資料などに記載された法人名に「社会福祉法人○○」とあれば法人形態は明らかです。もし省略して「○○」としか記載されていない場合でもWebサイトなどの「法人情報」欄などを確かめると，法人であれば何法人か（法人形態）が書かれています。

次に「営利企業なのか非営利組織なのか」の確認です。営利企業ではあっても社会的課題解決のためのサービスの提供を目的とした社会的企業もあり，サービス提供の新しい形態として今後の発展が期待されます（☞第1章Ⅱ2参照）。しかし，利益の獲得を目的とする組織かどうか，その利益を関係者で分配する組織かどうかといった点で，営利企業と非営利組織とは異なります。その意味することへの判断は支援者個々人がすることですが，両者には大きな違いがあることについては認識しておく必要があります。

そして「寄付で税制優遇が受けられるか」の確認です。同じNPO法人でも認定法人と認証法人とでは税制優遇制度に違いがあります。税制優遇に関心がある場合は，税制優遇が受けられる法人形態なのかどうかについてしっかり確認する必要があります（☞第10章，第11章参照）。

(2)　法的開示情報の確認

先に述べたように，組織の外部者が組織を適切に理解して支援の意思決定をするためには情報の非対称性を是正する必要があり，それには情報開示が不可欠です。そして制度上開示すべき情報には規定があります（図表1参照）。開示すべき情報が開示されていない組織は信頼性に課題があるととらえられます。

法定開示書類は，多くの場合，法人のWebサイトの「団体情報」欄とか「公開書類」欄で公開されています。ただ，法人規模などの問題からWebサイト情報が限られている法人もありますので，Webサイトに開示されていないからといってNOの判断をするべきではありません。後で記載している所轄庁等の公的な情報サイトで，法人の法定開示書類を確認することができる場合もあります。なお，情報の信頼性という点から，監査が必要な組織においては監査を受けた監査証明書が付いているかどうかも手掛かりとなります。

さらに，法定開示書類があったら，次にそれを読み込む必要があります。会計情報は金額の羅列のように感じられて関心が持てない場合があるかもしれません。しかし，何か活動をすれば通常必ずお金が動きます。お金の流れは活動に関して記載された情報の証左ともなりますので，会計情報を読みこなす力が必要です。これについては別章の各法人の説明をご覧ください（☞第5章～第9章参照）。

2……………情報へのアクセス

[難民支援を例として]

大学生のAさんとBさんは，国際紛争に関する悲劇的な報道に接して「何かできないか」と考えていた時，大学最寄りの駅の改札口近くで「○○難民を助ける会」という募金箱を持ったグループに出会いました。持っていた小銭を募金箱に入れると，輝く笑顔でお礼を言われてとても温かな気持ちになりました。そこで2人は昼休みに「○○難民を助ける会」の活動を知ろうとGoogle検索しましたが見つけられず，募金がどこに行くか心配な気持ちになりました。

しかし検索によって，○○地域の難民支援をする別の組織がたくさんあることがわかりました。認定NPO法人△△や公益社団法人××などが検索結果上位に並んでいます。○○地域の現状や当該組織が行っている活動が印象的な写真とともにUPされていて心が動かされましたが，2人は活動とお金の動きが密接なかかわりがあることを思い出し，決算報告を確認することにしました。

認定NPO法人△△は，○○地域に物資を供給する大規模な国際NGOの日本支部であり，主に上位団体に資金供与することにより，現地に物資を供給していることがわかりました。また，ファンドレイジング（資金調達活動）に多額の資金を投じていることもわかりました。自分の寄付が，たとえば寄付募集のダイレクトメール代に使われるかもしれないと思うと少し複雑な気持ちがしました。

一方，公益社団法人××は，日本にやってきた○○難民の日本での生活をアシストする活動を主にやっていることがわかりました。資金規模は大きくありませんが，最近話題になっている○○地域のみならず，長年にわたってさまざまな地域から来日した難民の支援を行っている実績もわかりました。

Aさんは将来国際機関で働きたい希望を持っていることから，国際的に大きな活動をする認定NPO法人△△に銀行振り込みで寄付をしようと思いました。Bさんはせっかく日本にやってきた○○地域の人が少しでも快適に暮らせるよう日本国内で活動する公益社団法人××にクレジットカードから毎月寄付しようと思いました。

そこへ友人のCさんがお弁当を持って話に加わってきました。Cさんは○○地域からの来日難民支援を行っている社会福祉法人□□に，夏休みになったら日本語を教えるボランティアとして参加すると話してくれました。話し合っているうちに，3人は○○地域の難民支援といってもさまざまな手法があることがわかりました（☞第3章参照）。せっかく支援するならもっと多くの情報から，自分が本当に取り組みたいことを実現してくれる組織を探し出すことにしようということになり，午後の授業が終わったら，政府系情報サイトを利用して各組織を比較しながら一緒に検討しようと決めました。

さて，では非営利組織の情報へのアクセス方法についてみていきましょう。

(1)　法人名が特定できている場合

駅前募金の募金箱に書かれていた組織名，あるいは各種バナー広告などで関心のある法人の組織名が特定できていれば，その法人のWebサイトで内容を確認することができます。ただ，視覚的にエモーシャルな情報がクローズアップされていることも多くあります。その組織が，ご自身が抱いている支援したい気持ちを受け止めてくれる組織かどうか判断するには，開示されている情報を注意深く読み込むことも必要です。先に記載しましたように法人形態と法定開示書類の確認を忘れずにされることをお勧めします。また，同じような活動をしている組織を比較して「最も気持ちに沿う活動」をする組織を探し当てることも大事です。当該法人のWebサイトを見るだけでなく，以下(2)(3)の手法も併用することをお勧めします。

(2)　Googleなどの検索サイトの利用

ニュースなどで国内外の困難・悲惨な情報に接した際に，たとえば「難民支援をしたい」「子供の貧困を何とかしたい」というように感じることがあると思います。具体的な法人名が特定できていない場合にはGoogleなどの検索サイトを利用して支援先を検討されることが多いのではないでしょうか。これは確かに便利な方法です。ただ，一般の検索サイトではアクセス数が多いところが上位にきますし，また，信頼性などの点からセレクトされた情報のみというわけではありません。

SEO（Search Engine Optimization 検索エンジン最適化）を駆使して検索サイトの上位に表示される工夫をする手法があることを考えると，検索上位のところが必ずしも多くの人の関心・支持を集める組織とはいえない場合もあります。規模は小さくとも良心的な活動を行っている組織はなかなかヒットしません。ですからやはり，以下(3)の手法も併用することをお勧めします。

(3)　公的機関等の情報サイトの利用

中立的で信頼できる情報を網羅的に提供するのは公的機関等の検索サイトです（go.jp ドメインは政府機関組織に用いられます）。下記にその検索サイトの URL 等を提示しました。これらは法人形態ごとに設けられており，非営利組織をトータルに検索できない点は難点ですが，規模の大小・領域にかかわらず網羅的に探すことができるメリットがあります。

経営基盤や会計情報が適切でなければ，せっかくの支援（寄付）が生かされない可能性もあります。信頼できる情報に基づいて支援先を判断する際や，同様の活動をしている組織を比較して見る際にも便利なツールです。ここで探し当てた組織名を，逆に当該法人の Web サイトでさらに確認することは有用です。

以下には，より迅速に検索できるよう QR コードも付けました。ただし，情報更新等で使用できなくなっている可能性もあります。

[公益法人]

公益法人の検索には，「公益法人インフォメーション公益法人等の検索」（国・都道府県公式公益法人行政総合情報サイト）があります（内閣府が運営）。

URL　https://www.koeki-info.go.jp/pictis-info/csa0001!show#prepage2

Google 等の検索サイトに下記のように「公益法人　検索」などと入れて検索して出すこともできます。

公益法人　検索　検索

このサイトでは，事業の種類（学術，障がい者，教育・スポーツ，男女共同参画，国際相互理解，地球環境など 23 項目）や都道府県名で検索することができます。

[学校法人]

学校法人の基本情報については「全国大学一覧」で見ることができます（文部科学省資料）。

URL　https://www.mext.go.jp/a_menu/koutou/ichiran/mext_00006.html

全国大学一覧　検索

[社会福祉法人]

社会福祉法人の検索には「社会福祉法人の財務諸表等電子開示システム」（WAM NET）があります（独立行政法人福祉医療機構が運営）。

URL　https://www.wam.go.jp/wamnet/zaihyoukaiji/pub/PUB0200000E00.do

「WAM NET」などと入れて検索して出すこともできます。

WAM NET　検索

このサイトではエリア（日本地図）から探したり，サービスの種類（特別養護老人ホーム，認定こども園など）やカテゴリー（介護，児童福祉など）から検索することもできます。

[NPO法人]

NPO法人の検索には「NPO法人ポータルサイト」（内閣府NPO　Webサイト）があります（内閣府が運営）。

URL　https://www.npo-homepage.go.jp/npoportal/

「NPOポータル」などと入れて検索して出すこともできます。

NPOポータル　検索

このサイトではエリア（都道府県）から探したり，活動分野（保険・医療・福祉，まちづくりなど20分野）や税額控除の対象となるかどうかで検索することもできます。

[参考――海外のサイト]

海外にも下記のような非営利組織の検索サイトがあります。

○米国…運営会社ガイドスター

URL　https://www.guidestar.org/

○英国…イングランド・ウェールズチャリティー委員会

URL　https://register-of-charities.charitycommission.gov.uk/charity-search

Ⅳ　非制度的情報開示――任意情報，非財務情報――

制度的情報開示の意義は先に述べたとおりです。制度的情報開示は組織と社会の相互理解と活動の促進等のために不可欠ですが，他方，制度による縛りがあるため情報項目・様式が画一化され，法人の特色などがあらわされづらいという問題もあります。そこで任意に開示される非制度的情報開示が有用になってきます。アニュアルレポート，環境報告書，CSR 報告書，SDGs レポート，**統合報告書**などを開示する非営利組織も増加してきています。

情報開示は組織の良い面ばかりを PR するものではありません。組織にとって不都合な情報（**ネガティブ情報**）が任意情報のなかで開示されることもあります。後になって，外部からの指摘で問題が明らかにされるとダメージは一層大きくなるものです。自主的なネガティブ情報の開示は，かえって正直な組織として評価を上げることにつながると考えられます。

ところで，本稿では，活動の陰にお金あり，会計情報から組織活動を読み解くということで財務情報に主眼を置いていますが，**非財務情報**も重要なことはいうまでもありません。利益の獲得を目的とした営利企業についても SDGs の進展や長期的利益志向などから非財務情報が重要視されるようになってきています。公益サービスを旨とする非営利組織においては一層，非財務情報と財務情報とを車の両輪としてとらえていく必要性は高くなります。財務情報を読み解く知識を身に付けたなら，そこから非財務情報にも関心を向けることにより，組織の立体的な理解に結び付けることができます。

[注]

1）　これらは一般論として記載しています。個人で良心的な活動をしているところ，規模が小さいけれども多くのボランティアによって支えられているところなど，素晴らしい活動をしているところも多くありますので，外形的な面からのみ判断できないのも事実です。しかし，実際にその組織の活動をご自身で確かめられない場合には，ここにあげた項目が判断材料となるという意味合いで記載しました。

[もっと深く学びたい人へのお勧め文献・Web 情報]

山本清（2013）『アカウンタビリティをどう考える―どうして「説明責任」になったのか』NTT 出版。

安藤英義編著（2018）『会計における責任概念の歴史―受託責任ないし会計責任』中央経済社。

コラム 2　非営利組織と SDGs

社会のあらゆる側面で SDGs（持続可能な開発目標）への取組みが活発化しています。SDGs は 2015 年 9 月の国連サミットで採択された「持続可能な開発のための 2030 アジェンダ」に記載された，2030 年までに持続可能でよりよい世界を目指す国際目標です。貧困や不平等，気候変動，環境劣化，繁栄，平和と公正など 17 ゴール・169 のターゲットから構成され「だれ一人取り残さない」ことを誓ったもので，ある意味非営利組織のすべての活動は，SDGs の実現につながっているといえます。非営利組織は単独で，あるいは地方公共団体や企業と連携して，SDGs 達成のための活動を行っています。環境省の「NPO のための SDGs 活用ガイドブック」，神奈川県の「SDGs アクションブックかながわ」などに具体的な手法が紹介され，また NPO と企業のパートナーシップによる SDGs の達成に取り組む日本 NPO センターのような組織もあります。なお，非営利組織の SDGs に関する報告書は「CSR 図書館 Net」（https://csr-toshokan.net/）の報告書検索で業種「非営利団体」をクリックして探すことなどもできます。

（石津寿恵）

第3章

活動支援の方法

皆さんは，中学生や高校生の頃，学校のまわりのゴミ拾い活動の経験はないでしょうか。また，街角で赤い羽根共同募金の箱に小銭を入れた経験はないでしょうか。時間を使うかお金を使うかの違いはありますが，大きな目で見ると，どちらもボランティアということができます。

相手が地域・自然であっても，あるいは組織であっても，自発的な行為が私たちの生活を守ることにつながります。

キーワード　ボランティア活動　募金　災害支援　子ども食堂　フードバンク

I　時間を使う・お金を使う

最近，**自助・互助・共助・公助**という言葉が比較されて使われることがあります。本章にいう活動支援は，四つの助のなかでは，互助や共助に近い意味合いで，お互いに助け合う自発的行為を指す言葉として用います。また，支援という言葉は，一般的には，支えて助けることを意味します。支援といえば，一方（支え手）がもう一方（受け手）を助けることをイメージしてしまうこともあるため，ともすると上下関係ととらえられてしまいます。そこで，あくまで対等な関係であることを意識して，最近では，支援という用語を使わずに応援や協力という言葉を使うこともあります。

さて，活動支援は，大きく分けて二つの方法で行うことができます。一つは自らの**時間を提供する支援**，もう一つは自らの**お金を提供する支援**です。

前者は，**ボランティア活動**が代表ですし，後者は募金が代表です。募金も自発的行為ですのでボランティアということができますが，ここでは，ボランティア活動と募金を区別してとらえることにします。

なぜボランティア活動を行うのか，なぜ募金をするのかは，個人の意識の問題でその意識はさまざまです。しかし，ボランティアや募金という行動の根底にあることは，その行為が何らかの形で社会に役立ってほしいという意識でしょう。これを社会貢献ということができるならば，社会貢献は決して大がかりなものではなく，しかも組織活動に限定した言葉でもなく，私たち一人ひとりができる範囲で行う活動もまた，社会貢献であるということができます。活動支援のためにみずからの時間を使う，あるいはお金を使うことは，個人としてできる社会貢献活動でもあるわけです。

Ⅱ　ボランティア活動

活動の場が任意団体か非営利法人かを問わず，もっとも簡単な活動支援の方法はボランティア活動です。ボランティア活動が「個人の自発的な意思に基づく自主的な活動」（厚生労働省）だからです[1]。

全国社会福祉協議会の調査によれば，2022 年 4 月現在，ボランティア団体数 175,046 団体，団体所属ボランティア数が 5,916,408 人，個人ボランティア数が 761,267 人で，おおよそ 667 万人がボランティア活動を行っているか，あるいは行おうとしています（全国社会福祉協議会）。全国各地の社会福祉協議会（☞第 8 章Ⅲ 2 参照）にあるボランティア（活動）センター（ボラセン）では，ボランティア活動について情報が得られます。もちろん社会福祉協議会とは別にボランティア活動に参加している人もいます。たとえば，大学にはボランティアサークルがあります。こういったサークルは，ボランティアセンターに登録せず独自に活動しているケースもあります。活動が継続的なのか単発なのかの違いはありますが，かなり多くの団体や個人がボランティア意識を持っているといえます。

また，ウェブ検索で「ボランティア」と入力すると，ボランティアに特化したポータルサイトがいくつか見つかり，全国の，あるいは活動できる地域ごとのボランティア活動の情報を得ることができます。

ところで，先にも触れましたが，活動支援は上から下に施すという意識による縦型のボランティア活動ではなく，互いに助け合うという意識の横型のボランティア活動も広く行われています。この形の代表例が，古くからある助け合い運動です。たとえばコープこうべやコープさっぽろなどの生協では「くらしの助け合いの会」が活動しています。これは，**有償ボランティア**というしくみです。有償ボランティアとは最低限度の謝礼を得て行うボランティア活動です。ただし，その金額は，最低賃金以上を得ることができるアルバイトやパートとはまったく異なり，交通費や手数料程度です。このような謝礼程度の授受で行う活動は**互酬性活動**ともいわれます。互酬性活動は「お互いさま」の気持ちで行われます。

もちろん，ボランティア活動は個人ができる社会貢献活動ですので，たくさんの活動分野があります。そこには，対面で行う活動ばかりではなく，インターネットを活用した活動も含まれます。たとえば，SNS等を利用した活動のシェアは一つの具体例です。自分が関心を寄せる団体の活動を紹介したり，その団体のWebサイトやSNSをシェアしたりすることも，広い意味のボランティア活動といえます。

Ⅲ　募金もいろいろ

一般的に，**募金**は寄付金を集めること，寄付金は募金に協力することをイメージできると思います。また，東日本大震災発生後，義援金（義捐金）という言葉がよく使われました。**義援金**とは災害救助などのためにお金を提供することですが，一般的には，提供されたお金は，そのお金を必要とする方々に直接手渡されます。義援金と似た言葉として**支援金**があります。支援金は，被災者本人ではなく被災地支援を行う団体に対して提供されたお金を指します。そしてどちらも寄付金という言葉に含まれる言葉です。寄付金と一括りにしても，それが義援金なのか支援金なのか，あるいは別の目的で使われる寄付金なのかで，お金の使われ方が異なります。

ところで，毎年夏に放送される寄付を募るテレビ番組には，日本各地から，老若男女を問わず多額のお金が寄せられます。この番組を通した寄付金額は，2022年度では9億6,000万円を超えました。ここで集められたお金は，福祉，環境，災害復興に役立てられますが，大きな力になることがわかります。

また，身近なところでは赤い羽根共同募金や緑の募金などがあります。共同募金は1947年に民間運動としてスタートし，2022年で76回を数える歴史ある募金運動です。募金活動の実施主体は都道府県の共同募金会で，集められたお金はさまざまな地域福祉の課題解決のために分配されて活用されます。2021年度の募金総額は126億円を超えました。他方，緑の募金は，1950年にスタートし，1994年までは緑の羽根募金として知られていました。1995年からは緑の募金として募金運動を展開しています。実施主体は公益社団法人国土緑化推進機構で，集められたお金は国内外の緑化活動に助成されています。2021年度の募金総額は20億円でした。

チャリティー番組への寄付，あるいは赤い羽根共同募金や緑の募金への寄付者は，寄付金の使われ方は知らなくても，その活動に共感しているからこそ，みずからへの返礼を期待せず，募集団体を信用して寄付をしているのだと思います。一人ひとりの金額は少なくても，最終的には，毎年億単位の金額になりますので，まさに塵も積もれば山となるということを証明しています。

さて，このような大規模な募金とは別に，公益法人やNPO法人も寄付を募る活動をしています。またクラウドファンディング（☞**第4章Ⅱ参照**）を活用しているケースも増えました。そしてこの場合も，遠く離れた地域からも寄付や資金提供してもらえるように，Webサイトを活用することが多くなっています。

寄付をする場合，その寄付が1回限りなのか，定期的に行うのかを決めることも大事です。公益法人やNPO法人など，寄付を募る側は，活動を継続して行いたいと思っていますので，継続して寄付してほしいと願っています。通常は，寄付の最低金額が決められていますが，寄付者側はできる範囲で，また，できる期間で寄付を行うことができます。地理的・時間的に活動には参加できなくても，寄付という行為をもって活動を支援することができます。

ところで，最近では，インターネットのしくみを利用した募金活動もあります。それがクリック募金です。クリック募金は，Webサイトの「募金する」をクリックすることで，NPOなどの団体活動を支援する企業が1クリック1円（10円の場合もあります）を寄付してくれます。つまり，寄付する側（クリックした個人）は，いかなる金銭負担なく募金に応じて社会貢献できます。また支援企業（実際に金銭負担をする企業）は，活動支援をしていることをクリックした個人に知らせることになりますので，社会貢献活動を行っているという企業イメージの向上につながるというメリットがあります。

しかし，寄付はお金だけではありません。つまりモノを寄付して活動を支援する方法もあります。古くから行われている方法は，使用済み切手を寄付する，書き損じはがき・年賀はがきを寄付するという方法です。また古着を寄付する，読み終えた本を寄付するという方法もあります。

このように，活動支援の方法はいろいろあることがおわかりになるかと思います。

Ⅳ　世界的な問題となった災害支援

ボランティア活動が急速に注目されたのは，1995年に発生した阪神淡路大震災でした。それまで経験したことがない大災害をテレビなどで見た人々が被災した人々に力になりたいという思いを持って被災地に集まりました。その後，1998年にNPO法ができ，NPO法人制度が定着していきます（☞第９章Ⅰ参照）。NPO法人の活動の一つに災害救援活動が含まれているのは，阪神淡路大震災の経験があったからです。そして2011年に発生した東日本大震災では，日本ばかりではなく世界各地からボランティアが集まり被災地支援を行いました。また，2018年には北海道胆振東部地震が発生し，ここでもボランティアが活躍しました。

災害という点では，ここ数年，各地に被害をもたらした風水害も見逃せない問題です。2014年８月の広島市の土砂災害，2016年８月の北海道の台風大雨災害，2017年７月の九州北部豪雨，2018年７月の西日本豪雨など，死者を出すような風水害は毎年のように発生するようになりました。その他，世界各地で風水害が発生して多数の死者や建物の倒壊が報道されています。

このような甚大な風水害は，いつどこで発生するかわかりません。これに対応するために，日本各地で災害対応の**中間支援組織**が活動しています。ここで災害における中間支援組織とは，NPOやボランティア等の活動支援や活動調整を行う組織を指し，行政や災害支援NPO団体，社会福祉協議会などが連携してできた組織をいいます。

災害ボランティアの場合，しばしば課題になることは，「ボランティアとして活動支援したいけど，どこで何をすればいいかわからない」という個人ボランティアへの対応です。大規模災害発生時に，全国からボランティアが集まります。ボランティアに向かう人たちの思いは理解できるものの，災害という混乱状態のなかで，現地でボランティア一人ひとりに対応することはかなり難しいことです。そこで，中間支援組織が現地での活動調整を行うことになります。

災害時のボランティアの役割は今後ますます重要になります。しかし遠く離れた被災地で活動することばかりが災害ボランティアではありません。今は災害がない地域に住んでいても，災害発生時に何をすればいいのか，自分だけではなく，身近な人々に自分は何をできるのかを考えておくのもボランティアの入口として必要なことです。

V　時間もお金も

近年，自分では避けることができない家庭環境など，課題を抱える子どもたちを対象にした**学習支援ボランティア**が必要になっています。この活動では，居場所を提供する団体（NPO法人が多い）に登録し，集まってきた子どもたちの相手をする，あるいは食事を共にする，または勉強をみてやるなどの活動を行います。学習支援ボランティアでは，人と人のつながりを持つことが第一義にありますので，いわゆる家庭教師的な役割ではありません。

これと同じように，最近よく聞く言葉に**子ども食堂**や**フードバンク**があります。どちらもさまざまな観点から話題にされています。子ども食堂にせよ，フードバンクにせよ，大きな視点で見れば，SDGsの達成のための活動であるといえます。国は子どもの貧困対策の推進を行っており，子ども食堂支援やフードバンク支援を政策として実施しています。ここでは活動支援という観点から子ども食堂やフードバンクの活動をみてみます。

子ども食堂は，子どもが1人でも行ける無料または低額の食堂です。子ども食堂という名称が使われ出したのは2012年頃だといわれていますが，現在では，全国7,000か所を超えるほどになっています（むすびえWebサイト）。

NPO法人全国こども食堂支援センター・むすびえによれば，活動支援として，次のような多様な項目をあげています。つまり，人（スタッフやボランティア），食材（お肉，果物，野菜，お米等），お金（運営資金），場所（開催場所），広報周知（地域や学校との連携を含む），保健衛生設備やノウハウ，各種プログラム（読み聞かせ，昔遊び）などが必要であるとしています。

次にフードバンクです。フードバンクは食品ロス削減を図る一つの手段です。フードバンク活動は，「食品企業の製造工程で発生する規格外品などを引き取り，福祉施設等へ無料で提供する『フードバンク』と呼ばれる団体・活動」（農林水産省 Web サイト）をいいます。もう少しいえば，まず，寄付者である企業や農家が食品や食材をフードバンク事業者に無料で提供します。フードバンク事業者は，それを福祉施設（たとえば児童養護施設）や子ども食堂に提供して活用してもらうという活動です。

このフードバンク活動においても活動支援が必要です。一般社団法人全国フードバンク推進協議会では，2種類の支援を募っています。つまり製品寄贈と寄付です。とくにフードバンク事業者にとっては，寄贈された食品・食材を保管する場所が必要になり，また各施設への分配・配送作業を行う人手が必要になります。そのため，事業の運営に充てるための資金を必要としています。

このように，活動支援は，時間だけ，お金だけというどちらか一方だけではなく，両方を必要としている場面が多くなっています。

［注］

1）国連ボランティア計画（UNV）が 2021 年 12 月に発行した「2022 State of the World's Volunteerism Report（SWVR）」）では，ボランティアの定義を五つの要素で説明しています。すなわち，構造（公式・非公式），場所（オンライン・オフライン），強度（単発・定期），願望（自己形成・コミュニティ形成），カテゴリー（奉仕・相互扶助・参加・キャンペーン・余暇）です［ボランティア白書 2022］。

［参考文献］

厚生労働省「ボランティア活動」 https://www.mhlw.go.jp/stf/seisakunitsuite/bunya/hukushi_kaigo/seikatsuhogo/volunteer/index.html

農林水産省「フードバンク」 https://www.maff.go.jp/j/shokusan/recycle/syoku_loss/foodbank.html

NPO 法人全国こども食堂支援センター・むすびえ　https://musubie.org/

全社協全国ボランティア・市民活動振興センター「全国の社会福祉協議会が把握するボランティア数の現況及び推移」

特定非営利活動法人ボランティア活動推進国際協議会（JAVE）『ボランティア白書 2022』 https://www.jave.jp/report-on-volunteer-iyv20/

[もっと深く学びたい人へのお勧め文献・Web 情報]

Yahoo!・LINE　3. 11 募金「3. 11 検索は，チカラになる。」

※毎年，東日本大震災発生日に，「3. 11」と検索することで寄付が行われるプロジェクトです。

Yahoo! ボランティア　https://volunteer.yahoo.co.jp/

ボランティアプラットフォーム　https://b.volunteer-platform.org/

※どちらもボランティアを探すことができる Web サイトです。

宇野重規（2022）『自分で始めた人たち：社会を変える新しい民主主義』大和書房。

大澤史伸（2022）『市民活動論：ボランティア・NPO・CSR』学文社。

コラム 3　プロボノ

あまり聞き慣れない言葉ですが，プロボノという活動もあります。プロボノは，「公共善のために」という意味のラテン語「Pro Bono Publico」を語源とする言葉です。現在の日本では，「プロボノ」は，知識や技術を持っている専門家が，その知識や技術を仕事以外のボランティア活動で生かす活動を指します。たとえば，無料で法律相談を行う弁護士などの活動が広く知られています。

最近では，著しいスピードで発達する IT 技術の専門家が，知識をあまり持っていない NPO 法人などの IT 化を無償で支援する活動などもあります。

（大原昌明）

第 4 章

非営利組織の財源
――クラウドファンディングにも着目して

非営利組織も，資金調達がうまくいかなければ存続することは難しくなります。皆さんは，寄付を集めている団体を見たことはありませんか。多くの団体は寄付をどのように集めているのでしょうか？非営利組織の財源には，何があるのでしょうか？

非営利組織の特徴的な資金調達には寄付があります。もっとも，非営利組織も利用者から対価を得たり，政府から補助金を得たりなど多くの方法で資金を調達しています。本章では，多様な非営利組織の資金源に着目して説明を進めていきます。そして，最近話題になっているクラウドファンディングについてもみていきます。

キーワード　事業収益　寄付　クラウドファンディング
ファンドレイジング費　活動計算書

I　非営利組織のさまざまな収益（収入）

非営利組織は，これまで勉強してきたように営利を目的とする組織ではありません。しかし，営利を目的としなくても，収益をしっかり獲得していくことは必要です。活動資金が不足すれば，非営利組織が行う社会に貢献するさまざまな活動が十分に実行できなくなってしまいます。また，最終的に非営利組織が継続するための資金が尽きれば，組織は存続できなくなります。非営利組織の日々の活動のなかではいろいろなものを購入したり，給料，家賃や水道光熱費を支払ったりとさまざまな支出があります。これらの支払いを行っていくためにも収益の獲得が不可欠です。

非営利組織には，多くの種類の収益（収入）があります。それらを大別すると，次のとおりとなります。

1……………事業収益（収入）

事業収益（収入）は，企業と同じように事業を行ってその対価として得る収益（収入）です。寄付，補助金，会費等に依存することができない非営利組織においては，事業収益の獲得が非常に重要となります。日本の非営利組織は，他の収入が少ない分，事業収益をメインの財源として活動している団体が多くあります。私立大学のように，利用者（学生）から対価（授業料等）を受け取り，それが収益の多くを占める場合もあります。保育事業，介護事業，教育事業等においては利用者から利用料を受け取るだけではなく，自治体や各種保険制度よりサービスの対価を受け取ることもあります。また，自治体等から施設の管理や運営を受託している非営利組織も多く，これらの団体は自治体等からの受託事業の収入が大きくなります。

2……………寄付・補助金収益（収入）

寄付収益（収入）は，寄付により得られる収入です。事業収益が少ない組織，サービスの受益者から対価を得ることが難しい組織などでは寄付が組織の活動を支える重要な収入源となります。国際援助などを主として行っている組織の場合，サービスの受益者からの収入がほとんど期待できないので，寄付が重要な収入源となります。皆さんも電車の中づり広告や街角等で，国際援助を行う団体が寄付を募っている活動を見たことがあるかもしれません。

補助金収益（収入）は，主として国や地方自治体等からの補助金を受領することで得られる収益（収入）です。日本でも外国でも，政府は非営利組織への主要な資金の出し手です。日本では，寄付が少ない分補助金に依存する団体も多いです。

3……………その他の収益（収入）

その他の収益（収入）の代表的なものとして，会費収益（収入）や資産運用収益（収入）があげられます。会費収益（収入）は，会員からの会費による収益（収入）です。会費は，法人か個人か，また会員の種別や期間によっても異なってきます。多くの会員を有する組織では，会費収益（収入）が収益（収入）の多くを占めるケースもあります。

資産運用収益（収入）は，非営利組織が保有する資産を運用して得られる収入です。膨大な財産を有する財団をはじめとする一部の組織においては，資産運用収益は重要ですが，多くの運用財産を有しない大部分の非営利組織にとっては，低金利時代の現在においてはわずかな運用収益しかあげられません。米国の大学等では非常に多くの財産（基金）を有し，毎期の運営資金を資産運用収入により賄っている事例もあります。

4……さまざまな収益（収入）と会計情報

非営利組織の収入源は，事業収益，寄付金，補助金，会費，資産運用等多様です。収入源の構成比率は，各組織により多様です。保育や介護といった事業をメインに行っている組織で寄付金があまり得られないのであれば，事業収益（収入）や行政からの補助金が主となるでしょう。また国際援助を行う団体をみても民間からの寄付が多い組織もあれば，政府からの補助金に依存する組織もあります。このように，非営利組織の収入源泉は多様ですが，それらの特徴を会計情報からつかみ取ることができます。皆さんの興味がある組織は，どのような収益（収入）構成になっているかを見てみたり，一見同じような活動をしている組織でもその収入源泉が大きく異なるケースなどを見つけ出せれば，非営利組織に対する理解もさらに深まります。また，寄付についても，個人からの寄付，法人からの寄付など内訳を示している組織もあります。一言で寄付といってもいろいろあるので，より詳しく見てみると組織ごとの特徴が見えてきます。

非営利組織では，これらのさまざまな収入源を組み合わせて事業を行っています。単年度だけではなく，年度による変動も見てみることも重要です。また，毎年度，収益（収入）と費用のバランスを見ていくことも重要です。もっとも，非営利組織における収益と費用は，企業会計における売上と売上原価のような直接的な対応関係にありません。単に収入が多い方がよい，とか収益が費用を上回っているからよい，ということではなく経年比較や他の組織との比較を通じてその組織の特徴や置かれている状況を判断することが必要です。

特定の収入に多くを依存した場合，その収入が途絶えることが組織の存続に影響します。したがって，収入源はある程度多様化しておくことが望ましいといえます。

非営利組織に特徴的な収入として，とりわけ寄付収入があげられます。寄付収入は，相手方が対価を求めない収入といえます。非営利組織がこのように対価を求められない収入を得られるのは，それだけ非営利組織が信頼され，活動に役立ててほしいという思いがあるからです。そこで本章では，多様な収入のなかでもとりわけ寄付に焦点を当て，寄付を集めるための手法や課題について学んでいくことにします。

Ⅱ　寄付金等の獲得のためのクラウドファンディング

1……寄付金の獲得のためのさまざまな方法

寄付金の獲得にあたっては，街頭での呼びかけ，ダイレクトメール，多くの寄付を行う富裕層とのつながりを作ること，などさまざまな手段があります。十分な事業収益や会費収益が得られない多くの団体では，さまざまな方法を通じて寄付の獲得を行っています。また，日本では行政からの事業の受託や補助金の獲得も多くの団体にとって非常に重要となっています。そのような多様な方法のなかで，近年注目されているのがクラウドファンディングです。

クラウドファンディングとは，主としてインターネット等で資金調達を行うことです。クラウドファンディングでは，寄付だけではなく出資や借入れなどを募ることができます。非営利組織だけではなく，営利企業や個人でもクラウドファンディングを行うことができます。本章では，非営利組織が行う寄付型のクラウドファンディングを前提として話を進めていくこととします。

最近，テレビコマーシャルやYoutubeなどでクラウドファンディングの宣伝を目にしたことがある人も多くいると思います。クラウドファンディングの方法としては非営利組織のWebサイトで寄付を募ることもできますし，多くのクラウドファンディングの案件を扱っているサイトに自分たちのプロジェクトを掲載して，寄付を募ることもできます。

目標額が達成したかにかかわらず集まった資金をもとに事業を遂行するも

の（All in 型と呼ばれます）もあれば，目標額に達しない場合にはプロジェクトの実行をあきらめて資金を返還するケース（all or nothing 型と呼ばれます）など，いろいろなタイプがあります。

クラウドファンディングの利点としては，これまで寄付に必ずしも積極的でなかった年代層にもアクセスできることがあげられます。とくに若年層は街中での募金，町内会等を通じた募金等にはあまり積極的ではありませんでした。一方で，若年世代は何らかの形で社会に貢献したいという人々も多いです。このようななか，インターネットを通じたクラウドファンディングにより新たな寄付者を呼び込むことができる可能性があります。組織や，組織が行う活動への「共感」を通じた資金調達ができるのも，クラウドファンディングの特徴です。とくに動物愛護，児童養護，災害救援といった多くの人々の共感を得やすいプロジェクトの場合には，クラウドファンディングは有力なツールとなりえます。

一方で，クラウドファンディングにはデメリットもあります。効果が短期的には発現しにくく長期間継続して初めて効果が出てくる中長期的な事業，人々の関心が薄い事業についてはクラウドファンディングで資金調達することが困難な傾向にあります。もっとも，これらの事業のなかにも社会的意義が大きいものは多く，また組織の中長期的な発展のために不可欠なものも多いです。このように，クラウドファンディングは行う事業の性質や組織のミッション等により向き不向きはあるものの，従来は取り込むことができなかった層へのアクセスを通じた新たな資金調達を可能にするといえます。

2……………クラウドファンディングの Web サイト

次に，クラウドファンディングの Web サイトをみてみましょう。クライドファンディングは，自社のサイトで行う方法と，クラウドファンディング専用の他社のサイトで行う方法があります。自社サイトで行うというのは，自社サイトのなかにクラウドファンディングの募集をするコンテンツを設けたり，クラウドファンディグのサイトを別途立ち上げるなどを指します。他社サイトによる募集というのは，クラウドファンディングの案件を多く扱うクラウドファンディング専用サイトを運営する会社と契約して，そのなかに自身のクラウドファンディングの案件を掲載してもらうことです。このようなクラウドファンディングサイトは多くあり，現在多くの会社が知名度向上のため競ってCMやウェブ広告を展開しています。このため，皆さんもこのようなクラウドファンディングサイトを訪れたり，それらのサイトの広告宣伝を目にしたことがある人も多くいると思います。ここでは具体的なクラウドファンディングの事例はあげませんが，次のようなサイトを見ると，多くのクラウドファンディングの事例を見ることができます。なお，クラウドファンディングという用語は，資金を調達するということを意味するだけなので，営利企業においても用いられています。クラウドファンディングサイトには，営利企業による資金調達から非営利組織の寄付までさまざまなものが掲載されています。そのなかで，非営利組織の寄付を多く募っているサイトの代表例として，次のようなサイトがあげられます。

Readyfor　https://readyfor.jp/

Goodmorning　https://camp-fire.jp/goodmorning/projects

なお，クラウドファンディングは現在急速に発展中であり，上記のサイトに限らず多くのWebサイトでクラウドファンディングが行われています。Twitterなどで寄付が呼びかけられることもあります。それぞれの媒体には特徴があるので，その特徴を把握したうえで寄付を募っている組織や事業にはどのようなものがあるか，調べてみてください。

自社サイトにおけるクラウドファンディングは，文字数や形式などの制限なく自分たちの情報を伝えることができたり，外部に支払う手数料を少なくしたりすることができます。また，それぞれの組織や事業のニーズに合わせた多様なクラウドファンディングの設定が可能です。一方で，自社サイトのアクセス数が少ない場合にはクラウドファンディングを行おうとしても十分なアクセスが見込めず寄付も低調になってしまったり，クラウドファンディングに関する経験が限られている団体の場合では効果的な資金調達が難しかったり，またクラウドファンディングの運営のために多くの人員を割かなければならないといったデメリットがあります。

他社サイトにおけるクラウドファンディングは，サイトにもよりますが，多くの来訪者が寄付をする目的でアクセスするために資金調達がしやすいこと，中小規模団体であってもクラウドファンディングの経験を有するサイト運営者のアドバイスを受けることができること，クラウドファンディングにかかるさまざまな事務作業を代行してもらえるため運営上の手間が軽減されるといったメリットがあります。一方で，サイト運営業者から課される手数料が高いこと，非常に多くのプロジェクトが掲載されているなかで，プロジェクト間の競争が激しく資金調達が難しくなる可能性があるというデメリットがあげられます。

3……………クラウドファンディングの課題

クラウドファンディングサイトを利用してのクラウドファンディングでは，

目標額～～円
事業内容　　～～のための支援
寄付受付は　×月×日まで

といったように，事業を特定化して目標金額を決めて資金を集めることが一般的です。

実際に寄付をすると，寄付者に対してはさまざまな報告が送られます。一度獲得した寄付者に対して継続的な支援を訴える方が，組織にとってもより寄付が得やすくなります。クラウドファンディングの利用者も，資金提供後の組織の活動にしっかりと目を向けていくことが，長期的な活動の存続のために必要なのかもしれません。

残念ながら，クラウドファンディングで社会貢献活動を行うとうたっていても，すべての個人や団体が期待通りの活動を行っているとは限りません。また，活動していたとしても活動が共感できることはもちろんですが，同じ活動であればより効率的な資金の使い方をしてくれる団体に寄付した方がよいですね。

クラウドファンディングサイトでは，利用者の目を引く情報がたくさん入ってきます。しかしここまで勉強してきた皆さんであれば，それだけではなくクラウドファンディングを行っている団体（非営利組織，クラウドファンディングの運営業者双方）の情報開示も重要であることがイメージいただけたのではないかと思います。どういった事業に対して寄付をするかというだけではなく，事業を行う組織の体制や運営にも目を向ける必要があります。

残念ながら現在のクラウドファンディングサイトでは，「誰が」の部分に関する開示は必ずしも十分とはいえない現状があります。クラウドファンディングを行う主体は，個人もあれば法人もあります。また，法人といってもクラウドファンディングを行うのは非営利組織だけではありません。寄付をした側が税金の控除を得られるかどうかも寄付先によりさまざまです。本書を通じて非営利組織に対する理解を深め，クラウドファンディング等を通じて，よい組織に，よい事業にお金が回るようになれば，我々の社会もよりよいものになるはずです。団体の活動内容をしっかりと理解し，しっかり使途の説明を果たす団体に継続して寄付することができればよいですね。

[もっと深く学びたい人へのお勧め文献・Web 情報]

内閣府 NPO ホームページ　https://www.npo-homepage.go.jp/
　※全国の NPO 法人を検索できるほか，調査報告書もあります。

@pro　https://npoatpro.org/index.html
　※ NPO 会計にかかわる専門家のネットワークである @pro のホームページです。会計基準をはじめ各種の情報へのリンクもあります。

徳永洋子（2023）『非営利団体の資金調達ハンドブック』時事通信社。
　※クラウドファンディングだけではなく，非営利組織の様々な資金調達方法について包括的に解説されている書籍です。

原尚美（2022）『税理士のためのクラウドファウンディングの実務』第一法規。
　※クラウドファウンディングに関する書籍は最近増えていますが，会計，資金関連双方について詳しく説明された本として有用です。

コラム 4　皆さんの奨学金の出どころは？

多くの大学生にとって，奨学金は身近な課題です。奨学金の出所は，日本学生支援機構（JASSO）といった公的な組織が中心となっていますが，～～奨学財団といった民間の非営利組織も多くあります。これまで，これらの財団は長期にわたり保持する金融資産（基本財産といわれます）をもとに，そこから得られる運用収益を基に奨学金を支給していたケースが多いです。

しかし，継続的な低金利で運用収益がわずかとなり，奨学金の規模を縮小せざるを得ない財団が多くあり，結果として皆さんの奨学金に影響しています。また，奨学金を支給するためにこれまで保有していた財産を取り崩す団体もあります。これにより運用できる資産が少なくなり，将来は少ない元手からの運用収益となるため，結果的に奨学金として支給できる金額が少なくなります。教育の充実のためにも，奨学金制度の拡充が急務になっています。最近では，著名な企業経営者が奨学金を支給する財団を設立するニュースもあり，このような動きがより広がることが望まれます。

（金子良太）

コラム 5　社会的企業

企業のなかには，利益だけではなく社会的課題の解決を目指し，生じた利益を社会のために活用しようという企業が多く出てきています。法律で定められた明確な基準はありませんが，このような企業は社会的企業と呼ばれます。行政からの補助や税の優遇はあまりなく，事業収益に軸足を置き，そこから得られた利益を社会に還元していくビジネスモデルです。たとえば，パタゴニアでは創業者がおよそ 30 億ドルにも相当する同社の全株式を環境危機対策に取り組む NPO と信託に譲渡すると発表しました。もっとも，本章で述べたように社会的にも重要ですがサービスの受益者からの事業収益がほとんど得られない事業もあり，このような分野において，社会的企業は成立するのは難しいです。社会的企業が盛んになっても，非営利組織が不要というわけではなく，むしろ必要不可欠な存在となっています。

第5章

企業会計概要

本書は，非営利組織の会計をテーマとしていますが，そもそも会計とは，経済活動を貨幣的に記録して計算し，報告する手続きのことであり，その本質は，対象が営利企業であっても非営利組織であっても変わりません。そこで，ビジネスの世界で会計といえば，企業会計を指すことが一般的であり，また企業会計と非営利組織の会計には共通する部分も多いことから，本章では企業会計について概要を学び，非営利組織の会計と違う点にも焦点を当てることで，非営利組織の会計の理解を深めてもらいたいと思います。

キーワード　財務会計と管理会計　制度会計
利害調整機能と情報提供機能　財務三表

I　企業会計とは？

会計は大きく，企業会計と非営利組織会計に分かれます（図表1参照）。企業会計とは，その名称が示すとおり，「企業」に適用される会計であり，企業は営利を目的とする組織であることから，営利目的の組織を対象とする会計が企業会計だといえます。企業会計はさらに，財務会計と管理会計に分けられます。詳細は後述しますが，平たくいえば，**財務会計**は，企業の財政状態と経営成績を外部の利害関係者に報告する会計であり，**管理会計**は，意思決定のための有用な情報を経営者層に報告する会計です。

一方で，非営利組織会計は，これも言葉のとおり，非営利組織を対象とす

図表Ⅰ　会計の種類

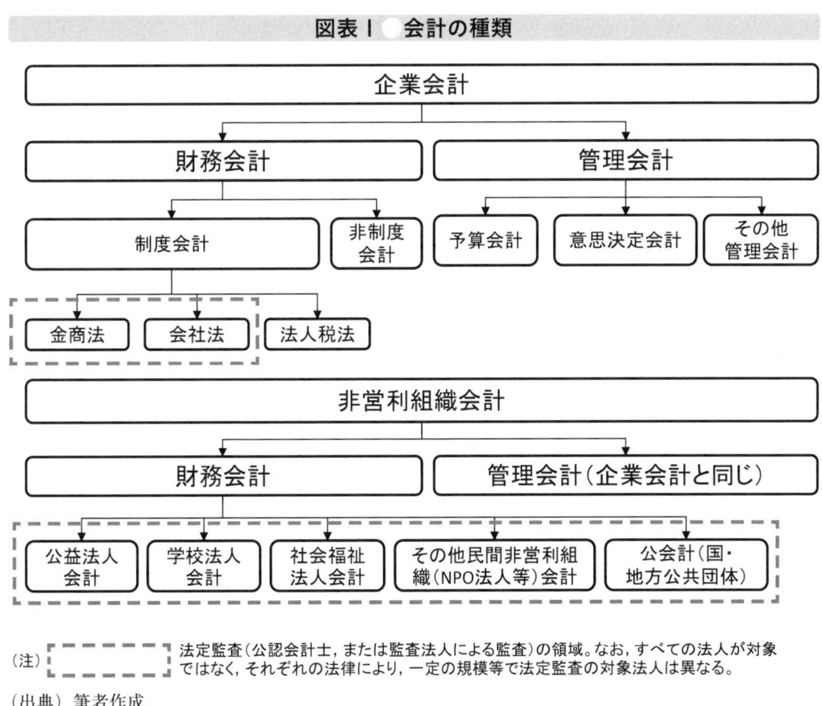

（注）法定監査（公認会計士，または監査法人による監査）の領域。なお，すべての法人が対象ではなく，それぞれの法律により，一定の規模等で法定監査の対象法人は異なる。

（出典）筆者作成

る会計です。非営利組織としては，本書で取り上げる公益法人，学校法人，社会福祉法人，NPO法人その他プライベート・セクターと国や地方公共団体等パブリック・セクターがあります。非営利組織は所轄官庁が異なるため，それぞれの所轄官庁により，それぞれ会計基準を設定しているため，法人形態ごとに適用される会計基準が異なっている，という特徴があります（☞**第2章Ⅰ参照**）。

Ⅱ　財務会計の目的・機能

1……利害調整機能

財務会計の大きな目的の一つとして，**所有と経営が分離**している現代の企業においては，企業の所有者である株主から経営を任されている経営者が，

図表２　企業を取り巻く利害関係者

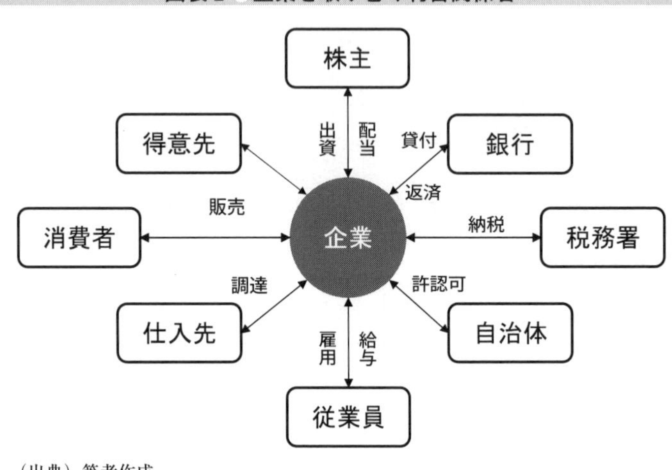

（出典）筆者作成

１年間の経営実態を企業会計によって取りまとめた決算書により報告し，どれだけ儲けたのか，配当はどの程度可能なのか，あるいは期末の財政状況はどうであるか等の説明責任を果たすことであり，これを**アカウンタビリティ**（☞**第２章Ⅰ参照**），といいます。

アカウンタビリティは，株主と経営者の間だけで果たされるのではなく，企業にはさまざまな利害関係者がいて（図表２参照），たとえば債権者の代表格である銀行は，企業が将来，貸付けたお金を返済できるだけの利益を恒常的に稼げるのかどうかを気にしますし，税務署は，法人税の計算の基礎となる利益が適切に計算されていることを求めます。

このように，財務会計は，企業とそれぞれの利害関係者の間で，あるいは利害関係者間で利害対立が起きないよう，あるいは利害対立が起こった場合に，利害関係者が納得するよう利害を調整する機能を有しており，これを利害調整機能といいます。

2……情報提供機能

企業の利害関係者は，企業との関係性のなかで，**意思決定のための有用な情報**を欲しています。たとえば，投資家は，企業に投資するか売却するかの判断において，将来の収益力を知りたいと考えたり，従業員は自分の給与が将来も払われ続けるのか，仕入先は，その企業にどの程度の与信を与えればいいのか，判断するための情報が必要です。

財務会計により利害関係者に提供される情報は，企業の利害関係者にとって一般的・共通なものとして，その意思決定に有用であるという意味で，財務会計は情報提供機能を有しています。

このような利害調整機能，情報提供機能は，非営利組織の会計においても，求められるものといえます。

Ⅲ　財務会計と制度会計

財務会計には情報提供機能があるといいましたが，これは個々の利害関係者にそれぞれ異なる情報が提供されるものではなく，一定のルールにしたがって作成された，共通の情報が提供されます。そのルールを決めるのが法律であるため，法律に基づく制度として行われる会計のことを，**制度会計**と呼びます。

日本において，制度会計を決めている法律は，**会社法**，**金融商品取引法**，**法人税法**の三つがあります。それぞれ目的が異なり，会社法は主に，株主と債権者保護に重きを置くのに対して，金融商品取引法は投資者の保護，法人税法は適正・公平な課税の実現を目指しています。なお，株主と投資者の違いは，株主が現時点の株主を意味するのに対して，投資者は，現在の株主だけでなく，過去そうであった，あるいは将来株主になるかもしれない，企業に投資しようとする方全般を意味しています。

会社法ではとくに，どれだけ配当できるかが株主にとっては関心事であり，必要以上に配当すると債権者の権利が害されるため，毎年の決算については，定時株主総会で承認して確定する手続きを取ります。さらに決算内容については，決算公告により一般に開示され，債権者はそれを知ることができます。また，資本金が５億円以上，または負債総額が200億円以上の会社は大会社として，計算書類につき，会計監査人（公認会計士，または監査法人）による監査が義務付けられています。

金融商品取引法は，日本の証券市場を司る法律であるため，上場している企業の株式が安全に売買されるよう，企業に年４回の決算情報の開示を求めます。そしてその決算情報が間違っていないことのお墨付きとして，公認会計士，または監査法人による監査（四半期決算の場合はレビュー）を受けることが義務付けられています。決算情報は，金融商品取引法により，本決算は**有価証券報告書**として決算日から3か月以内，四半期決算は四半期報告書として四半期決算日から45日以内に開示される他，証券取引所のルールとして**決算短信**がそれよりも早いタイミングで開示されます。

会社法，金融商品取引法いずれにおいても，作成される決算書は計算書類，財務諸表と名称は異なるものの，その作成方法については，**一般に公正妥当と認められる企業会計の基準**（現在においては，企業会計基準委員会が設定）にしたがうものとされています。

法人税法は，独自の決算書を作成するわけではなく，会社法で確定した税引前当期純利益に，法人税法に基づく課税所得算定のための加減算を行って課税所得を計算します。したがって，実質的には，法人税法に基づく税務会計においても，一般に公正妥当と認められる企業会計の基準により処理されているといえます。

なお，非営利組織の会計においては，公益法人であれば公益法人会計基準，学校法人であれば学校法人会計基準，医療法人であれば医療法人会計基準，といった，法人形態ごとに適用される会計基準が異なっています。これは，各会計基準がそれぞれの所轄官庁によって，管理監督する際の利便性を重視し，設定，改正されてきた，という経緯があります。また，一部の非営利組織については，一定規模等の要件を満たす場合は，公認会計士，または監査法人による監査が義務付けられている場合があります（☞**第2章Ⅱ参照**）。

Ⅳ　管理会計

管理会計は，意思決定のための有用な情報を経営者層に報告する会計，といいましたが，その目的は，たとえば設備投資をする際に，その投資をすべきかどうかという**個別の意思決定**に役立てることを目的とするものや，**予算管理**，**原価管理**，**経営分析**といった，企業業績の評価に役立てることを目的とするものに分けられます。

その特徴として，決まったルールが存在しない，ということがあります。つまり，財務会計は，企業外部のさまざまな利害関係者に対して共通の情報を報告する都合上，法律により，その作成方法や作成頻度等が決まっているのに対して，管理会計は経営者や事業部長といった管理者層に対してそれぞれの現状把握や将来の意思決定に必要な情報を報告するものであるため，作成方法や作成頻度は決まっていません。

企業業績の評価を目的とする管理会計の主なものとして，代表的なものは，予算管理です。企業は年度初めに，部署別・月別に１年間の予算を作成し，毎月ごとに，前月の業績の実績が予算と比べてどうであったかを比較し，その差異理由を調査することで，施策を軌道修正したり，次に行うべきアクションを決めます。

業績評価の他，企業の意思決定を目的とする管理会計として，差額原価収益分析や，投資の経済性計算といわれる手法があります。

非営利組織においても，組織を持続していく観点から，予算管理をはじめとして管理会計を導入している法人も多くあります。

V　決算書について

1……………財務三表とは？

決算書とは，企業が外部の利害関係者に対して報告するために作成する，企業の業績や財政状態をあらわす書類のことであり，制度会計において，金融商品取引法で作成されるものを財務諸表，会社法で作成されるものを計算書類，といいます。これら決算書のなかで，とくに，財政状態を示す**貸借対照表**，経営成績を示す**損益計算書**，資金の状況を示す**キャッシュ・フロー計算書**の三つを総称して，財務三表と呼んでいます。

決算書は，企業が永続的に存在することを前提として，便宜的に１年間で区切って（これを会計年度といいます），決算書を作成します。会計年度の始まりを**期首**，終わりを**期末**，と呼びます。企業は，定款に定めることで好きな日を期末に選ぶことができますが，日本企業では３月末を期末とすることが多く，その場合，その企業は３月末決算といい，４月１日が期首で，翌年の３月末の期末までの１年間を会計期間，と呼びます。

貸借対照表は，期末における企業の財政状態をあらわす決算書であり，損益計算書は期首から期末までの一会計期間の経営成績をあらわし，キャッシュ・フロー計算書は，同じく一会計期間の資金の流れをあらわします。損益

図表3　財務三表の関係

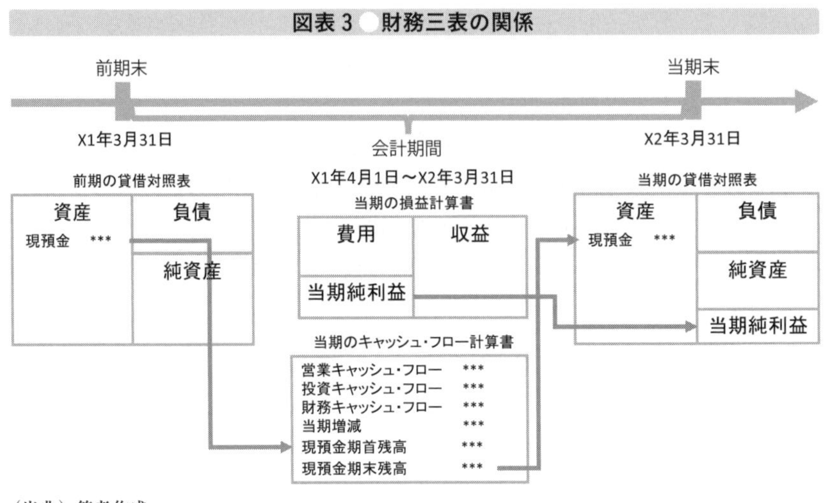

（出典）筆者作成

計算書とキャッシュ・フロー計算書は一定期間の**フロー情報**であるのに対して，貸借対照表は一定時点の**ストック情報**です。そして，ある期間のフロー情報である損益やキャッシュ・フローを翌年につなげる橋渡し役が貸借対照表であるため，これら財務三表は密接につながっています（図表3参照）。

2……貸借対照表とは？

貸借対照表は，企業の一定時点における財政状態を示すといわれますが，一般的に，図表4のような形であらわされます。右側が資金の**調達源泉**として，負債の部と純資産の部から成り，左側が資金の**運用形態**をあらわすものとして，資産の部になります。貸借対照表は必ず，左側と右側の合計額が一致するので，英語では**バランスシート**（B/S：Balance Sheet）と呼ばれます。

なお，貸借対照表で図表4のように，左側に資産，右側に負債と純資産を表示する様式を**勘定式**と呼びますが，上から下に向かって資産，負債，純資産の順で一列で表示される方法があり，そのような様式を**報告式**と呼びます。

企業は設立当初において，事業に必要な資金を株主からの出資や金融機関からの借入れで賄いますが，株主から受け入れた出資金が「資本金」，または「資本剰余金」として純資産の部に計上され，金融機関からの借入れは「借入金」として，負債の部に計上されます。そこで調達した資金の運用状況を

図表4　貸借対照表の内容

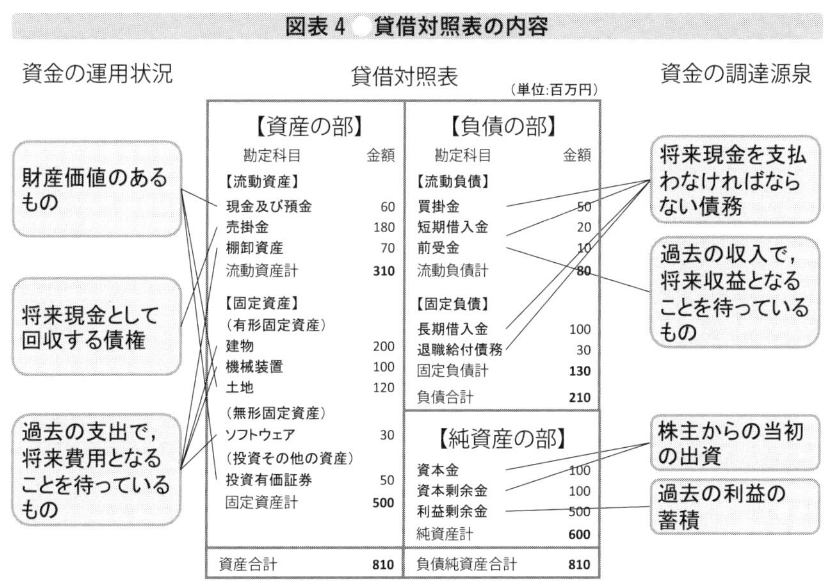

【資産の部】		【負債の部】	
勘定科目	金額	勘定科目	金額
【流動資産】		【流動負債】	
現金及び預金	60	買掛金	50
売掛金	180	短期借入金	20
棚卸資産	70	前受金	10
流動資産計	**310**	流動負債計	**80**
【固定資産】		【固定負債】	
(有形固定資産)		長期借入金	100
建物	200	退職給付債務	30
機械装置	100	固定負債計	**130**
土地	120	負債合計	**210**
(無形固定資産)		【純資産の部】	
ソフトウェア	30	資本金	100
(投資その他の資産)		資本剰余金	100
投資有価証券	50	利益剰余金	500
固定資産計	**500**	純資産計	**600**
資産合計	**810**	負債純資産合計	**810**

(出典) 筆者作成

示すものが左側の資産の部になります。調達時点の資金は「現金及び預金」として計上されますが，在庫を購入したら「棚卸資産」，設備を購入したら「機械装置」として，資産の部に計上されることになります。

非営利組織会計において，公益法人では純資産の部が「正味財産の部」と表示されたり，学校法人や社会福祉法人では資本金がない代わりに「基本金」を計上するという違いがある他，多くの非営利組織では，企業と異なり，出資持分の概念がありません。

3……損益計算書とは？

損益計算書は，企業の一会計期間の経営成績を示す決算書です。具体的には，企業の収入の原因である「収益」から，支出の原因である「費用」を差し引き，その差額としての利益を示します。単に収入から支出を差し引くのではなく，それぞれ収入や支出の発生の原因が起きたことをとらえることで，企業の経済活動の実態をあらわします。これを**発生主義**といいますが，企業会計は発生主義により，「収益」と「費用」を計上することが特徴です。

収益には，「売上高」，「営業外収益」，「特別利益」の三つがあります。

図表5　損益計算書の内容

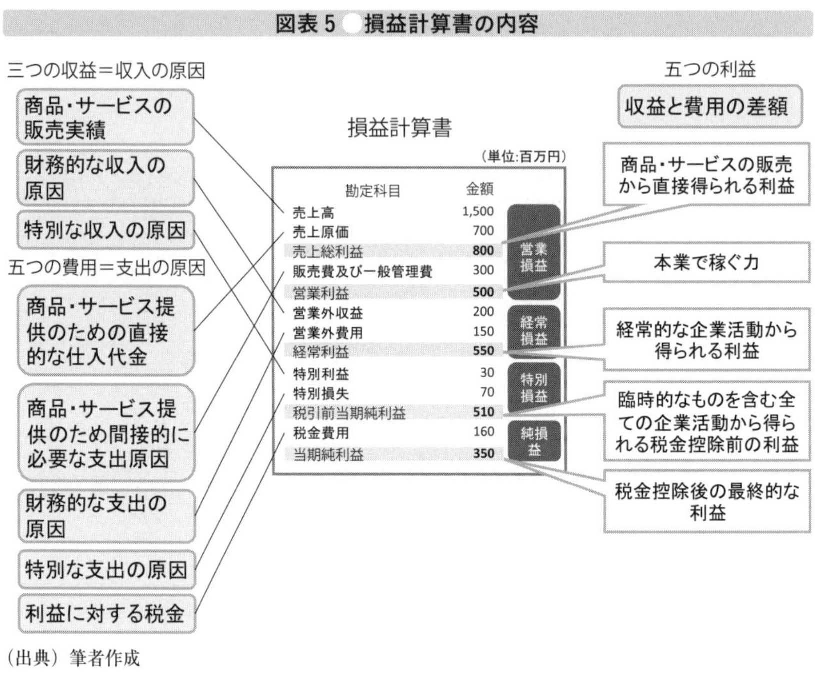

（出典）筆者作成

一方で費用には，「売上原価」，「販売費及び一般管理費」，「営業外費用」，「特別損失」，「税金費用」の五つがあります。損益計算書は，この三つの収益と五つの費用を段階的に差し引いて，**売上総利益**，**営業利益**，**経常利益**，**税引前当期純利益**，**当期純利益**の５段階の利益を計算します（図表５参照）。

なお，損益計算書で図表５のように，上から下に向かって売上高，売上原価，販売費及び一般管理費，営業外収益，営業外費用，特別利益，特別損失，税金費用，を並べ，各段階損益を表示する様式を**報告式**と呼ぶのに対して，左側に費用項目を配置し，右側に収益項目を配置する様式を**勘定式**，と呼びます。

非営利組織は利益の獲得を追求しないため，一部の非営利組織の計算書類では企業会計のように損益計算書は作成しないものの，事業の継続性の観点から収支がきちんと均衡していることを確認するため，損益計算書の代わりに，学校法人では事業活動収支計算書，社会福祉法人では事業活動計算書，公益法人では正味財産増減計算書を作成します。

図表６　キャッシュ・フロー計算書の内容

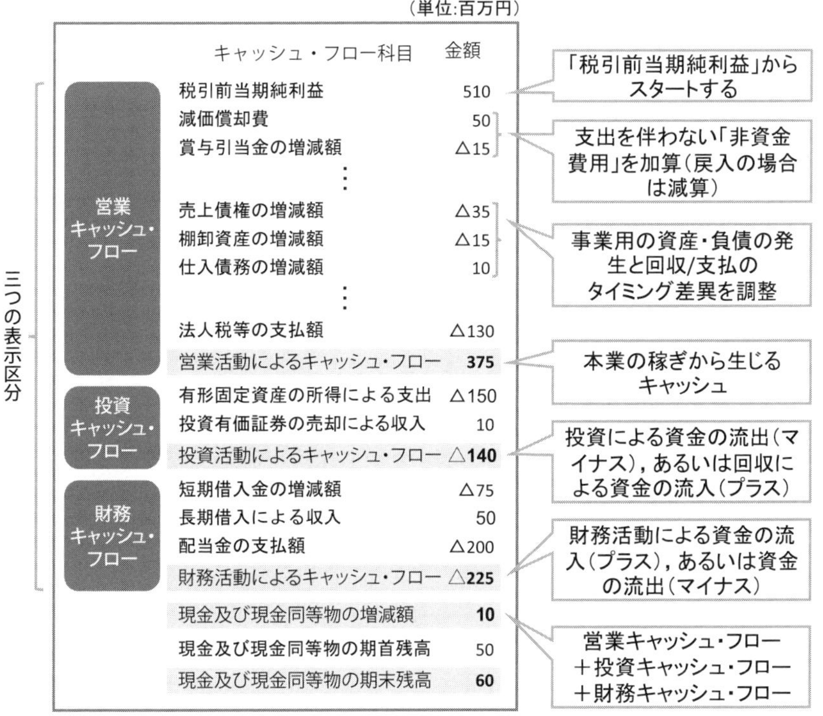

（出典）筆者作成

4⋯⋯キャッシュ・フロー計算書とは？

キャッシュ・フロー計算書は，一会計期間の資金（現預金）の増減要因と期末残高をあらわす決算書です。損益計算書では，企業の収入の原因である「収益」と，支出の原因である「費用」の差額で「利益」を算定しましたが，キャッシュ・フロー計算書では実際に「収入」や「支出」があった資金の増減から，企業活動でどれだけの資金が生み出され，あるいは流出したのかがわかります。

なお，キャッシュ・フロー計算書でいう資金とは「現金及び現金同等物」のことですが，これは貸借対照表における「現金及び預金」に相当し，また，キャッシュ・フロー計算書は「税引前当期純利益」から計算がスタートするので，キャッシュ・フロー計算書は貸借対照表，および損益計算書とつながっています。

キャッシュ・フロー計算書は大きく，**営業活動によるキャッシュ・フロー**，**投資活動によるキャッシュ・フロー**，**財務活動によるキャッシュ・フロー**，に区分され，これらの合計額を「現金及び現金同等物の増減額」と呼び，これに期首時点の資金残高である「現金及び現金同等物の期首残高」を加えることで，期末時点の資金残高である，「現金及び現金同等物の期末残高」が算定されます（図表6参照)。

なお，キャッシュ・フロー計算書は計算書類では作成が求められていないため，上場企業では作成されますが，非上場企業では一般的には作成されません。

非営利組織においては，従来より損益よりも資金収支のバランスに重きが置かれていたこともあり，一部の非営利組織では，企業のキャッシュ・フロー計算書に相当，あるいは近似するものとして，大規模な公益法人ではキャッシュ・フロー計算書（名称は同じですが，資金の範囲が企業会計とは異なります)，学校法人および社会福祉法人では資金収支計算書が作成されます。

Ⅵ　上場企業の決算書の開示例

実際に開示されている決算書を例に，一般的な貸借対照表および損益計算書の特徴を見てみたいと思います。題材として，日本国内のみならず海外の多くの国で，業務用・家庭用でエアコンのトップシェアを持ち，空調事業の売上高で世界一の企業である，ダイキン工業株式会社（以下，「ダイキン」といいます）の，2022年3月期の決算書を取り上げます。なお，多くの上場企業では子会社を有していることが多く，その場合は，子会社まで含めてグループ全体としての決算書を作成する義務があり，これを連結財務諸表，あるいは連結計算書類と呼びますが，そこに含まれる貸借対照表，損益計算書はそれぞれ，連結貸借対照表，連結損益計算書といいます。

1……………貸借対照表の開示例

ダイキンの2022年3月末の連結貸借対照表は，図表7のとおりです。まず全体の規模感として，ダイキングループの総資産は3.8兆円あります。まず流動資産から見ていくと，①「現金及び預金」は8,176億円と総資産の約2割を占め，これが多いかどうかは，必要な運転資金や将来の投資計画により一概にはいえませんが，恒常的に資金に余剰感があると，株主から配当等で還元するよう要請されることがあります。次に，②「受取手形，売掛金及び契約資産」は，平たくいえば，商品・サービス代金の未収分であり，通常は売上の1か月から数か月分の残高となっています。③は総称していわゆる在庫で，少ないほど良いとはいえますが，製品の製造や原材料の仕入のリードタイムにより，業種によって適正在庫の水準は異なります。

次に，固定資産ですが，④「有形固定資産」は主に工場や事業所の不動産や製造設備で，メーカーの場合は多額になる傾向がありますが，ダイキンの場合は総資産の2割弱です。無形固定資産の⑤「のれん」や⑥「顧客関連資産」は，企業買収をした際に獲得したもので，ダイキンは過去に大規模な海外M&Aを実施しており，その際に生じたものです。

調達側へ目を移すと，まず負債ですが，⑦「支払手形及び買掛金」は，商品や原材料の仕入代金の未払分で，通常は仕入の1か月から数か月分の残高となります。⑧は外部の金融機関等からの資金調達で，返済期限が1年内のものは流動負債，1年を超えるものは固定負債に表示されます。とくに固定負債は，設備投資やM&Aといった，投資を回収するには時間のかかることへの投資資金として長期の返済期間で調達した資金となります。純資産の⑨「利益剰余金」1兆5,301億円は，ダイキンが設立から90年近い歴史のなかで蓄積してきた利益になります。

2……………損益計算書の開示例

次に，同じくダイキンの2022年3月までの1年間（以下，「2022年3月期」，といいます）の連結損益計算書は，図表8のとおりです。まず①が営業損益のエリアで，ダイキンの本業から得られる損益をあらわしますが，ダイキンは業務用・家庭用のエアコン等の空調製品を主とする空調事業を事業の柱と

図表7 ● ダイキンの2022年3月末の連結貸借対照表

連結貸借対照表

(単位：百万円)

	科目	当期 2022年3月31日現在	前期(ご参考) 2021年3月31日現在
	資産の部		
	流動資産	2,165,623	1,733,361
①	現金及び預金	817,619	736,098
	受取手形及び売掛金	—	468,330
②	受取手形、売掛金及び契約資産	595,076	—
③	商品及び製品	450,974	326,591
③	仕掛品	44,931	34,766
③	原材料及び貯蔵品	175,556	108,039
	その他	98,392	72,608
	貸倒引当金	△16,928	△13,074
	固定資産	1,658,374	1,506,301
④	**有形固定資産**	743,364	647,410
④	建物及び構築物	302,601	270,455
④	機械装置及び運搬具	225,064	198,184
④	土地	64,665	58,879
④	リース資産	3,832	2,336
④	建設仮勘定	94,706	68,857
④	その他	52,493	48,697
	無形固定資産	578,288	542,761
⑤	のれん	270,467	268,684
⑥	顧客関連資産	202,223	177,967
	その他	105,596	96,109
	投資その他の資産	336,722	316,129
	投資有価証券	200,187	213,909
	長期貸付金	668	1,151
	繰延税金資産	41,345	31,692
	退職給付に係る資産	26,332	19,959
	その他	69,465	50,633
	貸倒引当金	△1,275	△1,216
	資産合計	3,823,998	3,239,662

	科目	当期 2022年3月31日現在	前期(ご参考) 2021年3月31日現在
	負債の部		
	流動負債	1,306,239	765,984
⑦	支払手形及び買掛金	302,621	229,746
⑧	短期借入金	97,376	40,754
⑧	1年内償還予定の社債	30,000	10,000
⑧	1年内返済予定の長期借入金	334,528	66,278
	リース債務	25,876	20,639
	未払法人税等	36,745	20,756
	役員賞与引当金	354	315
	製品保証引当金	72,443	62,255
	未払費用	206,002	153,898
	その他	200,290	161,339
	固定負債	509,649	775,182
⑧	社債	120,000	130,000
⑧	長期借入金	140,526	418,803
	リース債務	76,508	64,736
	繰延税金負債	121,353	118,605
	退職給付に係る負債	16,116	14,539
	その他	35,144	28,496
	負債合計	1,815,888	1,541,167
	純資産の部		
	株主資本	1,697,128	1,530,740
	資本金	85,032	85,032
	資本剰余金	83,834	84,214
⑨	利益剰余金	1,530,107	1,363,505
	自己株式	△1,846	△2,012
	その他の包括利益累計額	272,558	134,948
	その他有価証券評価差額金	59,534	68,699
	繰延ヘッジ損益	3,436	1,292
	為替換算調整勘定	212,278	69,470
	退職給付に係る調整累計額	△2,691	△4,513
	新株予約権	2,546	2,019
	非支配株主持分	35,876	30,787
	純資産合計	2,008,109	1,698,495
	負債純資産合計	3,823,998	3,239,662

※ 百万円未満の端数は切捨てて表示している。

(出典) ダイキン工業株式会社「第119期定時株主総会招集ご通知」49ページより抜粋したものに，筆者が注釈を付記

図表 8　ダイキンの 2022 年 3 月期の連結損益計算書

連結損益計算書

(単位：百万円)

	科　目	当 期 2021年 4 月 1 日から 2022年 3 月31日まで	前 期（ご参考） 2020年 4 月 1 日から 2021年 3 月31日まで
①	**売上高**	**3,109,106**	**2,493,386**
	売上原価	2,051,767	1,629,250
	売上総利益	**1,057,338**	**864,136**
	販売費及び一般管理費	740,987	625,513
	営業利益	**316,350**	**238,623**
②	**営業外収益**	**23,363**	**15,060**
	受取利息	8,186	6,482
	受取配当金	4,702	4,214
	持分法による投資利益	1,401	7
	為替差益	4,492	547
	補助金収入	2,192	1,392
	その他	2,387	2,416
	営業外費用	**12,216**	**13,434**
	支払利息	8,824	8,791
	その他	3,392	4,642
	経常利益	**327,496**	**240,248**
③	**特別利益**	**6,306**	**334**
	土地売却益	311	—
	投資有価証券売却益	5,749	325
	関係会社出資金売却益	226	—
	関係会社清算益	18	0
	新株予約権戻入益	—	7
	特別損失	**5,746**	**2,039**
	固定資産処分損	581	1,207
	土地売却損	65	115
	投資有価証券売却損	—	12
	関係会社株式売却損	32	—
	投資有価証券評価損	307	472
	関係会社清算損	—	5
	減損損失	3,667	225
	災害による損失	1,091	—
	その他	0	1
	税金等調整前当期純利益	**328,056**	**238,543**
④	法人税，住民税及び事業税	110,657	72,054
	法人税等調整額	△ 7,870	3,743
	法人税等合計	**102,786**	**75,797**
	当期純利益	**225,269**	**162,746**
	非支配株主に帰属する当期純利益	7,560	6,496
	親会社株主に帰属する当期純利益	**217,709**	**156,249**

※ 百万円未満の端数は切捨てて表示している。

(出典) ダイキン工業株式会社「第 119 期定時株主総会招集ご通知」50 ページより抜粋したものに，筆者が注釈を付記しており，2022年3月期の売上高は，3兆1,091億円でした。一方，売上高に対する製品の仕入や製造にかかわる直接コストが「売上原価」2兆円で，売上に対して約65%となっています。売上から直接コストを差し引いた売上総利益は，1兆円でした。そして，販売に対しては間接的なコストである，「販売費及び一般管理費」は7,409万円で，ここには販売のための事業所の人件費や家賃等の運営費用の他，物流費，本社機能としての管理費用，研究開発費用なども含まれます。そして，本業から稼ぎ出された「営業利益」は3,163億円でした。

②の経常損益については，営業外収益が合計で233億円，営業外費用が合計で122億円あります。営業外収益で大きなものは，受取利息81億円，受取配当金47億円です。ダイキンは8,000億円を超える現預金を保有しており，受取利息だけでも多額となっています。受取配当金は主に，保有する約2,000億円の投資有価証券から得られるものです。次に営業外費用の大半は，借入金と社債に係る支払利息88億円でした。その結果，ダイキンの経常的な損益である経常利益は，3,274億円となっています。

③特別損益には，企業活動においては臨時的でかつ巨額の損益が記載されます。ダイキンの特別利益は63億円でしたが，大半は投資有価証券を売却したことによる「投資有価証券売却益」57億円でした。一方で特別損失は57億円でしたが，こちらは主に「減損損失」36億円によるもので，これは，イタリアの子会社を取得した際の「のれん」につき，当初の事業計画通りの超過収益力が見込めないため，その一部を減額したものです。その結果，税引前の損益である，「税金等調整前当期純利益」は，3,280億円でした。

④の純損益エリアで，税金費用を差し引いて純損益を算出しますが，税金費用の合計である「法人税等合計」は約1,027億円であり，税引前の利益に対して税率は約31%となっています。その結果，「当期純利益」は約2,252億円でした。なお，連結損益計算書の場合，当期純利益には，親会社の株主だけでなく，子会社に親会社以外の株主（非支配株主）がいる場合，当該株主に帰属する利益も含んでおり，「非支配株主に帰属する当期純利益」を除く必要があります。その結果，最終的に親会社の株主の持分として獲得した純利益は「親会社株主に帰属する当期純利益」2,177億円でした。

（花房幸範）

第II部

非営利組織の会計の各論

第　　章

公益法人

――公益財団法人日本フィルハーモニー交響楽団を例として

公益法人は非営利組織のなかで最も歴史が古い制度であり，日本オリンピック委員会（JOC），24時間テレビチャリティー委員会，日本公認会計士協会，そして日本フィルハーモニー交響楽団などのように幅広い領域で大きな役割を果たしています。公益法人は，長い歴史のなかで生じた課題を踏まえた制度改革を進めながら，生活の多様な場面でさまざまな公益サービスを提供しています。

キーワード　公益認定　収支相償　使途制約　パトロネージュ

I　公益法人とは？

公益法人とは，公益の増進を図ることを目的として法人の設立理念にのっとり活動する民間の法人で，9,600法人程度が存在します。公益法人には，志のある人の集まりである公益社団法人と，財産の集まりである公益財団法人があります。

事業目的としては，地域社会発展，児童等健全育成，高齢福祉などがあります。頻発する自然災害，国際紛争，広がる所得格差等から生じるさまざまな社会的ニーズへのきめ細かな対応が求められる現代社会において，多様な領域をカバーする公益法人の果たす役割はますます大きくなってきています。

公益法人制度は1896年の民法制定以来，民間非営利組織の中核として，行政や営利企業が満たすことのできない社会ニーズに対応してきました。そ

図表1　公益法人制度のポイント

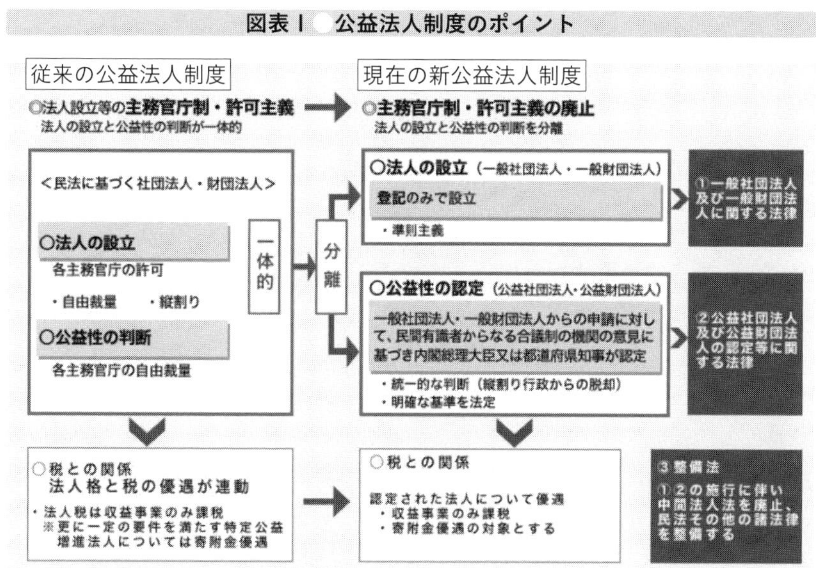

（出典）行政改革推進本部「公益法人の改革について」(https://www.gyoukaku.go.jp/about/koueki.html) 筆者一部修正加筆

の設立や事業運営は，主務官庁による許可制によりコントロールされてきたため，安定した活動・経営が行われる反面，主務官庁からの天下りや活動の硬直性といった問題もあり，さらに不正経理事件が社会的問題となることもありました。そこで2006年に公益法人制度改革関連3法（一般法人法，公益認定法，整備法）が成立し，新公益法人制度がスタートする運びとなりました。

従来は，法人の設立と法人の公益性の判断を主務官庁がセットで行っており，役所の裁量の幅が大きくなっていました。しかし新制度では，非営利法人としての設立自体は，公証人による定款の認証を受けて登記すれば「一般社団法人又は一般財団法人」として成立します（**準則主義**）。そのうえで，税制優遇等を伴う「公益法人」となるには，さらに公益認定法に定めた基準を満たすと主務官庁から認定を受ける必要があります（法第4条）（図表1）。

一般法人から公益法人にステップアップするには内閣府もしくは都道府県の民間有識者からなる**公益認定等委員会（審議会）**による厳正な審査が行われます。その審査にあたっては公益性の基準とガバナンスの基準があります[1)]。

[公益性の基準]

公益に資する組織かどうかを判断するにあたって，①公益目的事業を行うことを主とすること，②特定の者に特別の利益を与える行為を行わないこと，③**収支相償**であること，④**遊休財産**が一定以上ないことなどが求められます。

まず①について考えてみましょう。一般に，何か活動をすれば必ずお金が動きますので，公益目的事業が主活動であるかどうかを客観的に判断するには，費用の割合で考えることができます。公益目的事業費用が法人の活動費用（公益目的事業費用，収益事業費用，運営の経常的費用等）の合計額に占める割合を**公益目的事業比率**といいます（認定法第15条）。公益法人は公益目的事業を行うことが主目的ですから，この比率が50%以上であることが求められます。②はどういう意味でしょう。公益法人は不特定多数の者のための公益活動を行います。そして，税制優遇も受けます。ですから特定の者の利益ための活動をするということでは不適切だということです。さて③の収支相償とはどういうことでしょう。これは公益目的事業に係る収入額が，その事業に必要な適正費用を償う額を超えない（認定法第5条六）ということで，収益は必要なコストを賄う程度にとどめるということです（ただし，単年度での収支の赤字を求めるものではありません）。そして④は具体的な使途が決まっていない財産の額が1年分の公益目的事業費相当額を超えてはいけないということです。これらのことから，公益性の判断において会計情報が重要な役割を果たしていることがわかります（☞**コラム6参照**）。

［ガバナンスの基準］

上記のように公益性の基準を整備しても，それを運営する体制が整っていなければ適切な活動は行われません。そこで，公益目的事業を行う能力・体制があるかどうかを判断するガバナンス（管理体制）の基準が必要になります。これには，①経理的基礎・技術的能力を持つこと，②相互に親密な関係にある理事・監事が3分の1を超えないこと，③公益目的事業財産の管理について定款の定めがあること，があげられます。

たとえば，会計基準・手続きが整備されたうえで，それを実際に適切に管理・運用できる人材が必要ですし，また，組織が特定の関係者（たとえば創立者の親族）に偏ることなく公正に管理・運営され，さらに，所有する財産の管理に関して定款に明文化されていることが必要です。

Ⅱ　公益法人会計のしくみ

1……公益法人の決算書の考え方は？

公益法人をめぐる課題が顕在化し，活動の透明性が求められる潮流のなかで，会計書類も主務官庁への提出のためや，予算準拠主義による内部管理のためのものから，法人外部者に向けた情報開示という面が重要視される方向になりました。

その基本的考え方としては，広く一般に用いられている**企業会計の手法**を可能な限り導入し，財務情報の透明化を充実させるとともに，事業の効率性をわかりやすく表示すること，寄付者・会員等の資金提供者の意思に沿った事業運営状況を会計上明らかにすることにより，法人の**受託責任**を明確化すること，公益法人の自律的な運営を尊重するとともに，外部報告目的の財務諸表を**簡素化**すること等があげられます（総務省）。

受託責任の明確化のためには，後ほどⅢで述べるように，資産と負債の差額である正味財産を，指定正味財産（使途制約あり）と一般正味財産（それ以外）とに２区分化するという手法が取り入れられています。また，財務諸表の簡素化としては，収支予算書と収支計算書について会計基準で取り扱わず，内部管理目的として位置づけられたことなどがあります。公益法人会計基準において財務諸表は，貸借対照表，正味財産増減計算書（企業会計の損益計算書に類似），キャッシュ・フロー計算書とされます。そのほか基準では附属明細書，財産目録についての規定が設けられています。

2……公表書類の信頼性

開示される書類が信頼に足るものであるためには，書類に関する規定・基準が明確であることとともに，その開示内容について第三者の専門家による保証を付けることは有用です（☞第２章Ⅰ参照）。このため監事の監査が行われるとともに，大規模一般法人（負債合計額200億円以上）は会計監査人を置かなければならないとされ，公益法人は，収益または費用及び損失の額がそれぞれ1,000億円以上，または負債合計額が50億円以上の場合，会計監査人を置かなければならないとされています（☞第２章Ⅱ参照）。社会的な影響力の大きな組織には，より厳しい監査が行われるわけです。

Ⅲ　公益法人の決算情報とポイント

1……計算書の様式

(1)　貸借対照表の様式とポイント

貸借対照表は組織の財政状態を示します。公益法人の貸借対照表は資産，負債，正味財産（資産と負債の差額）に区分されています。正味財産は資産と負債の差額という意味では企業会計の純資産と同様ですし，また，資産や負債が流動，固定の順番になっている（**流動性配列法**）ところも企業会計と同じです（☞第５章図表４参照）。さて，では企業会計の貸借対照表との違い・公益法人の特徴はどこにあるでしょうか。

公益法人の貸借対照表の特徴についてポイントを三つに絞ってみていきましょう。たとえば，皆さんは公益活動のために提供した寄付金が理事長の高額な報酬に使われていたら不本意だと思います。これらのポイントはいずれも「こういうことに使ってほしい」と意思表示（**使途制約**）されて拠出された財産が，その意思通り（課した制約通り）に用いられていることを示すためのしくみである点で共通しています。受託責任を明確にすることにつながる工夫です。

●ポイント①　固定資産を基本財産，特定資産，その他固定資産に分ける

基本財産とは公益法人の事業活動の遂行に必要なものとして定款で基本財産とすることが定められた資産です。定款で定められていますから容易に取り崩すことはできず維持されます。また，**特定資産**とは特定の目的のために使途や保有方法等に制約を課した資産です。たとえば同じ定期預金でも「○○のための積立」と指定されていれば，他の定期預金と区別して「○○積立資産」として別個に管理されます。このようにすれば他の用途には使えませんね。

●ポイント②　正味財産の部を指定正味財産と一般正味財産に分ける

寄付者により使途が指定（制約）された資金を受け入れた場合は**指定正味財産**とされ，使途制約がない**一般正味財産**とは区別されます。指定正味財産は法人が自由に使うことができない財源です。国等から受け入れた補助金などもこれに該当します。

ポイント③　調達と運用が結び付けられている（ひも付き）部分がある

指定正味財産と一般正味財産（調達源泉）が，それぞれ基本財産と特定資産（運用）にいくら充当されているかが示されます。寄付者による使途制約がある資金を調達した場合，その金額がどこにいくらで運用されているか，わかるしくみにすることにより，使途制約のある寄付金が他の資金とまぎれず実在していることが示されます。

図表2　公益法人の貸借対照表の様式

貸　借　対　照　表

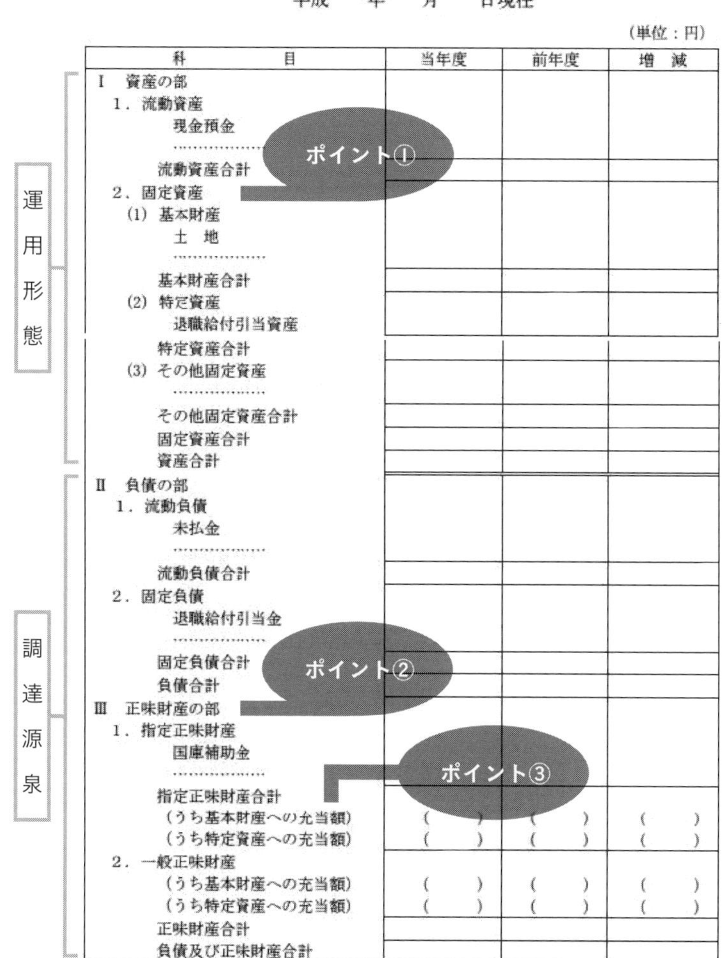

平成　　年　　月　　日現在

（単位：円）

科　　目	当年度	前年度	増　減
Ⅰ　資産の部			
1．流動資産			
現金預金			
…………………			
流動資産合計			
2．固定資産			
(1) 基本財産			
土　地			
…………………			
基本財産合計			
(2) 特定資産			
退職給付引当資産			
特定資産合計			
(3) その他固定資産			
…………………			
その他固定資産合計			
固定資産合計			
資産合計			
Ⅱ　負債の部			
1．流動負債			
未払金			
…………………			
流動負債合計			
2．固定負債			
退職給付引当金			
…………………			
固定負債合計			
負債合計			
Ⅲ　正味財産の部			
1．指定正味財産			
国庫補助金			
…………………			
指定正味財産合計			
（うち基本財産への充当額）	(　　)	(　　)	(　　)
（うち特定資産への充当額）	(　　)	(　　)	(　　)
2．一般正味財産			
（うち基本財産への充当額）	(　　)	(　　)	(　　)
（うち特定資産への充当額）	(　　)	(　　)	(　　)
正味財産合計			
負債及び正味財産合計			

（出典）内閣府公益認定等委員会『「公益法人会計基準」の運用指針』様式1-1

⑵　正味財産増減計算書の様式とポイント

正味財産増減計算書は経営状況を示します。その意味で企業会計の損益計算書と同様です。構成を損益計算書と比較してみると（☞第５章図表５（報告式）参照），「経常」とそれ以外に分ける点は共通です。しかし，企業会計では，まず本業である「営業」を区分して計上した後，利息等を計上し「経常」としていますが，公益法人会計では「営業」は存在しないので本来活動と利息等を合わせて「経常」とします。なお，同じ区分のなかで収益と費用を対応表示する点は損益計算書の構造と同じです。

公益法人の正味財産増減計算書を四つのポイントに絞ってみてみましょう。

ポイント①　一般正味財産増減の部と指定正味財産増減の部に分かれている

「こういうことに使ってほしい」と使途に制約が課されて流入した資金が使途に制約のない資金と混ざってしまっては，制約通りに用いられたかどうか不明になってしまいます。ですから，まず両者を明確に区分しています。

ポイント②　経常費用が事業費と管理費に分かれている

事業費は法人の事業目的のために要する費用，管理費は法人の事業を管理するための経常的費用です。先に述べたとおり公益性の判断には公益目的事業比率が用いられます。公益法人は公益事業を行う組織ですから，そこに資金が重点的に用いられるはずです。寄付金が管理的経費ばかりに使われるようではいけません。事業費と管理費を明確に区別し，事業費に重点が置かれているかどうかを示すことは重要です。

ポイント③　ボトムラインは正味財産期末残高

正味財産増減計算書はフロー情報をあらわしますが，その末尾には正味財産期末残高（ストック情報）が記載されます。この額は貸借対照表の正味財産合計と同額であり，両計算書の連携が明確に示されることになります。

ポイント④　企業会計の当期純利益（損失）に該当する当期一般正味財産増減額

指定正味財産は寄付者等による使途制約が課されています。ですから法人の意思による活動の成果があらわされるのは一般正味財産増減額部分になります。したがって，これが企業会計の当期純利益（損失）に相当します。

図表 3　公益法人の正味財産増減計算書の様式

正味財産増減計算書

令和　年　月　日から令和　年　月　日まで

（単位：円）

科　目	当年度	前年度	増　減
Ⅰ　一般正味財産増減の部			
1．経常増減の部			
(1)　経常収益			
基本財産運用益			
…………………			
特定資産運用益			
…………………			
受取会費			
…………………			
事業収益			
…………………			
受取補助金等			
…………………			
受取負担金			
…………………			
受取寄付金			
…………………			
経常収益計			
(2)　経常費用			
事業費			
給与手当			
臨時雇賃金			
退職給付費用			
…………………			
管理費			
役員報酬			
給与手当			
退職給付費用			
…………………			
経常費用計			
評価損益等調整前当期経常増減額			
基本財産評価損益等			
特定資産評価損益等			
投資有価証券評価損益等			
評価損益等計			
当期経常増減額			
2．経常外増減の部			
(1)　経常外収益			
固定資産売却益			
…………………			
経常外収益計			
(2)　経常外費用			
固定資産売却損			
…………………			
経常外費用計			
当期経常外増減額			
当期一般正味財産増減額			
一般正味財産期首残高			
Ⅱ　指定正味財産増減の部			
受取補助金等			
…………………			
一般正味財産への振替額			
…………………			
当期指定正味財産増減額			
指定正味財産期首残高			
指定正味財産期末残高			
Ⅲ　正味財産期末残高			

（出典）内閣府公益認定等委員会『「公益法人会計基準」の運用指針』様式 2-1

2……………公益財団法人日本フィルハーモニー交響楽団による具体例

芸術やスポーツは私たちの生活を豊かにし，また困難な状況においてチカラを与えてくれます。しかし，音楽，美術，演劇，スポーツに携わるヒトや組織は経済的に困難な場合が少なくありません。さらに，新型コロナ感染症の影響でパフォーマンスの機会が限られ，活動の存続のためにはさまざまな工夫と社会からの支援が必要になりました。ここでは，日本の代表的なオーケストラの一つである公益財団法人日本フィルハーモニー交響楽団（以下，「日本フィル」）を例にして具体的な公益法人の活動･会計をみていきましょう。

⑴　感動の共有

①日本フィルのミッション

日本フィルは，1956年に創設された日本を代表するオーケストラの一つです。「音楽を通して文化の発信」「感動の共有」をミッションとし，「人に寄り添い，心の温かさを大事にする」を特徴として，幅広いレパートリーと斬新な演奏スタイルで注目を集め続けています。

1994年には東京都杉並区と相互協力に関する覚書（友好提携）を交わし，杉並公会堂をホームグラウンドとしてクラシック音楽の魅力を国内外に向けて発信するとともに，コンサートが開催される日には町に音楽ファンが溢れる「クラシックの街」荻窪の一層の活性化と地域文化の豊かな創造に尽力しています。

②日本フィルの活動

活動の柱は大きく二つあります。まず「オーケストラ・コンサート」です。通常年間約150回の公演がありますが，2021年度はコロナ禍により引き続き制約を受けるなか，主催公演75回（入場者数合計79,200人）を実施し（このほか受託公演（企業や学校からの公演依頼を受け各団体が主催）58回），芸術活動の維持に努めました。これらの活動の推進には補助金・助成金・寄付金が大きな下支えとなりました。

もう一つは「社会への取組み」です。エデュケーション・プログラムとして，子どものための夏休みコンサート，春休みオーケストラ探検，アフターイベント（楽員との懇談）など多彩な活動を実施しています。また，リージョナル・アクティビティとして，友好提携をしている杉並区では小中学校音楽鑑賞教室（オーケストラ），区役所ロビーコンサート，公開リハーサル，60歳からの楽器教室などを行っています。さらに，九州公演では市民ボランティアによる実行委員会とともに公演の制作・運営を行う日本で類を見ないユニークな協働スタイルがとられています。また，東日本大震災被災地訪問音楽活動も引き続き発展的に継続しており，これまで307回にわたって行ってきています。

日本フィルでは，コロナ禍で社会全体に活動のローカル化が進むなか，地域社会への貢献がオーケストラにとって大きなテーマであるととらえられています。

さらにまた，コロナ禍も契機として，会場に来られない方々にも演奏を届けるよう過去の音源を中心にインターネットを通じた配信事業にも力を入れています。

さて，それではこれらの活動が財務諸表にどのようにあらわされるかをみていきましょう。

(2) 財産構成はどうなってる？

次頁に日本フィルの貸借対照表がありますが，具体的に見る前に，まず「予想」してみましょう。先に見た日本フィルの活動内容について，それが貸借対照表にどのようにあらわされていると思いますか。

たとえば以下のように予想することもできます。

予想1：楽員に人件費がかかるから，給料等の支払いのために現預金が資産のうち大きな割合を占めるのではないか？

予想2：固定資産に演奏ホール（土地・建物）や楽器があるのではないか？

さて，どうでしょう。図表4の★印と対照させて下記解答例をご覧ください。

予想1：正解。流動資産の「現金及び預金」を見ると総資産の37.3%となり，勘定科目のなかで最も大きな割合を占めています。

予想2：不正解。まず，固定資産に不動産は明示されていません。活動拠点の杉並公会堂は区立であり法人所有ではありません。また，楽器額は613万円なので保有期間が長いか（減価償却済），楽員所有と考えられます。

さて，続いて前節で見た公益法人会計の特徴を確認してみましょう。

ポイント①　固定資産を基本財産，特定資産，その他固定資産に分けている

特定資産はないようですが，基本財産として定期預金2億7,800万円とあります。基本財産は定款に規定されたものであり，他の資産と紛れないように管理されています。金額は前年度の8倍近くに積み増され，財政基盤の強靭化を図っていることがわかります。

ポイント②　正味財産の部を指定正味財産と一般正味財産に分けている

当年度から指定正味財産が新設され，指定正味財産と一般正味財産に区別された金額が計上されています。新たに使途が指定された寄付金2億円が指定正味財産とされています。

ポイント③　調達と運用が結び付けられている（ひも付き）部分がある

正味財産の部の指定正味財産については全額（2億円）が，一般正味財産については7,800万円が「基本財産への充当額」と記載されています。この合計額は資産の部の基本財産の定期預金額と同額になっています。財源と運用がひも付けられており，基本財産が外部からの借入れではなく，正味財産を財源としていることが示されています。このことから，基本財産が安定的に維持されていると読むことができます。

図表4　日本フィルの貸借対照表

令和4年3月31日現在　　　　(単位：円)

科　目	当年度	前年度	増減
Ⅰ　資産の部			
1．流動資産			
現金及び預金	373,951,052	423,649,639	△49,698,587
未収入金	118,058,715	92,490,619	25,568,096
商品	18,561,178	28,816,156	△10,254,978
貯蔵品	0	21,573,733	△21,573,733
仮払金	8,135,748	4,468,254	3,667,494
前払金	33,275,184	31,993,483	1,281,701
立替金	34,198,443	39,492,334	△5,293,891
前払費用	119,550	110,000	9,550
ポイント①			
流動資産合計	586,299,870	642,594,218	△56,294,348
2．固定資産			
(1) 基本財産			
定期預金	278,000,000	35,000,000	243,000,000
基本財産合計	278,000,000	35,000,000	243,000,000
(2) その他の固定資産			
楽器	6,131,805	7,199,721	△1,067,916
什器備品	665,187	938,806	△273,619
車輌運搬具	1,940,770	1	1,940,769
電話加入権	625,673	625,673	0
出資金	1,700,000	1,700,000	0
敷金	12,014,000	12,014,000	0
保険積立金	115,309,605	123,973,926	△8,664,321
その他の固定資産合計	138,387,040	146,452,127	△8,065,087
固定資産合計	416,387,040	181,452,127	234,934,913
資産合計	1,002,686,910	824,046,345	178,640,565
Ⅱ　負債の部			
1．流動負債			
短期借入金	130,002,000	164,000,000	△33,998,000
未払金	57,442,219	43,414,459	14,027,760
未払法人税等	70,000	70,000	0
前受金	46,679,495	43,952,740	2,726,755
預り金	11,803,425	6,830,844	4,972,581
仮受金	11,948,393	10,040,773	1,907,620
流動負債合計	257,945,532	268,308,816	△10,363,284
2．固定負債			
長期借入金	53,344,000	63,340,000	△9,996,000
資本性劣後ローン	200,000,000	200,000,000	0
退職給付引当金	131,346,551	133,486,448	△2,139,897
固定負債合計	384,690,551	396,826,448	△12,135,897
負債合計	642,636,083	665,135,264	△22,499,181
ポイント②			
Ⅲ　正味財産の部			
1．指定正味財産			
寄付金	200,000,000	0	200,000,000
指定正味財産合計	200,000,000	0	200,000,000
(うち基本財産への充当額)	(200,000,000)	(0)	(200,000,000)
ポイント③			
2．一般正味財産	160,050,827	158,911,081	1,139,746
(うち基本財産への充当額)	(78,000,000)	(35,000,000)	(43,000,000)
正味財産合計	360,050,827	158,911,081	201,139,746
負債及び正味財産合計	1,002,686,910	824,046,345	178,640,565

(出典) 公益財団法人日本フィルハーモニー交響楽団「貸借対照表」に筆者一部加筆

(3) どこから収益を獲得し，どのように使っているの？

正味財産増減計算書を具体的に見る前に，また「予想」してみましょう。先に見た日本フィルの活動がどのようにあらわされていると思いますか。

予想 1：オーケストラなのだからコンサート収入で必要コストを賄っている？

予想 2：コロナ禍への応援を含めて補助金・助成金・寄付金が多い？

予想 3：演奏者がたくさんいるので楽員の人件費が大きな割合を占める？

予想 4：インターネット配信事業に力を入れたのでそのコストがかかった？

どうですか。計算書の★印と対照させて下記解答例をご覧ください。

予想 1：不正解。演奏料収益と入場料収益を合計すると経常費用の 54.3% ですから，演奏活動のみでオーケストラを運営することはできそうにありません。ただし，まだ一定程度コロナ禍の影響があることに注意が必要です。例年ですと 60〜70% は演奏料等収益で賄われます。

予想 2：正解。一般正味財産増減の部の受取補助金等と受取寄付金の合計は 2 億 3,936 万円で，寄付金は前年度より 1 億円以上減少しました。しかし別に指定正味財産増減の部で新たに 2 億円の寄付金が計上されています。

予想 3：正解。楽員給与は費用科目のなかで最も多く 2 億 8,929 万円，経常費用の 21.9% を占めます。さらに広い意味で人件費に該当する科目として指揮料，楽員法定福利費，退職給付費用など多様なものがあります。ヒトが支えている組織ということがわかります。

予想 4：正解。新たに配信費 453 万円が計上されています。

さて，続いて前節で見た公益法人会計の特徴を確認してみましょう。

ポイント①　一般正味財産増減の部と指定正味財産増減の部に分かれている

ご覧のとおり分かれています。当年度は受取寄付金として 2 億円が指定正味財産になりました。ここで一般正味財産増減の部の中身にも少し触れてみます。先ほど見た人件費以外で多いのは会場費です。日本フィルは杉並公会堂という本拠地があるので本拠地を持たないオケよりも会場費は比較的低く抑えられますが，それでもコンサートは多額の費用を要します。多くの方に楽しんでもらうにはチケット代を高くするわけにもいきません。そこで，寄付等が必要になるわけです。

ポイント②　経常費用が事業費と管理費に分かれている

事業費が経常費用の 99.7% を占めます。このように，管理費と区分することにより，本来の公益事業を中心に活動していることが明らかになります。

ポイント③　ボトムラインは正味財産期末残高

ボトムラインは，一般正味財産期末残高と指定正味財産期末残高を合計した正味財産期末残高（3 億 6,005 万円）です。この金額は貸借対照表の正味財産合計額と一致しており，書類の正確性の一端を確認することができます。

ポイント④　企業会計の当期純利益に該当する当期一般正味財産増減額

当期一般正味財産増減額は 113 万円で，経常収益の 0.08% です。

図表 5 ● 日本フィルの正味財産増減計算書（部分）

令和 3 年 4 月 1 日から令和 4 年 3 月 31 日まで

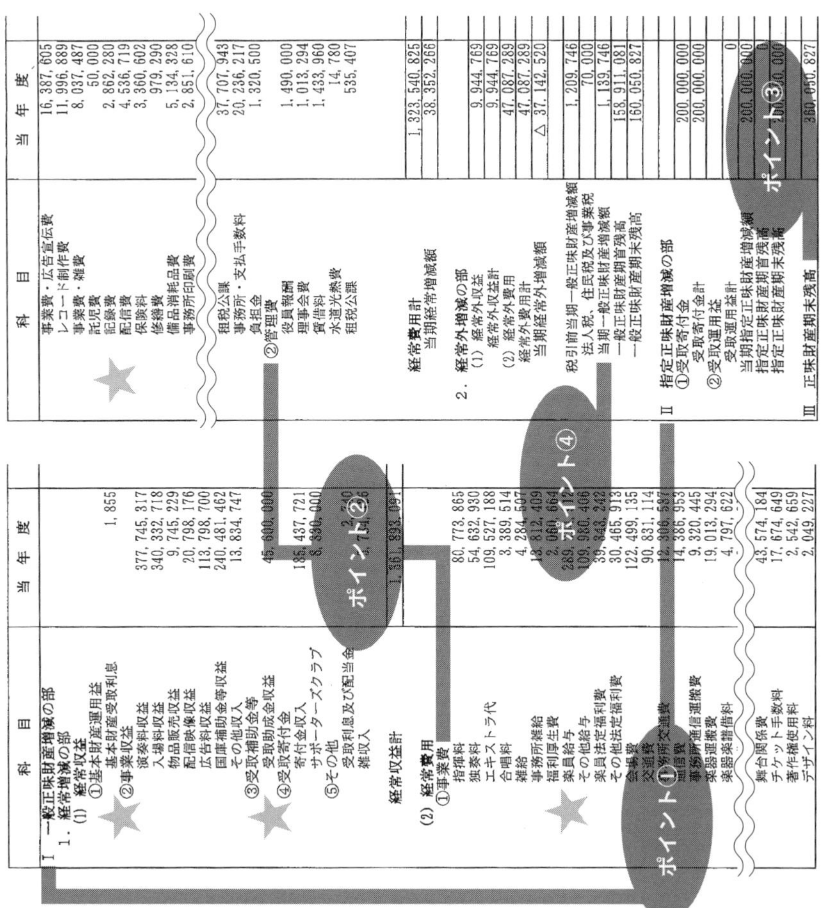

科　目	当 年 度
I　一般正味財産増減の部	
1．経常増減の部	
(1)　経常収益	
①基本財産運用益	
基本財産受取利息	1, 855
②事業収益	
演奏料収益	377, 745, 317
入場料収益	340, 332, 718
物品販売収益	9, 745, 229
配信映像収益	20, 798, 176
広告料収益	113, 798, 700
国庫補助金等収益	240, 481, 462
その他収入	13, 834, 747
③受取補助金等	
受取助成金収益	45, 600, 000
④受取寄付金	
寄付金収入	185, 437, 721
サポーターズクラブ	8, 330, 000
⑤その他	
受取利息及び配当金	2, 740
雑収入	[illegible]
経常収益計	1, 361, 893, 091
(2)　経常費用	
①事業費	
指揮料	80, 773, 865
独奏料	54, 632, 930
エキストラ代	109, 527, 188
合唱料	3, 389, 514
雑給	4, 284, 507
事務所雑給	13, 812, 409
福利厚生費	2, 060, 664
楽員給与	[illegible]
その他給与	109, 980, 406
楽員法定福利費	39, 843, 242
その他法定福利費	30, 465, 913
会場費	122, 499, 135
交通費	90, 831, 114
事務所交通費	12, 306, 537
通信費	14, 386, 953
事務所通信運搬費	9, 320, 445
楽器運搬費	19, 013, 294
楽器楽譜借料	4, 797, 622
舞台関係費	43, 574, 184
チケット手数料	17, 674, 649
著作権使用料	2, 542, 659
デザイン料	2, 049, 227

科　目	当 年 度
事業費・広告宣伝費	16, 387, 605
レコード制作費	11, 996, 889
事業費・雑費	8, 037, 487
託児費	50, 000
記録費	2, 862, 280
配信費	4, 536, 719
保険料	3, 360, 602
修繕費	979, 290
備品消耗品費	5, 134, 328
事務所印刷費	2, 851, 610
租税公課	37, 707, 943
事務所・支払手数料	20, 236, 217
負担金	1, 320, 500
②管理費	
役員報酬	1, 490, 000
理事会費	1, 013, 294
賃借料	1, 433, 960
水道光熱費	14, 780
租税公課	535, 407
経常費用計	1, 323, 540, 825
当期経常増減額	38, 352, 266
2．経常外増減の部	
(1)　経常外収益	9, 944, 769
経常外収益計	9, 944, 769
(2)　経常外費用	47, 087, 289
経常外費用計	47, 087, 289
当期経常外増減額	△ 37, 142, 520
税引前当期一般正味財産増減額	1, 209, 746
法人税、住民税及び事業税	70, 000
当期一般正味財産増減額	1, 139, 746
一般正味財産期首残高	158, 911, 081
一般正味財産期末残高	160, 050, 827
II　指定正味財産増減の部	
①受取寄付金	200, 000, 000
受取寄付金計	200, 000, 000
②受取運用益	
受取運用益計	0
当期指定正味財産増減額	200, 000, 000
指定正味財産期首残高	0
指定正味財産期末残高	[illegible]
III　正味財産期末残高	360, 050, 827

（注）前年度欄と増減欄は省略している。

（出典）公益財団法人日本フィルハーモニー交響楽団「貸借対照表」に筆者一部加筆

さて，企業会計でいうところの利益率（経常利益率）に該当すると考えられる率が0.08%ということについてどのように考えればよいのでしょうか。企業会計であれば利益額を大きくし，利益率は高いことが望まれます。しかし公益法人では，収益は，必要な費用を賄う程度であることが求められ（収支相償）ます。つまり不必要な差額を生じさせるのではなく，たとえば，差額が生じるのであれば，それを質の良い公益サービスの提供に回すべきだと考えます。したがって，営利企業と異なり基本的に収支トントンが理想となります（☞**コラム6参照**）。

もちろん，どんな組織でも事業の安定・継続や拡大のための適正な資金留保は必要です。とりわけオーケストラにおいては給料支払い等のための運転資金が多額に上るうえ，会場費などは前払になる一方，その回収としてのチケット代や出演料などは未収金（後払）となります。このため，日本フィルでは財政基盤の確立に尽力しています。

3……公益法人への寄付はこうする

非営利組織への支援にはいろいろな手段があります（☞**第3章参照**）。オーケストラにとっては，金銭の提供による支援のほか，「コンサートを聴く」という行動そのものも支援になります。ここでは，オーケストラへの支援方法について，日本フィルの例でみていきます。

パトロネージュ（patronage）という言葉を聞いたことはありますか。支援行為という意味ですが，日本フィルでは個人会員によるパトロネージュ・システムを組織しています。オーケストラのパトロン，ちょっとかっこいいですね。活動への寄付を会費の形で受け取る会員制度で，広報誌等への名前の掲載，チケットの優先申込，演奏会・パーティ等のイベントへの優待などの特典があるうえ，公益財団法人ですから寄附金控除の税制優遇も受けられます。遺贈における税制優遇もあります（☞**第10章，第11章参照**）。

また，日本フィルハーモニー協会は，会員制の市民と音楽家のネットワーク組織で，楽員との交流会，コンサートづくり，合唱団（日本フィルとの共演）への参加など魅力的なプログラムが用意されています。

さらに，コンサートを聴くことそのものも支援です。公演の際にホールが満席になることは，オーケストラの経営にとって重要ですし，演奏者等をエンカレッジします。チケットの優先申込・優待を受けてコンサートを聴くことで活動を応援する「サポーターズクラブ」や，「定期会員」となり定期演奏会を専用指定席で聴くしくみもあります。

このほか，2018 年度からスタートした**クラウドファンディング**の手法によるプログラムへの支援も大きな力になります。

［注］

1）基準の各項目は公益認定法第 5 条の各号参照。

［参考文献］

行政改革推進本部『公益法人の改革について』
https://www.gyoukaku.go.jp/about/koueki.html

総務省（2004）『公益法人会計基準の改正』
https://www.soumu.go.jp/main_sosiki/daijinkanbou/kanri/041014_1.html

公益財団法人日本フィルハーモニー交響楽団 https://japanphil.or.jp/

［もっと深く学びたい人へのお勧め文献・Web 情報］

内閣府公益認定等委員会事務局『民間が支える社会を目指して～「民による公益」を担う公益法人～』https://www.koeki-info.go.jp/outline/ pdf/20220400_Pamphlet.pdf

新日本有限責任監査法人（2017）『見方、示し方がつかめる公益法人会計の基本』清文社

コラム 6　さらに進む公益法人制度改革

「新しい資本主義の実現に向けた公益法人制度改革」をご存じですか。公益法人が多様で変化の激しい社会のニーズに柔軟かつきめ細かに対応し，「民間も公的役割を担う社会」の実現に一層貢献しようとする政策です。2022 年 9 月に内閣府特命担当大臣（経済財政政策）の下に有識者会議が設置され検討が進められており，資金のより効果的な活用のための財務規律の柔軟化・明確化，柔軟・迅速な事業展開のための行政手続きの簡素・合理化，透明性の一層の向上，法人による自律的なガバナンスの充実が図られようとしています。

収支相償や遊休財産規制等についても，「使いやすい制度」の視点から改革が加えられようとしています。

（石津寿惠）

第 章

学校法人
——学校法人明治大学を例として

わが国の出生数は1973年の209万人から減少を続け，2019年に87万人となりました。日本の将来にとって大きな問題である少子化は，学童・学生数の減少に直結するため，学校経営にも大きな影響を及ぼします。「学校は存在し続けるもの，倒産しないもの」という意識の方は多いと思いますが，現在学校は生き残りをかけてさまざまな工夫をしながら経営を行うようになっています。ここでは大学を擁する学校法人を例として，学校法人会計について学んでいきましょう。

キーワード 基本金　特定資産　収支均衡　予算主義

I　学校法人とは？

1……私立学校の位置付け

日本における学校教育制度の根幹は学校教育法に定められています。同法では学校を設置することができる主体を国，地方公共団体及び私立学校法に規定する学校法人としています（第2条）[1]。そして，学校の設立・運営は，文部科学省の許可・規制の下に置かれることによりその教育水準の維持が図られています。幼稚園の9割，高等学校の3割，大学・短大の8割を担う私立学校は，それぞれ設立の理念に基づいた特色ある多様な教育を提供しています。

2……私立大学の経営状況

少子化による18歳人口の減少等により，私立大学の48%において入学定員が未充足の状態にあり，また，都市化の進展等によって地方の中小の私立大学では約4割が赤字傾向となっています（文部科学省）。こういった苦しい経営状況のなか，大学には質の高い教育の提供はもとより，国際化の推進，研究力の強化，地域への貢献など社会の幅広いニーズへの対応がますます求められるようになってきています。

図表1は，私立大学の収支状況を示しています。まず，事業活動に係る収入と支出が拮抗し，全体に厳しい経営状況にあることが見て取れます。支出については，教育活動がヒトにより提供されるものであることから，その半分以上（52.9%）が人件費です。収入についてはその多くが授業料等の学生生徒納付金（76.7%）で賄われていますから（文部科学省），定員充足率が経営に直結することになるわけです。

経営状況改善のためにはどうしたらよいでしょう。学校は教育の機会均等の観点から安易な学費値上げによる収入増を図るわけにもいきません。そこで，教育・研究資源を広く生かして産学連携研究により企業等から助成金・寄付金を得たり，さらには，高層の校舎を建設しその一部を貸出してテナン

図表1　私立大学の収支状況（2022年度）

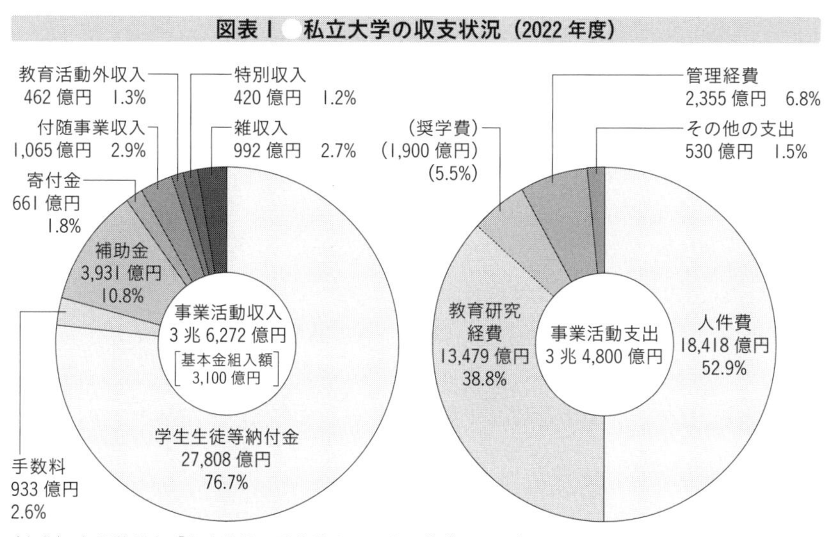

（出典）文部科学省『私立学校・学校法人に関する基礎データ』

ト賃料収入を得たり，余裕資金を有利に運用したりと，教育活動以外から収入を得る工夫も行われるようになってきています（☞**コラム７参照**）。また，Ⅲ3に見るように，寄付金を得るためのさまざまな工夫も凝らしています。

なお，収入の２番目に大きな部分を占めるのは補助金です。国や地方公共団体は教育条件の維持・向上や学生の経済的負担軽減のために補助金等を交付しています。このように，大学は社会のさまざまな人や組織からの資金により経営されているのですから会計情報の開示が不可欠になります。

ところで，M&A（Mergers & Acquisitions，合併・買収）は企業のみの話ではありません。学校法人も戦略的多角化や経営状況の視点からM&Aが行われるようになってきています[2)]。学校法人においても，会計の視点を持った経営意識・戦略の重要性が増してきています。

Ⅱ　学校法人会計のしくみ

1……学校法人の決算書って何？

(1)　学校法人の目的・制度設計と会計

学校法人には安定的・継続的事業活動や教育水準の維持向上が求められます。そしてそのためには**収支の均衡**が不可欠です。また，学校法人では適切な経営のために年度予算の編成・実行という体制がとられています（**予算主義**）。これは経営を担う理事者の執行権限を規制するものでもあります。したがって学校法人会計には，収支の均衡状況を示し，予算に基づく経営が行われていることを示すことが求められます。

また，学校法人は私立ですが教育条件の維持向上，在学生の経済的負担軽減のために公的補助金が交付され，これが大きな収入源となっています。この補助金は**私立学校振興助成法**（以下，「振興助成法」）に基づいて行われますが，同法では**学校法人会計基準**（以下，「会計基準」）に基づいた会計処理・財務計算に関する書類の作成が求められています（同法第14条第１項）。

(2)　特徴あるしくみ

上記のような学校法人の役割との関係で，学校法人会計には特徴あるしくみがあります。たとえば，継続的な教育には校舎や施設設備といった固定資産を保有し改修していくことが重要です。こういった固定資産への投資には莫大な資金が必要ですが，それを借金で賄うようでは心配です。計画的に積み立てて自己資金で賄う必要があります。また，計画は長期にわたりますから，単年度の収支バランスとともに，中長期的なバランスがとれていることも重要になります。Ⅲで見るように，学校法人会計にはこういった学校法人の特徴があらわされるような基本金制度や，収支バランスを２段階（当年度バランスと，中・長期バランス）で示す構造となっています。そして予算主義がどのように実行されているかを示すために，予算と決算とを対比させて示すようにしています。

⑶　どんな計算書類があるの？

振興助成法が学校法人に作成を求める計算書類には**資金収支計算書**，**事業活動収支計算書**，**貸借対照表**の３種類があり（第14条）財務三表と呼ばれます[3)]。資金収支計算書は，補助金の適正な配分と効果を表示するもので現金主義に拠るフローの計算書です。事業活動収支計算書は発生主義によるもので，経営状況を示すという意味で企業会計の損益計算書に相当しますが，その目的は収支の均衡と永続性を表示するという意味では異なります。貸借対照表は財政状態を示します。本書では，これらのうち貸借対照表と事業活動収支計算書についてみていきます。

2……公表書類の信頼性

私立学校では，学校法人の役員である監事が学校法人の財産の状況を監査します（私立学校法第37条第３項２号）。監事は，計算書類の適正性のみならず，学校法人の運営の効率性や合理性，妥当性まで含めた観点で財産監査・業務監査を行います。また，振興助成法に定める一定額以上の補助金交付を受ける学校法人が作成する計算書類には，公認会計士又は監査法人による監査が義務付けられ（第14条第３項），一層厳しく信頼性の確保が図られています。

Ⅲ　学校法人の決算書情報とポイント

1……決算書の様式

(1)　貸借対照表の様式とポイント

貸借対照表は法人の一定時点（決算日）での財政状態を示すもので，資産，負債，純資産（資産と負債の差額）に３区分されています。企業会計の貸借対照表と比べてみましょう（☞第５章Ⅴ２参照）。まず，３区分という点は同じです。では，違うところについてポイントを三つに絞ってみていきましょう。

ポイント①　固定性配列法である

学校には，校舎など固定資産が不可欠です。大事なものから順番に並べれば，固定資産が先にくる固定性配列法がとられることになります。

ポイント②　基本金（４種類）がある

基本金とは「学校法人がその諸活動の計画に基づき必要な資産を継続的に保持するために維持すべきものとして，その事業活動収入のうちから組み入れられた金額」（会計基準第29条）です。基本金は下記の４種類に分けられています。そしてこれらは，事業活動から得られた収入を財源とすること，つまり借金ではなく自己資金により継続的に保持すべきだということです。

第１号基本金…教育に供される固定資産の維持取得にかかる基本金（取得済の「維持すべき」固定資産額）

第２号基本金…将来取得する計画の固定資産の取得資金に係る基本金（将来取得する「維持すべき」固定資産のための「積立」額）

第３号基本金…基金として継続的に保持・運用する基本金（奨学金の原資等）

第４号基本金…必要な運転資金の維持に係る基本金（前年度の事業活動収支計算書における一定の費用の合計額の1/12（１か月分））

ポイント③　利用目的が明示された特定資産がある

特定資産とは，将来の特定の支出に備える目的で留保した資産で，その目的がわかる名称を付して計上されます。たとえば，第２号基本金引当特定資産は，計画に基づく将来の特定の固定資産の取得支出に充てる資産です。理事会で決定された取得計画通りに毎年積み増され，取得時の支払いに備えます（**先行組入**）。これは純資産の第２号基本金額と同額になります。

図表2　学校法人の貸借対照表の様式

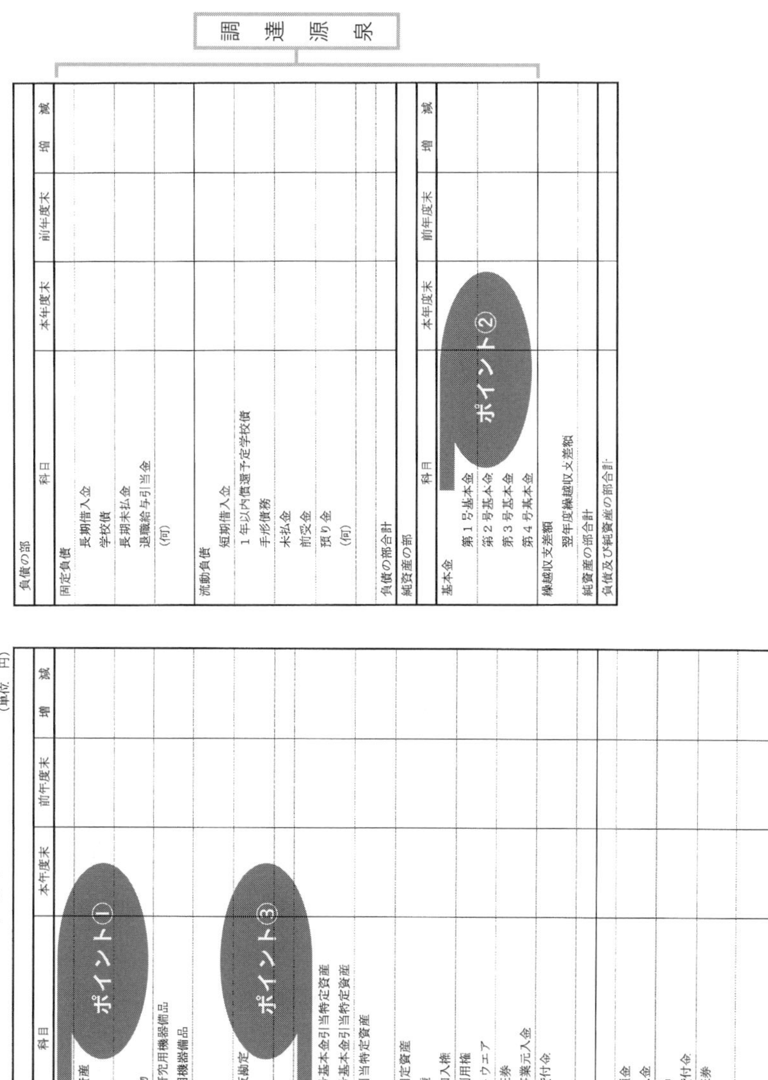

第七号様式（第35条関係）

貸借対照表

年　月　日

（単位　円）

資産の部			
科目	本年度末	前年度末	増減
固定資産			
有形固定資産			
土地			
建物			
構築物			
教育研究用機器備品			
管理用機器備品			
図書			
車両			
建設仮勘定			
（何）			
特定資産			
第2号基本金引当特定資産			
第3号基本金引当特定資産			
（何）引当特定資産			
その他の固定資産			
借地権			
電話加入権			
施設利用権			
ソフトウエア			
有価証券			
収益事業元入金			
長期貸付金			
（何）			
流動資産			
現金預金			
未収入金			
貯蔵品			
短期貸付金			
有価証券			
（何）			
資産の部合計			

負債の部			
科目	本年度末	前年度末	増減
固定負債			
長期借入金			
学校債			
長期未払金			
退職給与引当金			
（何）			
流動負債			
短期借入金			
1年以内償還予定学校債			
手形債務			
未払金			
前受金			
預り金			
（何）			
負債の部合計			
純資産の部			
科目	本年度末	前年度末	増減
基本金			
第1号基本金			
第2号基本金			
第3号基本金			
第4号基本金			
繰越収支差額			
翌年度繰越収支差額			
純資産の部合計			
負債及び純資産の部合計			

（注）企業会計の貸借対照表の報告式と同じタイプですが，ここでは便宜上，2段で提示しています。
（出典）学校法人会計基準第七号様式（第36条関係）。筆者一部加筆修正

⑵　事業活動収支計算書の様式とポイント

事業活動収支計算書は法人の一定期間（当該会計年度）の活動に対応する事業活動収入と事業活動支出の内容および収支均衡の状態をあらわすものです。企業会計の損益計算書に相当する位置付けですが，収支均衡の状況をあらわすことを目的としている点は異なります。また，予算と決算が対比される様式になっているところも違います。学校法人では基本的に予算に基づいて事業を推進します（予算主義）ので，予算と決算の差額（差異）が読み取れる形になっています。さて，では，ポイントを三つに絞ってみていきましょう。

ポイント①　事業活動は３区分。それぞれ収支を対応表示

事業活動は教育活動，教育活動外，特別の三つの区分に分かれ，それぞれの区分ごとに収入と支出が対応表示されます（計算書の末尾に「参考」として記載されている事業活動収入計と事業活動支出計はこれら三つの区分の収入と支出をそれぞれ合計したものです）[4)]。本業である教育活動収支と利息等の収支からなる教育活動外収支を合わせて経常収支差額が示されて，経常的な収支バランスがわかります。また，不動産の売却等による特別収支は臨時的な収支バランスを示します。

ポイント②　単年度の収支バランスの状況をあらわす基本金組入前当年度収支差額

基本金は長期的に維持すべきものとして，期末に事業活動収入から組み入れられるものです。したがって，基本金を組み入れる前の**基本金組入前当年度収支差額**が企業会計における当期純利益（損失）に該当するものととらえられており，これが当該年度（単年度）の収支バランスの状況を示します。

ポイント③　長期的収支バランスの状況をあらわす翌年度繰越収支差額

学校法人には永続性が求められますので長期的収支バランスは重要です。当年度の基本金の変動額（組入額，取崩額）と，前年度まで（期首）の繰越収支差額を加えた**翌年度繰越収支差額**は，長期的収支バランスの状況を示すものです。組入れは，当年度収支差額からではなく事業活動収入から行われるため，基本金組入計画に基づく組入額が当年度収支差額を上回ると，翌年度繰越収支差額はマイナスになります（☞Ⅲ２⑶参照）。

図表3　学校法人の事業活動収支計算書の様式

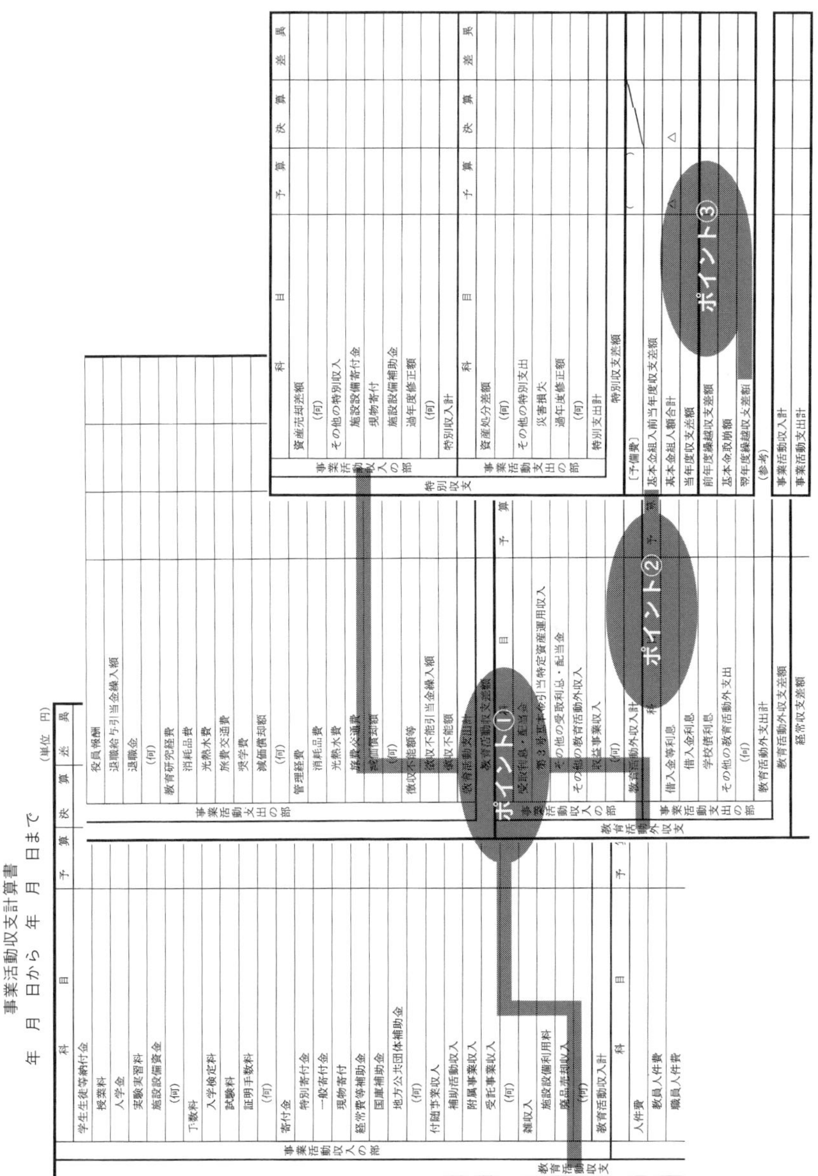

事業活動収支計算書
年　月　日から　年　月　日まで

（単位　円）

		科目	予算	決算	差異
教育活動収支	事業活動収入の部	学生生徒等納付金			
		授業料			
		入学金			
		実験実習料			
		施設設備資金			
		（何）			
		手数料			
		入学検定料			
		試験料			
		証明手数料			
		（何）			
		寄付金			
		特別寄付金			
		一般寄付金			
		現物寄付			
		経常費等補助金			
		国庫補助金			
		地方公共団体補助金			
		（何）			
		付随事業収入			
		補助活動収入			
		附属事業収入			
		受託事業収入			
		（何）			
		雑収入			
		施設設備利用料			
		廃品売却収入			
		（何）			
		教育活動収入計			
	事業活動支出の部	人件費			
		教員人件費			
		職員人件費			
		役員報酬			
		退職給与引当金繰入額			
		退職金			
		（何）			
		教育研究経費			
		消耗品費			
		光熱水費			
		旅費交通費			
		奨学費			
		減価償却額			
		（何）			
		管理経費			
		消耗品費			
		光熱水費			
		旅費交通費			
		減価償却額			
		（何）			
		徴収不能額等			
		徴収不能引当金繰入額			
		徴収不能額			
		教育活動支出計			
		教育活動収支差額			

		科目	予算	決算	差異
教育活動外収支	事業活動収入の部	受取利息・配当金			
		第3号基本金引当特定資産運用収入			
		その他の受取利息・配当金			
		その他の教育活動外収入			
		収益事業収入			
		（何）			
		教育活動外収入計			
	事業活動支出の部	借入金等利息			
		借入金利息			
		学校債利息			
		その他の教育活動外支出			
		（何）			
		教育活動外支出計			
		教育活動外収支差額			
		経常収支差額			

		科目	予算	決算	差異
特別収支	事業活動収入の部	資産売却差額			
		（何）			
		その他の特別収入			
		施設設備寄付金			
		現物寄付			
		施設設備補助金			
		過年度修正額			
		（何）			
		特別収入計			
	事業活動支出の部	資産処分差額			
		（何）			
		その他の特別支出			
		災害損失			
		過年度修正額			
		（何）			
		特別支出計			
		特別収支差額			
		〔予備費〕	（　）		
		基本金組入前当年度収支差額			
		基本金組入額合計	△	△	
		当年度収支差額			
		前年度繰越収支差額			
		基本金取崩額			
		翌年度繰越収支差額			
		（参考）			
		事業活動収入計			
		事業活動支出計			

（注）便宜上3段で提示しています。
（出典）学校法人会計基準第五号様式（第23条関係）。筆者一部修正加筆

2……………学校法人明治大学の具体例

日本には600を超える4年制私立大学があり，それぞれ建学の精神に基づき，そして時代のニーズに応える変革も遂げながら特徴ある高等教育を提供しています。ここでは，そのなかから受験生10万人を集める学校法人明治大学（以下，「明治大学」）を例として学校法人会計を具体的にみていきましょう。

(1)　前へ――「個」を磨き，ともに持続可能な社会を創る――

①明治大学のミッション

明治大学は「権利自由，独立自治」の建学の精神に基づき1881年に創立されました。多様な「個」を磨き，自ら切り開く「前へ」の精神を堅持し，社会のあらゆる場面で協働を進め，時代を変革していく人材の育成を図り，こうした人材の育成に必要な教育の基盤となる知の創造によって，自由で平和，豊かな社会を実現することを使命にしています。

②明治大学の事業活動

東京駅から二つ目のJR御茶ノ水駅から徒歩5分のところにある駿河台キャンパスを中心に，全四つのキャンパス（駿河台，和泉，生田，中野）を保有しています。10学部，大学院12研究科，専門職大学院，そして附属中・高等学校を擁し，学生数は約35,000人，教職員数は約3,000人です。

学校ですから，教育･研究活動を重点的に行うことはもとより，社会連携･社会貢献（地域活性化支援，生涯学習機会の提供（一般に開放された学習拠点であるリバティアカデミー，東京国際マンガ図書館），博物館の設置・公開，国際連携（留学生受入れ・留学送出し体制整備，国際的研究の推進），学生支援（奨

2022年4月から利用開始された新設の和泉キャンパスラーニングスクエア棟。吹き抜けを囲むように設置されたグループボックスなど，学びの楽しさが見える・伝わる仕掛けが満載の最新設備・設計
（写真提供：明治大学広報課）

学金充実，強力な就職支援，スポーツ振興）などに力を入れています。

明治大学は2031年の創立150周年を迎えるにあたり，そのあるべき姿を示した「Meiji Vision150―前へ―」ではビジョンの一つとして「大学経営」が掲げられています。そこでは「永続的な発展のために，よって立つ基盤を自ら営み，財務比率の目標を定めることで研究・教育への積極的な投資ができる財務体質を確立する」とされており，財政基盤の確立が学校法人にとって重要だということが示されています。

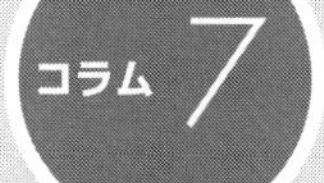

収益獲得のための工夫

学校法人の本業は教育活動ですからこの部分がしっかりしていることは最も重要です。その一方，先に見たように学費等に頼りすぎる経営は定員充足率低下による経営の不安定化をもたらす恐れがありますし，また学費を抑えて質の良い教育・研究を推進するには学費等以外の収入の道を開拓し**財源の多様化**を図ることも有用です。たとえば，資金を**株式等で有利に運用**している慶應義塾大学，社会的責任投資を先導的に行っている上智大学などがあります。また，国立大学でも収入源の多様化が図られ，たとえば東京大学ではSDGs債の発行，東京工業大学では附属高校跡地（JR田町駅前再開発）を利用した高層ビル建設による**テナント料収入**計画などさまざまな工夫が行われるようになってきています。

⑵　財産構成はどうなってる？

後頁に明治大学の貸借対照表がありますが，具体的な特徴を見る前に，まず「予想」してみましょう。これまで見てきた明治大学の事業活動内容が貸借対照表にどのようにあらわされているでしょうか。

たとえば以下のように予想することもできます。

予想1　立地が良いので土地の評価額が高いのではないか。

予想2　新しい最新設備の校舎を建設したので借金があるのではないか。

さてどうでしょう。図表4の★印と対照させて下記解答例をご覧ください。

予想1　不正解。土地は510億円で高額ではありますが，実勢価額とは程遠い低い金額です。土地は取得原価であらわされますから大正期に現在の駿河台にキャンパスを構えた明治大学の土地の価額はそれほど高く計上されません。

予想2　これも不正解。負債の部を見ると，外部からの借金がありません。また，純資産の部の第2号基本金と特定資産の第2号基本金引当特定資産がともに前年度より15億円減少しています。計画に基づく校舎が完成したということです。この減少額は，固定資産の建物等の増加額および第1号基本金の増加額として含まれて（移されて）います。

それでは，先に見た貸借対照表の三つのポイントに沿ってみていきましょう。

ポイント①　固定性配列法である

資産の部，負債の部とも固定資産から始まっています。資産では最初に土地が計上されています。なお，図書（208億円）も固定資産になることがわかります。また，学生用机やロッカーなどは常時相当多量に保有しています。これらは，単品では少額なため固定資産に該当しない場合がほとんどですが，教育研究に重要な物品ですので**少額重要資産**と呼ばれ，通常，教育研究用機器備品（61億円）に含まれます。

ポイント②　基本金（4種類）がある

すでに取得した資産に対応する第1号基本金（2,414億円）が最も多く，施設設備等教育環境の向上を図ってきていることがわかります。続いて多いのは第3号基本金（96億円）です。これは**奨学金の原資**で，前年度より15億円増加しています。奨学金の充実に努めていることがわかります。

ポイント③　利用目的が明示された特定資産がある

第3号基本金引当特定資産は，純資産の部の第3号基本金と同額です。奨学金の原資が，他と区別して管理されていることがわかります。なお，特定資産のなかで最も多額なのは減価償却引当特定資産（265億円）です。年数の経った建物や設備の改修等にあたり，建設費等が値上がりしていることを踏まえれば，それに備えた準備が今後一層必要になってくると考えられます。

図表4　学校法人明治大学の貸借対照表（2023年3月31日）

（単位　円）

資産の部 科目	本年度末	前年度末	増減
固定資産	213,183,962,891	206,887,806,844	6,296,156,047
有形固定資産	141,921,291,129	139,768,990,335	2,152,300,794
土地	51,082,636,800	51,109,991,030	△ 27,354,230
建物	[illegible]	56,971,485,486	3,768,414,335
構築物	2,611,369,580	2,659,201,771	△ 47,832,191
教育研究用機器備品	6,193,110,806	6,302,703,794	△ 109,592,988
管理用機器備品	415,288,569	428,981,183	△ 13,692,614
図書	20,872,733,207	20,705,754,538	166,978,669
車両	5,668,244	9,927,333	△ 4,259,089
建設仮勘定	584,102	1,580,945,200	△ 1,580,361,098
特定資産	70,183,574,532	65,749,359,031	4,434,215,501
第2号基本金引当特定資産	1,500,000,000	3,000,000,000	△ 1,500,000,000
第3号基本金引当特定資産	9,682,488,671	8,177,802,872	1,504,685,799
退職給与引当特定資産	9,153,999,344	9,176,308,352	△ [illegible]
年金引当特定資産	[illegible]	16,871,280,448	437,333,642
施設設備整備引当特定資産	0	5,700,000,000	△ 5,700,000,000
減価償却引当特定資産	26,554,977,789	17,877,909,800	8,677,067,989
中長期修繕引当特定資産	1,710,183,015	729,903,362	980,279,653
学生・教育活動緊急支援引当特定資産	1,170,028,268	1,041,420,681	128,607,587
その他の引当特定資産	3,103,283,355	3,174,733,516	△ 71,450,161
その他の固定資産	1,079,097,230	1,369,457,478	△ 290,360,248
借地権	11,590,000	11,590,000	0
電話加入権	17,432,051	17,432,051	0
ソフトウェア	94,718,327	127,366,692	△ 32,648,365
有価証券	124,250,000	124,250,000	0
長期貸付金	825,903,852	1,088,818,735	△ 262,914,883
長期前払金	5,203,000	0	5,203,000
流動資産	26,959,640,049	27,515,007,086	△ 555,367,037
現金預金	19,413,582,800	17,457,813,944	1,955,768,856
未収入金	851,471,614	948,851,919	△ 97,380,305
短期貸付金	420,003,185	469,811,728	△ 49,808,543
預り金引当特定資産	1,624,420,057	1,529,101,189	95,318,868
前払金	117,494,623	63,488,796	54,005,827
保証金	32,667,770	33,979,510	△ 1,311,740
有価証券	4,500,000,000	7,011,960,000	△ 2,511,960,000
資産の部合計	240,143,602,940	234,402,813,930	5,740,789,010

負債の部 科目	本年度末	前年度末	増減
固定負債	35,810,780,642	35,698,444,098	112,336,544
退職給与引当金	18,307,998,688	18,352,616,703	△ 44,618,015
年金引当金	17,308,614,090	16,871,280,448	437,333,642
長期未払金	151,667,824	432,046,907	△ 280,379,083
長期預り金	42,500,040	42,500,040	0
流動負債	20,284,178,082	18,160,583,903	2,123,594,179
未払金	8,412,049,479	6,901,168,096	1,510,881,383
前受金	7,992,175,413	7,591,389,959	400,785,454
預り金	3,879,953,190	3,668,025,848	211,927,342
負債の部合計	56,094,958,724	53,859,028,001	2,235,930,723

純資産の部 科目	本年度末	前年度末	増減
基本金	256,670,111,112	251,718,247,132	4,951,863,980
第1号基本金	241,473,622,441	236,526,444,260	4,947,178,181
第2号基本金	[illegible]	3,000,000,000	△ 1,500,000,000
第3号基本金	9,682,488,671	8,177,802,872	1,504,685,799
第4号基本金	4,014,000,000	4,014,000,000	0
繰越収支差額	△ 72,621,466,896	△ 71,174,461,203	△ 1,447,005,693
翌年度繰越収支差額	△ 72,621,466,896	△ 71,174,461,203	△ 1,447,005,693
純資産の部合計	184,048,644,216	180,543,785,929	3,504,858,287
負債及び純資産の部合計	240,143,602,940	234,402,813,930	5,740,789,010

（出典）学校法人明治大学Webサイトより。筆者一部修正加筆

(3) どこから収益を獲得し，どのように使っているの？

ではまた，具体的に見る前にまず「予想」から始めましょう。たとえば，

予想１　受験生が多いので受験料収入が多いのではないか？

予想２　受験生が多く，校舎も新築したりしているので，経営状況が良く，収支は均衡もしくは収支差額が大きくプラスなのではないか？

さてどうでしょう。図表５の★印と対照させて下記解答例をご覧ください。

予想１　正解。入学検定料30億円。受験生10万人の強みです。

予想２　半分正解。単年度バランスについては，事業活動収支差額比率（組入前差額÷事業活動収入）は6.5％ですので安定していそうです（ただし，新型コロナ感染症の影響で事業が制約された分，コストが低く抑えられたことに注意が必要）。一方，長期的バランスについては翌年度繰越収支差額が△726億円と大きく不均衡です（これについてはポイント③で説明します）。

では続いて，先に見た三つのポイントに沿ってみていきましょう。

ポイント①　事業活動は３区分。それぞれ収支を対応表示

三つに区分されています。とくに教育活動収入が事業活動収入の98.9％を占め，本業の教育活動を重点的に推進していることがわかります。

ポイント②　単年度の収支バランスの状況を表す基本金組入前当年度収支差額

先に説明したように**基本金組入前当年度収支差額**が企業会計における当期純利益（損失）に該当します。この組入前差額は35億円で，当年度における（短期的）収支バランスは良好なようです。しかし「Meiji Vision150―前へ―」では，将来を見越して組入前差額50億円を目標としていますから，今後一層改善が必要と考えられます。

ポイント③　長期的収支バランスの状況を表す翌年度繰越収支差額

長期的バランスを示す翌年度繰越収支差額は△726億円であり，かつ前年度よりマイナス額が14億円増えています。他の有力な私大においても**翌年度繰越収支差額**は同様に大幅なマイナスです。これはどういうことでしょう。基本金組入額が，組入前差額よりも大きいことから生じます。たとえば固定資産取得のための第２号基本金は，基本金組入計画に基づいて毎年一定額を組み入れる（積み増す）ので，組入前差額がその一定額を下回る場合は，当年度収支差額がマイナスになってしまうわけです。これは教育水準の維持のために計画的に施設設備を整備する必要がある，という学校法人の特殊性からくる結果です。ただしこの処理はあくまで純資産の部のなかでの金額の移動ですので，金額の判断には注意が必要です。

図表5 ●学校法人明治大学の事業活動収支計算書
（2022年4月1日から2023年3月31日まで）

（単位 円）

	科目	予算	決算	差異
事業活動収入の部	学生生徒等納付金	41,608,954,000	42,042,502,900	△ 433,548,900
	授業料	38,566,363,000	38,785,251,400	△ 218,888,400
	入学金	2,187,000,000	2,391,025,000	△ 204,025,000
	実験実習料	679,565,000	687,635,000	△ 8,070,000
	実習料	176,026,000		
	手数料	3,043,285,000		
	入学検定料	3,007,631,000		
	証明手数料	21,547,000		
	大学入学共通テスト実施手数料	14,107,000		
	寄付金	869,740,000		
	特別寄付金	869,740,000		
	経常費等補助金	4,637,021,000		
	国庫補助金	4,191,868,000		
	地方公共団体補助金	444,553,000		
	その他の補助金	600,000		
	付随事業収入	818,438,000		
	補助活動収入	171,382,000		
	附属事業収入	36,206,000		
	受託事業収入	388,850,000		
	リバティアカデミー受講料	222,000,000		
	雑収入	2,106,823,000		
	施設設備利用料	300,000,000		
	私立大学退職金財団交付金	842,017,000		
	年金掛金	474,940,000		
	その他の雑収入	489,866,000		
	教育活動収入計	53,084,261,000		
	科目	予算		
事業活動支出の部	人件費	31,136,883,000		
	教員人件費	13,316,240,000		
	職員人件費	9,323,292,000		
	役員報酬	[illegible]		
	退職金	41,070,000		
	退職給与引当金繰入額	1,042,827,000		
	年金引当金繰入額	2,265,764,000		
	教育研究経費	19,377,518,000		
	奨学費	2,284,603,000		
	助成費	828,571,000		
	福利費	45,009,000		

	科目	予算	決算	差異
教育活動収支 事業活動支出の部	修繕費	972,826,000	901,802,936	71,023,064
	旅費交通費	750,901,000	122,989,572	627,911,428
	業務委託費	4,879,107,000	4,599,293,206	279,813,794
	光熱水費	889,285,000	959,424,482	△ 70,139,482
	保険料	47,854,000	29,155,867	18,698,133
	消耗品費	1,542,588,000	1,	
	印刷製本費	333,054,000		
	通信運搬費	156,554,000		
	広告費	61,851,000		
	支払手数料	1,061,982,000		
	賃借料	382,116,000		
	会合費	57,528,000		
	公租公課	11,736,000		
	雑費	5,907,000		
	減価償却額	5,066,046,000	5,	
	管理経費	2,471,181,000	1,	
	助成費	2,000,000		
	福利費	44,360,000		
	修繕費	73,077,000		
	旅費交通費	59,853,000		
	業務委託費	1,154,829,000		
	光熱水費	62,454,000		
	保険料	3,221,000		
	消耗品費	61,794,000		
	印刷製本費	156,108,000		
	通信運搬費	93,762,000		
	広告費	136,249,000		
	支払手数料	102,363,000		
	賃借料	18,179,000		
	会合費	16,213,000		
	公租公課	163,550,000		
	雑費	16,293,000		
	私立大学等経常費補助金返還金	0		
	その他の補助金返還金	0		
	減価償却額	306,876,000		
	徴収不能額等	47,924,000		
	徴収不能引当金繰入額	24,935,000		
	徴収不能額	22,989,000		
	教育活動支出計	53,033,596,000	50,	
	教育活動収支差額	[illegible]	3,	

		科目	予算	決算	差異
教育活動外収支	事業活動収入の部	受取利息・配当金	409,234,000	432,147,308	△ 22,913,308
		第3号基本金引当特定資産運用収入	33,075,000	38,383,056	△ 5,308,056
		その他の受取利息・配当金	376,159,000	393,764,252	△ 17,605,252
		その他の教育活動外収入	0	0	0
		教育活動外収入計	409,234,000	432,147,308	△ 22,913,308
		科目	予算	決算	差異
	事業活動支出の部	借入金等利息	0	0	0
		その他の教育活動外支出	0	0	0
		教育活動外支出計	0	0	0
		教育活動外収支差額	409,234,000	432,147,308	△ 22,913,308
		経常収支差額	459,989,000	3,576,617,994	△ 3,116,628,994
		科目	予算	決算	差異
特別収支	事業活動収入の部	資産売却差額	0	0	0
		その他の特別収入	170,625,000	176,218,637	△ 5,593,637
		施設設備寄付金	30,000,000	12,277,225	17,722,775
		現物寄付	108,000,000	133,080,912	△ 25,080,912
		施設設備補助金	32,625,000	30,860,500	1,764,500
		特別収入計	170,625,000	176,218,637	△ 5,593,637
		科目	予算	決算	差異
	事業活動支出の部	資産処分差額	124,769,000	228,665,798	△ 103,896,798
		施設処分差額	0	59,638,737	△ 59,638,737
		設備処分差額	110,000,000	169,027,061	△ 59,027,061
		有価証券処分差額	14,769,000	0	14,769,000
		その他の特別支出	0	19,312,546	△ 19,312,546
		過年度修正額	0	19,312,546	△ 19,312,546
		特別支出計	124,769,000	247,978,344	△ 123,209,344
		特別収支差額	45,856,000	△ 71,759,707	117,615,707
		〔予備費〕	(0) 500,000,000		500,000,000
		基本金組入前当年度収支差額	5,845,000	3,504,858,287	△ 3,499,013,287
		基本金組入額合計	△ 5,813,193,000	△ 4,951,863,980	△ 861,329,020
		当年度収支差額	△ 5,807,348,000	△ 1,447,005,693	△ 4,360,342,307
		前年度繰越収支差額	△ 77,079,220,000	△ 71,174,461,203	△ 5,904,758,797
		基本金取崩額	0	0	0
		翌年度繰越収支差額	△ 82,886,568,000	△ 72,621,466,896	△ 10,265,101,104

（参考）

科目	予算	決算	差異
事業活動収入計	53,664,120,000	53,757,938,726	△ 93,818,726
事業活動支出計	53,658,275,000	50,253,080,439	3,405,194,561

ポイント①　ポイント②　ポイント③

（出典）学校法人明治大学Webサイトより。筆者一部修正加筆

3……学校法人への寄付はこうする

近年，自然災害や感染症などの影響で社会的連帯意識が強まり，寄付への関心が高まってきました。しかし，内閣府調査によると学校法人を相手先とする寄付は寄付全体の5.9%に過ぎません（内閣府20頁）。学校法人は，教育という国の根幹を支える公益サービスを提供していますが，寄付先としての認知度は高いとはいえません。

近年学校法人では収入源の多様化，収入の増加のために，以下のように寄付に関してもさまざまな工夫をしています。なお，学校法人への寄付は税制優遇を受けることが可能です（☞第10章参照）。

⑴　目的を定めた寄付

寄付をする際には，提供した資金が何に使われるか関心を持つと思います。近年，学校法人では，寄付者が寄付金の使い道（教育研究環境支援，学生生活支援，奨学金，スポーツ支援など）を選べるよう**使途特定型の寄付**が増えています（たとえば上智大学「SOPHIA未来募金」，明治大学「未来サポーター募金」，北星学園大学「北星学園大学サポーターズ寄付金」など）。

また，寄付者には，寄付の種類によって校舎壁面や教室の椅子への寄付者芳名プレートの設置，活動報告書やオリジナルグッズの贈呈，大学スポーツ観戦招待等，寄付者への感謝と法人活動への一層の理解が図られるような工夫がされています。

さらには，國學院大学では寄付者の側が主体的に自分の気持ちを伝える方法がとられています。ワンコイン（500円）とともに応援したい気持ちをメッセージにして送ると大学のWebサイトに記載される「メッセージ募金」です。

⑵　さまざまな寄付の方法

大学Webサイトで「寄付をお考えの方へ」などを見ると，金融機関の口座への振込，クレジットカード，インターネットバンキング（ペイジー），そしてAmazon Payなどさまざまな決済手法が用いられるようになっています。

また，外部組織を経由した寄付の方法もあります。ふるさと納税制度では「団体応援寄付」による寄付（応援したい団体として当該大学を指定すると寄付額の7割を上限として大学へ寄付される）という方法があります（たとえば早稲田大学と新宿区，慶應義塾大学と港区など）。さらに，クラウドファンディングを用いて（☞第4章Ⅱ参照），たとえば病理研究，展覧会開催，留学生寮建設などさまざまな分野で特定プロジェクトへの支援を募る例も増えてきています。

お金による寄付のみではありません。読み終わった本を寄贈すると，その古本処分代金が家計急変学生の支援に当てられたり（たとえば法政大学「エコ本」），図書館の本の購入代金に充てられたり（たとえば立命館大学「本活」）など本の提供が寄付として役立っています。

なお，日常的な寄付のほか遺贈（☞第11章参照）の受入れも行われています。

また，企業等からは共同研究研究や寄付講座といったかたちでの「寄付」も行われます。

[注]

1）　学校教育法の特例として，構造改革特別区域法第12条により株式会社が設置した学校もあります。

2）　慶應義塾大学と共立薬科大学（2008年），関西学院大学と聖和大学（2009年）。

3）　私立学校法では財産目録，貸借対照表，収支計算書及び事業報告の作成を求めています（第47条）。

4）　収入支出という用語を用いていますが，事業活動収支計算書は発生主義に拠るもので，たとえば減価償却費や退職給付引当金繰入額なども含まれています。

[参考文献]

学校法人明治大学 https://www.meiji.ac.jp/

新日本有限監査法人編（2016）『学校法人会計実務詳解ハンドブック』同文舘出版。

内閣府（2020）『令和元年度市民の社会貢献に関する実態調査報告書』

文部科学省『私立学校・学校法人に関する基礎データ』
https://www.mext.go.jp/a_menu/koutou/shinkou/main5_a3_00003.htm#topic7

[もっと深く学びたい人へのお勧め文献・Web情報]

文部科学省高等教育局私学部参事官付（2021）『学校法人会計基準について』
https://www.mext.go.jp/content/20210929-mxt_sigsanji-000018146-3.pdf

有限責任監査法人トーマツ（2022）『やさしくわかる学校法人の経営分析（第2版）』同文舘出版。

（石津寿惠）

第8章

社会福祉法人
——社会福祉法人札幌市社会福祉協議会を例として

朝夕，介護施設の送迎バスを見る機会が増えました。送迎バスには，社会福祉法人○○やNPO法人△△という文字。これを見て，『社会福祉法人は介護を行う法人なんだな』と思っている方はいないでしょうか？

たしかに，特別養護老人ホームのような介護施設を設置し運営している法人は社会福祉法人ですが，果たして社会福祉法人は介護専門の法人なのでしょうか。

キーワード　社会福祉事業　社会福祉法人会計基準　基本財産　基本金　基金　遺贈寄付

I　社会福祉法人とは？

社会福祉法人は社会福祉法に定める社会福祉事業を行う法人です。ここで社会福祉事業とは，社会福祉法第2条に定められている**第一種社会福祉事業**および**第二種社会福祉事業**を指します。この社会福祉法人は，法人としての歴史は古く，旧民法第34条の公益法人の特別法人として1951年に制度化されました。それまで社会福祉事業は基本的に公的責任の下で実施されてきましたが，他方で民間による社会福祉事業も行われていたことから，これを拡充するために制度化されたのが社会福祉法人です。

さて，社会福祉法人をあまり知らない人が陥る誤解は，社会福祉法人＝介護施設運営法人という誤解です。その誤解を解くために，ここでは，社会福祉法で示されている社会福祉事業をみてみます。

社会福祉法第2条では2種類の社会福祉事業が列挙されています。たとえば第一種事業には児童福祉法に規定する乳児院や老人福祉法に規定する特別養護老人ホーム，障害者自立支援法に規定する障害者支援施設等，第一種事業はどちらかといえば施設を設置して運営する事業です。一方，第二種の事業は，児童福祉法に規定する保育所や老人福祉法に規定する老人デイサービス事業，あるいは障害者自立支援法に規定する障害福祉サービス事業等，どちらかといえば在宅での生活を補助・支援する事業です。第一種事業は利用者保護の観点から，原則的に国や地方公共団体・社会福祉法人しか運営することができません。これに対して，第二種事業は，第一種に比べて利用者への影響が小さい事業で，第一種事業とは異なり経営主体は定められておらず，株式会社やNPO法人などでも届出をすれば事業を行うことができるという点で違いがあります。社会福祉法人は社会福祉法上の第一種・第二種すべての事業を行うことができますし，社会福祉事業以外に公益事業や収益事業も行うことができます。

また，最近では**共生社会の実現**が叫ばれています。共生社会とは，障がいの有無や人種，性別，性的指向など，それぞれの違いを肯定する社会，すべて分け隔てなく暮らしていくことのできる社会をいいます。ここには「支え手」「受け手」という区別はありません。厚生労働省では，「我が事・丸ごと」という言葉を使って共生社会の実現を目指しています。この推進役のひとつと考えられるのが社会福祉法人です。

ところで，社会福祉法人は，2000年に社会福祉基礎構造改革[1]という大きな節目を迎えました。そして2016年には，公益性・非営利性を持つ社会福祉法人らしい経営組織体制や，国民に対する説明責任を果たして地域社会に貢献するという社会福祉法人固有の役割期待を強化するために社会福祉法が改正されました。このことにより，定款や計算書類等の公表義務化（事業運営の透明性の向上）が図られました。

なお，WAM NET「社会福祉法人の現況報告書等の集約結果（2021年度版）」によれば，全国の社会福祉法人数は21,003法人を数え，法人種別では，一般法人（施設を経営する社会福祉法人）が18,557法人，社会福祉協議会1,883法人，社会福祉事業団189法人，共同募金会48法人，その他326法人となっています。

Ⅱ　社会福祉法人の会計のしくみ

1……………社会福祉法人の決算書って何？

社会福祉法では，社会福祉法人の会計年度は4月1日から翌年3月末日までと法定され（法第45条23②），会計期間は1年間です。社会福祉法人の決算書も法で定められています（法第45条27）。つまり，計算書類，すなわち，貸借対照表・収支計算書およびこれらの附属明細書です（これ以外に事業報告も作成します）。

さて，社会福祉法では「社会福祉法人は，厚生労働省令で定める基準に従い，会計処理を行わなければならない。」（法第45条23）とも定めています。ここで，厚生労働省令で定める基準とは**社会福祉法人会計基準**です。この会計基準には，他の法人会計制度で規定されているのと同じような会計の原則が定められています。まず，会計基準では「社会福祉法人は，この省令に定めるもののほか，一般に公正妥当と認められる社会福祉法人会計の慣行を斟酌しなければならない。」（基準第1条2）との規定があります。ここには，会社法に定める会計の原則（会社法第431条）や学校法人会計基準に定める会計の基準（学校法人会計基準第1条②）などに見られるのと同様の文言が使われています。それは「**一般に公正妥当**」という表現です。これが何を指すのかは法人制度によって異なりますが，社会福祉法人会計では，まずは会計基準に準拠し，会計基準で示されていない事柄については社会福祉法人の会計の慣行を考慮して会計処理をするということになります。

次に，**会計の原則**です。社会福祉会計基準では，会計の原則として「計算書類は真実な内容を明瞭に表示すること」「計算書類は正規の簿記の原則に従うこと」「会計処理等は毎年継続して適用すること」「重要性の観点から簡便な方法で会計処理を行うことができること」という4点が示されています（基準第2条）。また，会計の原則ではありませんが，総額をもって表示すること（基準第2条2），1円単位で表示すること（基準第2条3）なども定められています。

そして，会計基準第三章では計算関係書類についての規定が並んでいます。つまり，貸借対照表および収支計算書（資金収支計算書・事業活動計算書）についての規定です（このほかに計算書類の注記や附属明細書もあります）。そこでは，まず①拠点区分ごとの決算書を作成し，次に拠点区分決算書を集計して②拠点区分別の事業区分における内訳表を作成し，それを集計して③法人全体を対象とした事業区分別の内訳表を作成し，この内訳表を集計して，最後に④法人全体の決算書を作成することを求めています。社会福祉法人が作成する決算書は，貸借対照表，資金収支計算書，事業活動計算書ごとに上記4種類の計算書を作成することになります。しかし，拠点がひとつの場合，また事業区分が社会福祉事業のみの場合には，上記②や③の作成は省略できます。

社会福祉法人会計基準が社会福祉法人にこのような細かい計算書類の作成を求めるのは，先にも触れたように，会計責任を果たし事業の透明性を高めるためであることはいうまでもありません。

2……………公表書類の信頼性

社会福祉法人制度において，アカウンタビリティ（☞**第2章Ⅰ参照**）を果たすために，会計監査は重要な手続きです。通常，社会福祉法人では監事監査が実施されますが，一定規模以上の社会福祉法人（特定社会福祉法人）では，会計監査人を置くことになっています（法第37条）。会計監査人は公認会計士または監査法人であることが求められ（法第45条2），法人と利害関係を有する理事や監事などは会計監査人にはなれません（法第45条19⑤）。特定社会福祉法人では，当該法人の計算書類および附属明細書，財産目録等を会計監査人に監査してもらい，会計監査報告を作成してもらう必要があります（法第45条19・同②）。

また，社会福祉法人の決算書は，作成時から10年間保存する義務がありますし（法第45条27④），閲覧請求に応える義務もあります（法第45条32）。このように，社会福祉法人は，監事監査や会計のプロによる会計監査が行われること，そして，決算書を長期間にわたって閲覧できるように備え置きすることを通して法人のアカウンタビリティが高められています。

Ⅲ　社会福祉法人の決算情報とポイント

1………決算書の様式

(1)　貸借対照表の様式とポイント

貸借対照表は会計年度末における社会福祉法人のすべての資産，負債および純資産の有高を示すもので，事業資金の調達源泉（負債および純資産）と運用形態（資産）を対照表示することで，法人の財務状況をあらわします。

貸借対照表の表示は，資産は流動資産と固定資産に区分し，さらに固定資産は基本財産とその他の固定資産に区分します。負債は流動負債と固定負債に区分します。

社会福祉法人会計基準では，貸借対照表は勘定式と呼ばれる左右に対照表示する形式で貸借対照表が作成されます。また，当年度末と前年度末の金額を比較できるように併記し，増減額を明示することになっています。

ポイント①　多様な事業を行っていることを示す流動資産

流動資産にはさまざまな項目が並んでいますが，法人がどのような事業を行っているかで，使う項目が変わります。このことで，対象とする法人の活動を知ることができます。もちろん，他の法人形態と同様に，相対的に現金預金が多いかどうかは最初にチェックすべき点です。

ポイント②　基本財産は特殊な区分表示

固定資産は**基本財産**と**その他の固定資産**に区分表示されます。このうち，基本財産を区分表示するのは公益法人会計と同様に社会福祉法人会計の特徴のひとつです。基本財産とは定款において基本財産と定められた固定資産で，法人存続のために最低限必要な資産です。

ポイント③　１年基準が流動負債と固定負債の分かれ目

流動負債と固定負債の区分は，１年以内に返済するかどうかが鍵になります。１年以内に返済しなければならない負債が多ければ，相応の流動資産（とくに現金預金）があるかどうかチェックが必要になります。

ポイント④　純資産の部は要チェック

基本金は資本金という言葉に似ていますが，両者はまったく違います。基本金は組織存続のために受け入れた寄付金額です。基本金がすべて現金預金の形で基本財産になる場合には両方の金額は一致しますが，基本金の使途が必ずしも基本財産の取得ではないこと，基本財産には建物等償却資産もあるため，両方の金額が一致しない場合もあります。

図表Ⅰ　社会福祉法人会計基準による貸借対照表のひな形

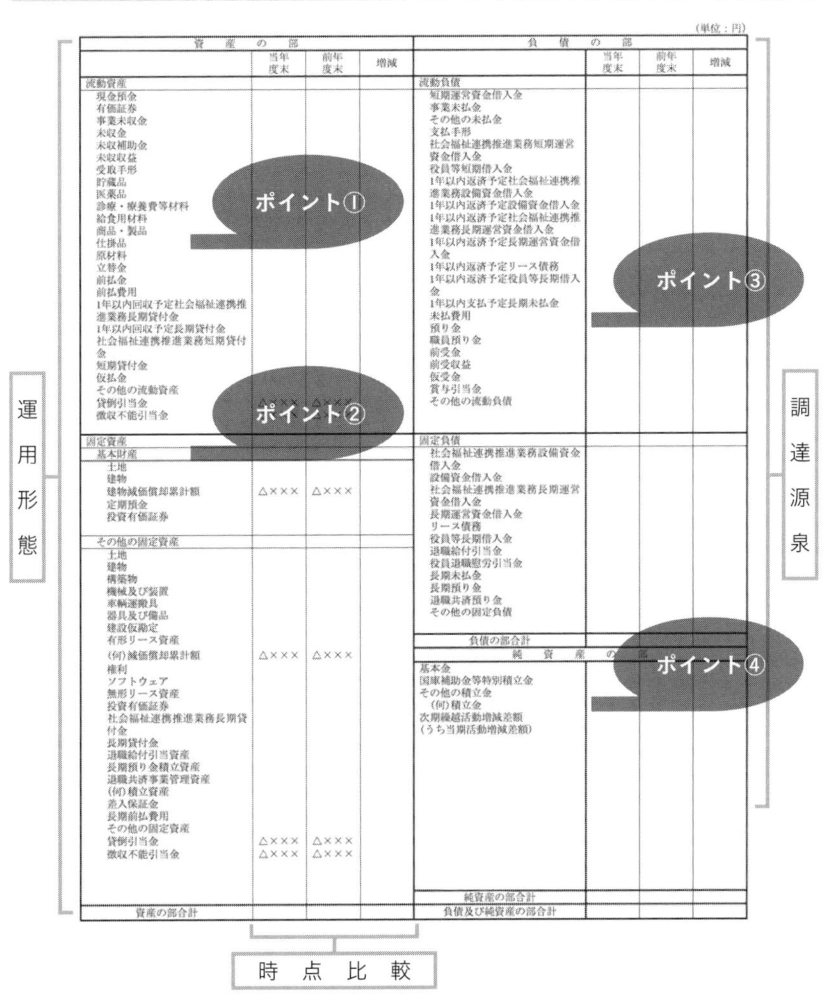

（単位：円）

資産の部	当年度末	前年度末	増減
流動資産			
現金預金			
有価証券			
事業未収金			
未収金			
未収補助金			
未収収益			
受取手形			
貯蔵品			
医薬品			
診療・療養費等材料			
給食用材料			
商品・製品			
仕掛品			
原材料			
立替金			
前払金			
前払費用			
1年以内回収予定社会福祉連携推進業務長期貸付金			
1年以内回収予定長期貸付金			
社会福祉連携推進業務短期貸付金			
短期貸付金			
仮払金			
その他の流動資産			
貸倒引当金	△×××	△×××	
徴収不能引当金	△×××	△×××	
固定資産			
基本財産			
土地			
建物			
建物減価償却累計額	△×××	△×××	
定期預金			
投資有価証券			
その他の固定資産			
土地			
建物			
構築物			
機械及び装置			
車輌運搬具			
器具及び備品			
建設仮勘定			
有形リース資産			
(何)減価償却累計額	△×××	△×××	
権利			
ソフトウェア			
無形リース資産			
投資有価証券			
社会福祉連携推進業務長期貸付金			
長期貸付金			
退職給付引当資産			
長期預り金積立資産			
退職共済事業管理資産			
(何)積立資産			
差入保証金			
長期前払費用			
その他の固定資産			
貸倒引当金	△×××	△×××	
徴収不能引当金	△×××	△×××	
資産の部合計			

負債の部	当年度末	前年度末	増減
流動負債			
短期運営資金借入金			
事業未払金			
その他の未払金			
支払手形			
社会福祉連携推進業務短期運営資金借入金			
役員等短期借入金			
1年以内返済予定社会福祉連携推進業務設備資金借入金			
1年以内返済予定設備資金借入金			
1年以内返済予定社会福祉連携推進業務長期運営資金借入金			
1年以内返済予定長期運営資金借入金			
1年以内返済予定リース債務			
1年以内返済予定役員等長期借入金			
1年以内支払予定長期未払金			
未払費用			
預り金			
職員預り金			
前受金			
前受収益			
仮受金			
賞与引当金			
その他の流動負債			
固定負債			
社会福祉連携推進業務設備資金借入金			
設備資金借入金			
社会福祉連携推進業務長期運営資金借入金			
長期運営資金借入金			
リース債務			
役員等長期借入金			
退職給付引当金			
役員退職慰労引当金			
長期未払金			
長期預り金			
退職共済預り金			
その他の固定負債			
負債の部合計			
純資産の部			
基本金			
国庫補助金等特別積立金			
その他の積立金			
(何)積立金			
次期繰越活動増減差額			
(うち当期活動増減差額)			
純資産の部合計			
負債及び純資産の部合計			

（出典）社会福祉法人会計基準

⑵　事業活動計算書の様式とポイント

社会福祉法人が作成する決算書のうち，株式会社の損益計算書に当たるものが収支計算書の一つである**事業活動計算書**です。これは各会計期間における社会福祉法人の活動状況をあらわす計算書で４区分されます。最初の３区分では，区分ごとの収益から費用を差し引いて増減差額を計算します。会計基準では，勘定科目欄に⑴から⒄までの番号を付けて各区分の金額計算の仕方がわかるように示しています。

当期活動増減差額まで計算した後，最終の差額である次期繰越活動増減差額を計算する構造で，最終の差額がプラスであれば，もう一つの決算書である貸借対照表の純資産が増加します。

また，事業活動計算書は，報告式と呼ばれる方法で作成されます。なお，貸借対照表と同様に，当年度と前年度の決算額を併記し増減額を明示します。

ポイント①　毎年実施する主要事業での収益と費用を表すサービス活動増減

法人の主要な事業が黒字なのか赤字なのかを示す，もっとも基本的にして重要な区分です。ここが赤字の場合，最終的な**当期活動増減差額**が赤字になってしまう可能性大です。

ポイント②　毎年実施する主要事業以外の収益と費用を表すサービス活動外増減

法人は主要な事業を行うためにお金を借りる場合もあります。また余裕資金があれば投資をして利殖する場合もあります。そうした主要事業以外の活動から生じた収益や費用をこの区分に記載します。ただし，社会福祉法人の場合，この金額が大きくなることはあまり多くありません。

ポイント③　必要に応じて増減する収益と費用を区分する特別増減

毎年発生するわけではありませんが，施設建築のために補助金や寄付金を受け取ることがあります。または，災害（地震，風水害等）によって保有資産の価値が下落することもあります。このように，当期の活動増減額に影響を及ぼす収益と費用を区分表示します。

ポイント④　当期活動増減差額がプラスかマイナスか

当期活動増減差額を含む最後の**次期繰越活動増減差額**が貸借対照表の純資産の部に記載されます。

図表2　社会福祉法人会計基準による事業活動計算書のひな形

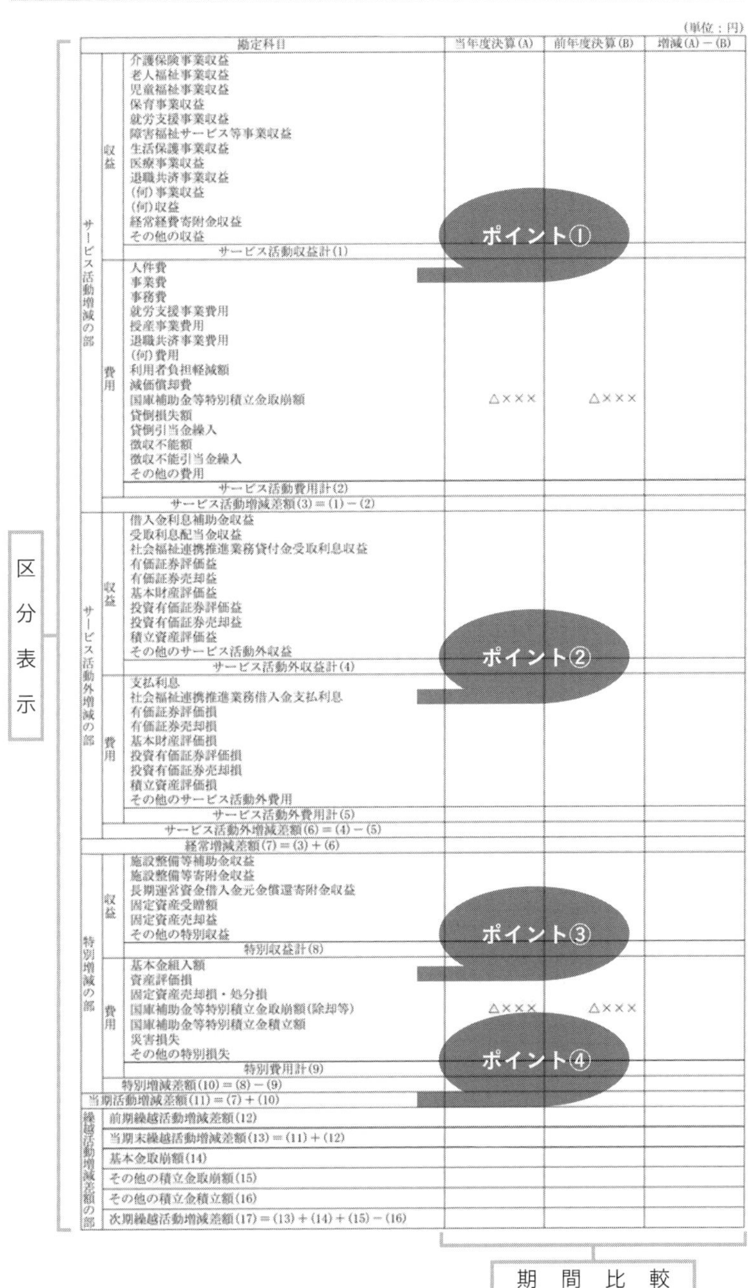

（単位：円）

区分		勘定科目	当年度決算(A)	前年度決算(B)	増減(A)－(B)
サービス活動増減の部	収益	介護保険事業収益			
		老人福祉事業収益			
		児童福祉事業収益			
		保育事業収益			
		就労支援事業収益			
		障害福祉サービス等事業収益			
		生活保護事業収益			
		医療事業収益			
		退職共済事業収益			
		(何)事業収益			
		(何)収益			
		経常経費寄附金収益			
		その他の収益			
		サービス活動収益計(1)			
	費用	人件費			
		事業費			
		事務費			
		就労支援事業費用			
		授産事業費用			
		退職共済事業費用			
		(何)費用			
		利用者負担軽減額			
		減価償却費			
		国庫補助金等特別積立金取崩額	△×××	△×××	
		貸倒損失額			
		貸倒引当金繰入			
		徴収不能額			
		徴収不能引当金繰入			
		その他の費用			
		サービス活動費用計(2)			
		サービス活動増減差額(3)＝(1)－(2)			
サービス活動外増減の部	収益	借入金利息補助金収益			
		受取利息配当金収益			
		社会福祉連携推進業務貸付金受取利息収益			
		有価証券評価益			
		有価証券売却益			
		基本財産評価益			
		投資有価証券評価益			
		投資有価証券売却益			
		積立資産評価益			
		その他のサービス活動外収益			
		サービス活動外収益計(4)			
	費用	支払利息			
		社会福祉連携推進業務借入金支払利息			
		有価証券評価損			
		有価証券売却損			
		基本財産評価損			
		投資有価証券評価損			
		投資有価証券売却損			
		積立資産評価損			
		その他のサービス活動外費用			
		サービス活動外費用計(5)			
		サービス活動外増減差額(6)＝(4)－(5)			
		経常増減差額(7)＝(3)＋(6)			
特別増減の部	収益	施設整備等補助金収益			
		施設整備等寄附金収益			
		長期運営資金借入金元金償還寄附金収益			
		固定資産受贈額			
		固定資産売却益			
		その他の特別収益			
		特別収益計(8)			
	費用	基本金組入額			
		資産評価損			
		固定資産売却損・処分損			
		国庫補助金等特別積立金取崩額(除却等)	△×××	△×××	
		国庫補助金等特別積立金積立額			
		災害損失			
		その他の特別損失			
		特別費用計(9)			
		特別増減差額(10)＝(8)－(9)			
		当期活動増減差額(11)＝(7)＋(10)			
繰越活動増減差額の部		前期繰越活動増減差額(12)			
		当期末繰越活動増減差額(13)＝(11)＋(12)			
		基本金取崩額(14)			
		その他の積立金取崩額(15)			
		その他の積立金積立額(16)			
		次期繰越活動増減差額(17)＝(13)＋(14)＋(15)－(16)			

（出典）社会福祉法人会計基準

2……社会福祉法人札幌市社会福祉協議会の具体例

(1) 社協は全国にあります！

事例として**社会福祉協議会（社協）**を取り上げる理由は，社協が都道府県，全国の市区町村に設立されているからです。その数は1,880箇所を超えています。また，全国組織として全国社会福祉協議会（全社協）もあり，全社協・都道府県・市区町村ごとに役割期待は異なっていますが，概していえば，民間組織として社会福祉活動を推進する役割を持って活動しています。また，社協で働く人を「社協マン」ということもありますが，全国各地の社協マンは，社協がある行政機関と密に連携しながら地域福祉活動を担っています。ちなみに地域福祉とは，社会福祉法に基づき「それぞれの地域において人びとが安心して暮らせるよう，地域住民や公私の社会福祉関係者がお互いに協力して地域社会の福祉課題の解決に取り組む考え方」（全社協）です。

①札幌市社会福祉協議会のミッション

札幌市社会福祉協議会は，1952年に設立され，1964年に法人化されました。設立時から70年を経過しています。同法人の目的は，「札幌市における社会福祉事業その他の社会福祉を目的とする事業の健全な発達及び社会福祉に関する活動の活性化により，地域福祉の推進を図ることを目的とする」（定款第1条）というものです。これを受けて，同法人のWebサイトでは，「社協の使命」として，「住民を主体とする地域福祉推進の中核的な組織として，地域の様々な生活課題を受け止め，その解決にあたることを使命とし，役員及び職員が一丸となって，深刻な生活課題や社会的孤立の予防などの新たな地域福祉の課題に向き合い，だれもが孤立せずにお互いに支え合う福祉のまちづくりに取り組みます。」と記載されています。札幌市社協は，住民主体の地域福祉推進と生活課題の解決を目指し，支え合いのまちづくりに取り組んでいます。

②札幌市社会福祉協議会の活動

社会福祉法人としての社会福祉協議会の活動はとても多様です。札幌市社協も同様です。定款には20もの事業が列挙されています。そのため，市社協・区社協（10区）・地区社協ときめ細かい区分で地域福祉を担っています。

札幌市社協では，「『みんなが主役！お互いに支え合うやさしいまちづくりに向けて』を基本理念に，地域にある様々な福祉の問題を地域全体の問題として捉え，みんなで考え，話し合い，協力して解決していく」（Web サイト）ことを目的に，六つのアクションを掲げています。つまり「共感する」「育成する」「支援する」「つなげる」「チャレンジする」「組織を強くする」です。それぞれのアクションには具体的な取組みが 2〜4 項目示されています。

さて，同法人の 2021 年度の事業報告書では，「地域福祉の推進」「ボランティア活動の推進」「権利擁護事業の推進」「生活困窮者自立支援」「自主事業による在宅福祉サービス」「介護保険法等による在宅福祉サービス」に加えて「札幌市からの委託による各種保健福祉事業」，また，「指定管理施設の管理運営」「障がい者支援の取組」「広報・啓発活動」などが列挙され，それぞれ具体的な事業が説明されています。たとえば「地域福祉の推進」事業では，福祉のまち推進事業の充実，ふれあい・いきいきサロン事業の拡充，福祉除雪事業などの項目で，事業実績が示されています。

先に，社会福祉法人＝介護施設運営法人という誤解があると述べました。たしかに札幌市社協も指定管理施設の管理（養護老人ホーム，老人福祉センター等）も事業対象になっています。しかし，施設管理だけが主要な事業ではありません。たとえば「ボランティア活動の推進」事業では，ボランティア活動に取り組んでいる人，これから取り組もうとしている人への支援や活動機会の創出を進めるため，ボランティア活動の広報・啓発，情報提供，コーディネート，人材養成などを行っています。また，「権利擁護事業の推進」では，高齢者や障がい者の日常生活自立支援事業，市民後見人の後見活動の支援事業など，実に幅広い事業を守備範囲にしています。

札幌市社協は，2022 年４月１日現在，法人本部・施設事業所合わせて 715 名の常勤職員が上述の多様な事業を遂行しています（「現況報告書」）。

(2) 財産構成はどうなってる？

札幌市社会福祉協議会の貸借対照表の特徴を予想してみましょう[2)]。

予想1：社会福祉法人なのだから，やっぱり介護施設（建物）の割合が一番多いのではないか？

予想2：事業を安定的に行うために将来に向けた積立が充実しているのではないか？

さてどうでしょうか。下記のポイントを見ながら予想が正しいかどうか判断してください。

ポイント①　現預金が多い

流動資産11億円のうち約30%に当たる3億5,000万円が現預金です。しかも前年度より7,600万円も上積みしています。貸借対照表ではその理由を知ることはできませんが，事業活動に回せるキャッシュが増加していることは悪いことではありません。

ポイント②　基本財産は定期預金として保有

社会福祉法人では，「社会福祉法人審査基準」で基本財産の金額が定められています。社会福祉協議会は最低300万円の基本財産が必要で，札幌市社会福祉協議会では300万円を定期預金の形で保有しています。ちなみに施設を経営する法人は1,000万円，施設を経営しない法人は1億円の基本財産を現金，預金，確実な有価証券または不動産の形で保有しなければなりません。

ポイント③　積立資産って何？

固定資産にはたくさんの**積立資産**が並んでいますが，これは将来の特定の支払いに充てる目的で保有する資産です。それに比べて建物は500万円程度しかありません。つまり予想1は不正解です。積立資産は，多くの場合，銀行預金の形で保有します。また，現在・将来の貸付にかかわる項目も多くなっています。社会福祉協議会の一つの重要な事業が貸付であることがわかります。つまり予想2は正解ということになります。

ポイント④　その他の未払金

「その他」という言葉に違和感を覚えた方もいるかもしれません。未払金には「事業未払金」と「その他の未払金」があります。図表3では，WAM NETの仕様にしたがって「その他の未払金」となっていますが，法人作成の貸借対照表では「未払金」と表示されています。この法人の場合，「その他の未払金」は事業未払金を意味しますので注意が必要です。

ポイント⑤　基本金・基金・積立金

この法人の場合，基本金は基本財産と同額です。また，いくつかの基金が並んでいますが，この金額は使途が制限されている金銭を受け入れて，それを「その他の固定資産」に並んでいる積立資産（預金）として保有しています。また，「その他の積立金」も特定の目的のために積み立てていて，それを積立資産として保有していることを示しています。

図表３　札幌市社会福祉協議会の貸借対照表

法人単位貸借対照表

令和4年3月31日現在

（単位：円）

資産の部				負債の部			
	当年度末	前年度末	増減		当年度末	前年度末	増減
流動資産	1,120,814,425	1,005,002,910	115,811,515	流動負債	572,120,528	541,417,684	30,702,839
現預金	353,071,026	277,064,094	76,006,932	その他の未払金	404,337,848	377,155,299	27,182,549
未収金	750,024,916	714,177,445	35,847,471	預り金	3,490,352	3,691,415	-201,063
貯蔵品	1,879,862	2,428,812	-548,950	職員預り金	3,120,785	3,423,028	-302,243
立替金	133,929	438,809	-304,880	前受金	743,700	794,600	-50,900
前払金	10,013,052	10,767,324	-754,272	事業区分間本店勘定			0
仮払金	5,691,640	126,426	5,565,214	事業区分間支店勘定			0
事業区分間本店勘定			0	拠点区分間本店勘定			0
拠点区分間本店勘定			0	拠点区分間支店勘定			0
事業区分間支店勘定			0	内部貸借勘定			0
拠点区分間支店勘定			0	仮受金		661,400	-661,400
内部貸借勘定			0	賞与引当金	160,427,838	155,691,942	4,735,896
固定資産	3,765,899,974	3,742,751,192	[illegible]	固定負債	2,809,983,991	2,838,092,270	-28,108,279
基本財産	3,000,000	3,000,000	0	退職給付引当金	845,761,720	856,537,429	-10,775,709
定期預金	3,000,000	3,000,000	0	長期借入金	1,964,222,271	1,981,554,841	-17,332,570
その他の固定資産	3,762,899,974	3,739,751,192	23,148,782	負債の部合計	3,382,104,514	3,379,509,954	2,594,560
建物	5,661,755	5,216,951	444,804	純資産の部			
構築物	71,550	87,750	-16,200	基本金	3,000,000	3,000,000	0
車輌運搬具	5	180,624	-180,619	基金	[illegible]	642,615,906	0
器具及び備品	52,390,344	18,609,380	33,780,964	社会福祉基金	262,615,906	262,615,906	0
権利	2,940,200	2,940,200	0	矢館福祉基金	10,000,000	10,000,000	0
ソフトウェア	35,534,156	47,194,164	-11,660,008	八重樫福祉基金	50,000,000	50,000,000	0
長期貸付金	4,186,090	9,007,010	-4,820,920	穂田福祉基金	20,000,000	20,000,000	0
貸付事業資金貸付金	874,886,337	716,988,510	[illegible]	[illegible]福祉基金	100,000,000	100,000,000	0
社会福祉基金積立資産	262,615,906	262,615,906	0	根っ子の会福祉基金	200,000,000	200,000,000	0
矢館福祉基金積立資産	10,000,000	10,000,000	0	その他の積立金	595,278,740	576,355,456	18,923,284
八重樫福祉基金積立資産	50,000,000	50,000,000	0	施設設備整備等積立金	30,087,220	25,081,906	5,005,314
穂田福祉基金積立資産	20,000,000	20,000,000	0	財政調整資金積立金	105,324,259	100,079,309	5,244,950
仁和福祉基金積立資産	100,000,000	100,000,000	0	経営安定化積立金	399,194,257	390,565,933	8,628,324
根っ子の会福祉基金積立資産	200,000,000	200,000,000	0	施設経営安定化積立金	60,673,004	60,628,308	44,696
退職給付引当資産	637,488,644	615,962,937	21,525,707	次期繰越活動増減差額	263,715,239	146,272,786	117,442,453
施設整備等積立資産	30,087,220	25,081,906	5,005,314	（うち当期活動増減差額）	136,365,737	48,413,294	87,952,443
財政調整資金積立資産	105,324,259	100,079,309	5,244,950				
経営安定化積立資産	399,194,257	390,565,933	8,628,324				
施設経営安定化積立資産	60,673,004	60,628,308	44,696				
保育士修学資金貸付積立資産	970,150,338	1,170,565,281	-200,414,943				
差入保証金	17,730,271	15,471,391	2,258,880				
長期前払費用			0				
徴収不能引当金	-76,034,362	-81,444,368	5,410,006	純資産の部合計	1,504,609,885	1,368,244,148	136,365,737
資産の部合計	4,886,714,399	4,747,754,102	138,960,297	負債及び純資産の部合計	4,886,714,399	4,747,754,102	138,960,297

（出典）WAM NET「社会福祉法人の財務諸表等電子開示システム」

(3)　どこから収益を獲得し，どのように使っているのか

今度はどのようにして毎年の事業活動を行っているのかをみてみましょう。

予想１：社会福祉法人なのだから，やっぱり介護保険収益が多いのでは？

予想２：人中心の事業なのだから人件費が多いのでは？

予想はどちらも正解です。ではポイントを見ながらそれを確かめましょう。

ポイント①　収入源は受託金・介護保険事業

収益の項目は，札幌市社会福祉協議会の主要な事業をあらわしています。業務内容は先に紹介しましたが，収入割合では受託金と介護保険事業が大部分を占めていることがわかります。

ポイント②　社会福祉協議会は労働集約型

サービス活動費用のうち72.8％が人件費です。また，サービス活動収益に占める人件費の割合も71.4％です。このように収益に占める人件費の割合が高い場合，それを労働集約型組織といいます。人件費総額が大きいからといって一人ひとりの給料が高いというわけではなく，それだけ人による事業のウェイトが高いと解すべきです。サービス活動収益から費用を差し引いた金額は１億1,200万円で，前年度より8,100万円増加していることがわかります。

ポイント③　サービス活動外の事業はほとんど行っていない

２番目の区分である「サービス活動外増減の部」は，区分名が隠れてしまっていますが，これはこの区分の活動をほとんど行っていないことをあらわしています。この区分には収益が約5,130万円ありますが，費用はゼロです。

ポイント④　特別増減の部もほとんどない

特別増減の部は毎年の事業から発生するわけではなく，たまたま当年度に所有する資産を処分して売却益が出たというような場合に使う区分です。この法人では，このような処分をほとんど行っていないことがわかります。

ポイント⑤　「当期の増減差額」も「最終の増減差額」も黒字で増加している

「利益」という用語は営利法人の言葉ですので，非営利法人では使いませんが，収益－費用で計算される点では増減差額も利益も同じです。まず当年度の１年間の活動の結果，収益－費用で計算された当期活動増減差額は，１億3,637万円の黒字になりました。そしてこの金額に前期までの増減差額を加算し，その他の積立金の積立・取崩を加減して計算されるのが，「最終の増減差額である」次期繰越活動増減差額で２億6,372万円ほどになりました。なお，次期繰越活動増減差額とその内数である当期活動増減差額は，貸借対照表の純資産の部に同額が記載されます。

図表４　札幌市社会福祉協議会の事業活動計算書

法人単位事業活動計算書

（自）令和3年4月1日　（至）令和4年3月31日

（単位：円）

		勘定科目	当年度決算(A)	前年度決算(B)	増減(A)-(B)
サービス活動増減の部	収益	会費収益	1,685,000	1,727,000	-42,000
		寄附金収益	22,716,585	63,170,696	-40,454,111
		経常経費補助金収益	634,260,311	636,746,347	-2,486,036
		助成金収益	14,380,000	5,546,000	8,834,000
		受託金収益	2,233,073,694	2,096,135,785	136,937,909
		貸付事業収益	1,153,356	814,727	338,629
		事業収益	53,960,125	53,098,561	861,564
		負担金収益	6,192,236	6,275,608	-83,372
		介護保険事業収益	2,105,497,700	2,120,719,709	-15,222,009
		老人福祉事業収益	133,217,927	135,588,738	-2,370,811
		障害福祉サービス等事業収益	349,473,946	371,965,634	-22,491,688
		医療事業収益	0	0	0
		協力員事業収益	25,704,240	29,076,510	-3,372,270
		その他の収益	6,543,368	8,220,820	-1,677,452
		サービス活動収益計（1）	5,587,858,488	5,529,086,135	58,772,353
	費用	人件費	3,988,081,139	4,021,291,397	-33,210,258
		事業費	845,529,436	838,243,759	7,285,677
		事務費	429,995,873	435,752,638	-5,756,765
		助成金費用	179,847,619	181,569,492	-1,721,873
		負担金費用	5,672,870	2,788,000	2,884,870
		減価償却費	26,323,868	18,540,666	7,783,202
		徴収不能額	4,700	6,357	-1,657
		サービス活動費用計（2）	5,475,455,505	5,498,192,309	-22,736,804
	サービス活動増減差額（3）=(1)-(2)		112,402,983	30,893,826	81,509,157
サービス活動外増減の部	収益	受取利息配当金収益	8,660,102	8,421,720	238,382
		その他のサービス活動外収益	42,627,150	32,399,328	10,227,822
		サービス活動外収益計（4）	51,287,252	40,821,048	10,466,204
	費用	サービス活動外費用計（5）	0	0	0
	サービス活動外増減差額（6）=(4)-(5)		51,287,252	40,821,048	10,466,204
経常増減差額（7）=(3)+(6)			163,690,235	71,714,874	91,975,361
特別増減の部	収益	施設整備等寄附金収益	0	0	0
		固定資産受贈額	0	0	0
		固定資産売却益	417,499	0	417,499
		内部管理事業間繰入金収益	0	0	0
		その他の特別収益	5,410,006	7,283,884	-1,873,878
		特別収益計（8）	5,827,505	7,283,884	-1,456,379
	費用	固定資産売却損・処分損	92,303	9,464	82,839
		内部管理事業間繰入金費用	0	0	0
		特別費用計（9）	92,303	9,464	82,839
	特別増減差額（10）=(8)-(9)		5,735,202	7,274,420	-1,539,218
税引前当期活動増減差額（11）=(7)+(10)			169,425,437	78,989,294	90,436,143
法人税、住民税及び事業税（12）			33,059,700	30,576,000	2,483,700
法人税等調整額（13）			0	0	0
当期活動増減差額（14）=(11)-(12)-(13)			136,365,737	48,413,294	87,952,443
	前期繰越活動増減差額（15）		146,272,786	185,997,787	-39,725,001
	当期末繰越活動増減差額（16）=(14)+(15)		282,638,523	234,411,081	48,227,442
	基本金取崩額（17）		0	0	0
	基金取崩額（18）		0	0	0
	その他の積立金取崩額（19）		111,347,202	50,900,000	60,447,202
	その他の積立金積立額（20）		130,270,486	139,038,295	-8,767,809
	次期繰越活動増減差額（21）=(16)+(17)+(18)+(19)-(20)		263,715,239	146,272,786	117,442,453

（出典）WAM NET「社会福祉法人の財務諸表等電子開示システム」

3……社会福祉法人への寄付はこうする

社会福祉法人が受け取った寄付金はサービス活動増減の部に記載されますので，多ければ多いほどサービス活動収益が増加し，さまざまな活動に活用されます。

他の非営利法人と同じように，寄付の受付はWebサイトに記載されています。また介護施設を運営している法人ではWebサイトには記載されていなくても寄付を受け付けていることはいうまでもありません。

多くの社会福祉法人では，直接法人窓口で手渡し，あるいは口座振り込みなどの方法で寄付を募っています。社会福祉法人への寄付は，寄付者側にとっては，所得税および住民税に関して寄附金控除が受けられるというメリットもあります。

札幌市社会福祉協議会では，通常の寄付とは別に「やさしさっぽろメンバーズ」という賛助会員を募集しています。年会費（個人の場合一口1,000円）を納入して会員になると，定期的に市社協の広報誌やイベント案内が届きます。さらに，札幌市社会福祉協議会では遺贈寄付についての相談も受け付けています（☞第11章参照）。遺贈とは，本人が財産の全額（包括遺贈）または一部（特定遺贈）を指定した団体に贈与することを遺言に書き記すことで行われる寄付です。

見てきたように，社会福祉法人の活動は実に多様で，介護施設運営だけではないことが理解できたと思います。少子高齢社会を迎え，地域福祉にかかわる事業はますます需要が高まるとともに事業範囲も拡大します。そのような社会のなかでは，社会福祉協議会のような地域福祉を担う社会福祉法人の役割期待も増しています。役割期待の増加によって，活動にかかわる人手も必要になりますし，それぞれの法人における活動資金の必要性も増加します。

［注］

1）この改革では，「利用者の立場に立った社会福祉制度の構築」「サービスの質の向上」「社会福祉事業の充実・活性化」「地域福祉の推進」を目指して，社会福祉制度の見直しが行われました。介護保険制度もこのときに創設されています。また，それまでの社会福祉事業法が社会福祉法に変更され，関連する法律の変更も行われました。

2）他法人との比較の必要から，貸借対照表・事業活動計算書は，WAM NETで公表されているものを利用しました。

[参考文献]
札幌市社会福祉協議会　https://www.sapporo-shakyo.or.jp/
全国社会福祉協議会　https://www.shakyo.or.jp/index.html

[もっと深く学びたい人へのお勧め文献・Web 情報]
WAM NET「社会福祉法人の財務諸表等電子開示システム」
　https://www.wam.go.jp/wamnet/zaihyoukaiji/pub/PUB0200000E00.do
　※全国の社会福祉法人の開示書類の検索・閲覧ができます。
柴健次・國見真理子（2021）『社会福祉法人の課題解決と未来の展望』同文舘出版
岩波一泰（2019）『初めての社会福祉法人会計』税務経理協会

コラム 8　新しい法人制度ができました

2022年4月から社会福祉連携推進法人制度ができました。この法人制度は，文字どおり社会福祉にかかわる法人間の連携を推進するための制度で，既存の社会福祉法人や医療法人，NPO 法人の連携強化するために設けられました。

具体的には，地域福祉支援，災害時支援，経営支援などや，貸付や人材確保，物資等供給業務など，これまでは各法人が単独で行っていた業務について，連携を強化することで，持続可能な，より効率的な法人運営ができることを狙いとしています。

（大原昌明）

第  章

NPO 法人
――認定 NPO 法人日本クリニクラウン協会を例として

皆さんは，国境なき医師団・国連 UNHCR 協会・フローレンス・カタリバ・TABLE FOR TWO などの名称（団体）をどこかで見聞きしたことはありませんか。そしてこれらに共通することは何だかわかりますか？

そうです，すべて NPO 法人です。これらの団体のなかには『NPO ではなく NGO なのでは？』とお思いの団体もあるでしょう。では NPO 法人ってどんな法人制度なのでしょうか。

キーワード　市民活動　ボランティア　NPO 法　認定 NPO 法人　活動計算書

I　NPO 法人とは？

NPO 法人は，特定非営利活動促進法（NPO 法）によって制度化された法人です。日本における NPO 法人制度化のきっかけは，1995 年に発生した阪神淡路大震災でした。この未曾有の大震災には，全国各地から多くのボランティアが駆け付けました。しかしその活動はあくまで自発的な活動でした。やがて個人の活動が組織化されることもありましたが，その組織は依然として任意団体で，外部からは組織それ自体に意思決定能力が認められませんでした。たとえば団体の活動資金として銀行からお金を借りる際にも個人としての印鑑が用いられ，信用能力が乏しかったのです。そこで，一定の目的を持った市民活動に法人格を付与し，社会的な信用能力を高め，継続した活動を促進しようという動きが出てきました。その結果，議員立法の形で NPO

法が成立しました。それは1998年のことでした。それ以来，数多くのNPO法人が生まれました。内閣府の「NPOホームページ」によれば，ここ数年，法人数は50,000を超えて推移しています。

さて，NPO法人に対する誤解として多いことは，NPO法人の活動は非営利だから利益を得てはいけない，従業員に給料を支給してはいけないという誤解です。事業存続のためには儲けが必要ですし，法人で継続的に働いている方にも給料を支給しなければなりません。非営利とは，儲けの一部を特定の人々に分配するのではなく組織存続のために使用することを意味します。

ところで，NPO法では，特定非営利活動の分野として**20の活動分野**が示されています。特定非営利活動とはいえ，20も活動分野がありますので，地域課題・社会課題への取組みのほとんどが20分野に含まれると考えることができます。先に示したNGO（非政府組織）も，20分野のなかに「国際協力の活動」「人権の擁護又は平和の推進を図る活動」がありますので，組織活動がNGOであってもNPO法人格を取得しているわけです。

NPO法人は，設立に際して**認証**という手続きを用います。NPO法に定められた書類を所轄庁（国や都道府県，市町村）に提出し，一定期間，公衆の縦覧に供して市民のチェックを受け，所轄庁による認証基準に適合している場合に法人として認証されます。

また，2011年の法改正により，**認定NPO法人制度**がスタートしました。これは，NPO法人への寄付を促すために税制上の優遇措置を講じるための制度です。法人が認定を受けるためには，パブリック・サポート・テスト（PST）といわれる認定基準を満たす必要があります。NPO法人設立に際しては所轄庁による「認証」を受け，さらにPSTを満たす活動を行っている法人は「認定」を受けるということになります。最近は，認証を受けた法人を認証法人，認定を受けた法人を認定法人として区別することもあります。また特例認定法人制度もあります[1)]。なお，内閣府のWebサイトによれば，認定を受けている法人数は1,200（2023年4月現在）を超えています。

さて，NPO法人制度の特徴は，何といっても**市民によるチェック**です。設立時ばかりではなく，設立後毎年提出する事業報告書等（決算書を含む）もまた，市民のチェックを受けます。これは，市民の目でチェックすることで，法人の健全な活動を促すしくみといえます。

Ⅱ　NPO 法人の会計のしくみ

1……NPO 法人の決算書って何？

NPO 法人は，事業年度初めの 3 か月以内に所轄庁に事業報告書等を提出しなければなりません。所轄庁に提出する書類はいくつかありますが，とくに決算書といわれる書類は，前事業年度の計算書類，すなわち貸借対照表と活動計算書，および財産目録です。そして NPO 法人の Web サイトで閲覧できる書類の多くは，事業報告書，貸借対照表，活動計算書そして財産目録です。

NPO 法人の活動は，決算書を含めて広く一般に公表することを前提としています。これは，NPO 法で定められているからという理由以上に，NPO 法人の活動を市民に知ってもらうこと，そしてまた，活動に共感・賛同してもらい，支援・応援してもらうための大事なツールとしての意味を持ちます。逆にいえば，たとえ立派な社会貢献活動を行っていても，その情報が公開されていなければ，幅広い市民の支援・応援を受ける機会を失うことにつながります。

NPO 法人の会計については，NPO 法（第 27 条）で会計の原則が規定されています。ここには，「会計簿は，正規の簿記の原則に従って正しく記帳すること」「計算書類（貸借対照表・活動計算書）及び財産目録は，会計簿に基づいて活動に係る事業の実績及び財政状態に関する真実な内容を明瞭に表示したものとすること」，そして「採用する会計処理の基準および手続については，毎事業年度継続して適用し，みだりにこれを変更しないこと」の 3 点が規定されています。これらは，いわば法人側の会計に対する基本的心得のようなものです。一方，NPO 法には，具体的な会計処理や決算書の作成方法は定められていません。そこで，統一した会計処理や決算書の作成を目指して設立されたのが NPO 法人会計基準協議会（民間団体）です。この協議会は，全国の NPO 会計支援を行う団体を中心に 2009 年に設立されました。そして決算書を作る統一ルールとして 2010 年 7 月に策定したのが **NPO 法人会計基準**です（みんなで使おう！ NPO 法人会計基準の Web サイト）。

この会計基準の面白さは，まず，保有する財産の内容に合わせて決算書の記載の仕方を定めていることです。具体的にいえば，もっぱら現金や預金以外に資産や負債がない場合（比較的小規模な法人）と，現金や預金以外にも資産や負債がある場合とを分けて決算書のひな形を例示している点です。

もう一つの面白さは，一定の条件のもと，ボランティアの労働力を貨幣換算して活動計算書に掲載することを容認している点です。NPOの活動は，ボランティアの力に負うところ大です。そこで無償ボランティアの労力をお金で換算し，その金額を活動計算書に記載することを認めているわけです。この処理はあくまで任意ですが，このような処理を行っている法人では，経常収益（受入寄付金）に「**ボランティア受入評価益**」，経常費用の人件費欄に「**ボランティア評価費用**」が計上されます。

なお，NPO法人会計基準を採用するかどうかは法人の考えに委ねられていますが，「令和2年度特定非営利活動法人に関する実態調査」（2021年）によれば（内閣府のWebサイト），調査対象の認証法人の約7割，認定・特例認定法人の9割弱がNPO法人会計基準を採用しています。

2……公表書類の信頼性

法人が作成した決算書が認められた会計処理や基準に準拠し適正であるかどうか確認する必要があります。第三者の目で確認することで決算書の形式や内容が適正であることにお墨付きを与えます。上場会社に公認会計士監査を義務付けているのはこのためです（☞第5章Ⅲ参照）。NPO法人の場合には監事監査が行われます。監事の役割はNPO法（第18条）で規定されていますが，その重要な役割の一つが決算書の監査です。

NPO法人は，決算書を作成したら，帳票類とともに監事監査を受け，適正であることを確認してもらい，監事に監査報告書を作成してもらって通常総会の資料の一つとします。また，認定NPO法人の場合には，公認会計士または監査法人の監査を受けることが定められています（第45条三ハ）。

Ⅲ　NPO 法人の決算情報とポイント

1……決算書の様式

(1)　貸借対照表の様式とポイント

まず，貸借対照表は事業年度末における NPO 法人のすべての資産，負債および正味財産の有高を示すもので，事業資金の調達源泉（負債及び正味財産）と運用形態（資産）を対照表示することで，法人の財務状況をあらわします。

貸借対照表の表示は，資産は流動資産と固定資産に区分し，さらに固定資産は，有形固定資産，無形固定資産，投資その他の資産に区分します。負債は流動負債と固定負債に区分します。**正味財産**は，資産の部の合計から負債の部の合計を引いた金額です。

NPO 法人会計基準では，貸借対照表は報告式と呼ばれる縦長の形式で貸借対照表が作成されます。

ポイント①　現金預金が多い

NPO 法人の場合，流動資産のなかで金額が多いのは**現金預金**です。未収金はすでに物品の販売が終わっていたりサービスの提供が行われていても，まだ代金を受け取っていない場合を意味します。

ポイント②　借金だけが負債ではない

流動負債は，おおむね 1 年以内に支払いが生じる負債です。流動負債の未払金は，たとえば 3 月中に講演会などを開催したものの講師謝礼は 4 月に入ってから支払うという場合などがこれに当たります（3 月末が決算日の場合）。

ポイント③　正味財産は資本金ではない

NPO 法人制度に出資という考え方はありません。正味財産合計＝資産合計－負債合計として計算される金額が正味財産です。

ポイント④　正味財産合計は前期分も含む

前期繰越正味財産と当期正味財産増減額の合計が正味財産合計です。

ポイント⑤　正味財産合計は活動計算書につながる

正味財産合計は活動計算書の次期繰越正味財産額と必ず一致します。これが違っていると計算の間違いがあることになります。

図表 I　NPO 法人会計基準による貸借対照表のひな形

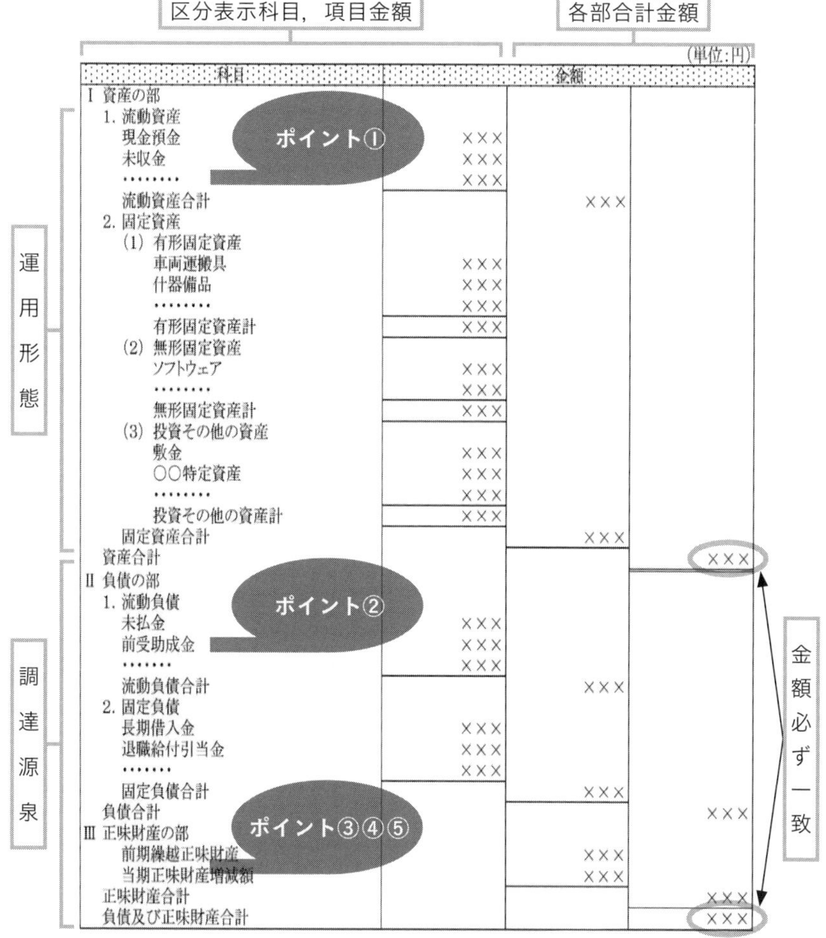

貸借対照表
××年×月×日現在

(単位:円)

科目	金額		
I 資産の部			
1. 流動資産			
現金預金	×××		
未収金	×××		
………	×××		
流動資産合計		×××	
2. 固定資産			
(1) 有形固定資産			
車両運搬具	×××		
什器備品	×××		
………	×××		
有形固定資産計	×××		
(2) 無形固定資産			
ソフトウェア	×××		
………	×××		
無形固定資産計	×××		
(3) 投資その他の資産			
敷金	×××		
○○特定資産	×××		
………	×××		
投資その他の資産計	×××		
固定資産合計		×××	
資産合計			×××
II 負債の部			
1. 流動負債			
未払金	×××		
前受助成金	×××		
………	×××		
流動負債合計		×××	
2. 固定負債			
長期借入金	×××		
退職給付引当金	×××		
………	×××		
固定負債合計		×××	
負債合計			×××
III 正味財産の部			
前期繰越正味財産		×××	
当期正味財産増減額		×××	
正味財産合計			×××
負債及び正味財産合計			×××

（出典）みんなで使おう！ NPO 法人会計基準ホームページ

⑵　活動計算書の様式とポイント

活動計算書は，各事業年度における NPO 法人の活動状況をあらわす計算書です。活動計算書は収益から費用と損失を差し引いて当期正味財産増減額を計算します。ここで収益とは正味財産が増加した原因，費用と損失は正味財産が減少した原因です。活動計算書は，次のような計算構造をしています。

経常収益計－経常費用計＝当期経常増減額（A）

（A）＋経常外収益計－経常外費用計＝税引前当期正味財産増減額（B）

（B）－法人税等＝当期正味財産増減額（C）

（C）＋前期繰越正味財産額＝次期繰越正味財産額

また，NPO 法人会計基準における活動計算書は，貸借対照表と同じように報告式と呼ばれる方法で作成されます。

ポイント①　NPO 法人の収益源は五つ

NPO 法人では会員からの会費や寄付金やさまざまな助成団体からの助成金や補助金も重要な活動資金になります。さらに，セミナー参加者からの参加料やバザーなど，法人事業による収入は事業収益に記載されます。

ポイント②　事業費＞管理費が当然

事業費とは，法人の事業の実施のために直接必要な支出です。管理費とは，法人の各種の業務を管理するため，毎事業年度経常的に必要な支出です。一般的にいえば，事業費が管理費より金額が大きくなります。

ポイント③　NPO の人件費は大事

もっぱら事業を遂行するための職員への給料は事業費，帳簿作成など法人の管理業務に従事する職員への給料は管理費に計上されます。

ポイント④　日々の活動がうまくいっているかどうか

経常収益から経常費用を差し引いた差額が当期経常増減額です。ここがマイナスの法人も少なくありません。

ポイント⑤　次期繰越正味財産額＝正味財産合計

最後の次期繰越正味財産額が貸借対照表の正味財産合計に一致します。

図表 2 ● NPO 法人会計基準による活動計算書のひな形

活動計算書

××年×月×日から××年×月×日まで

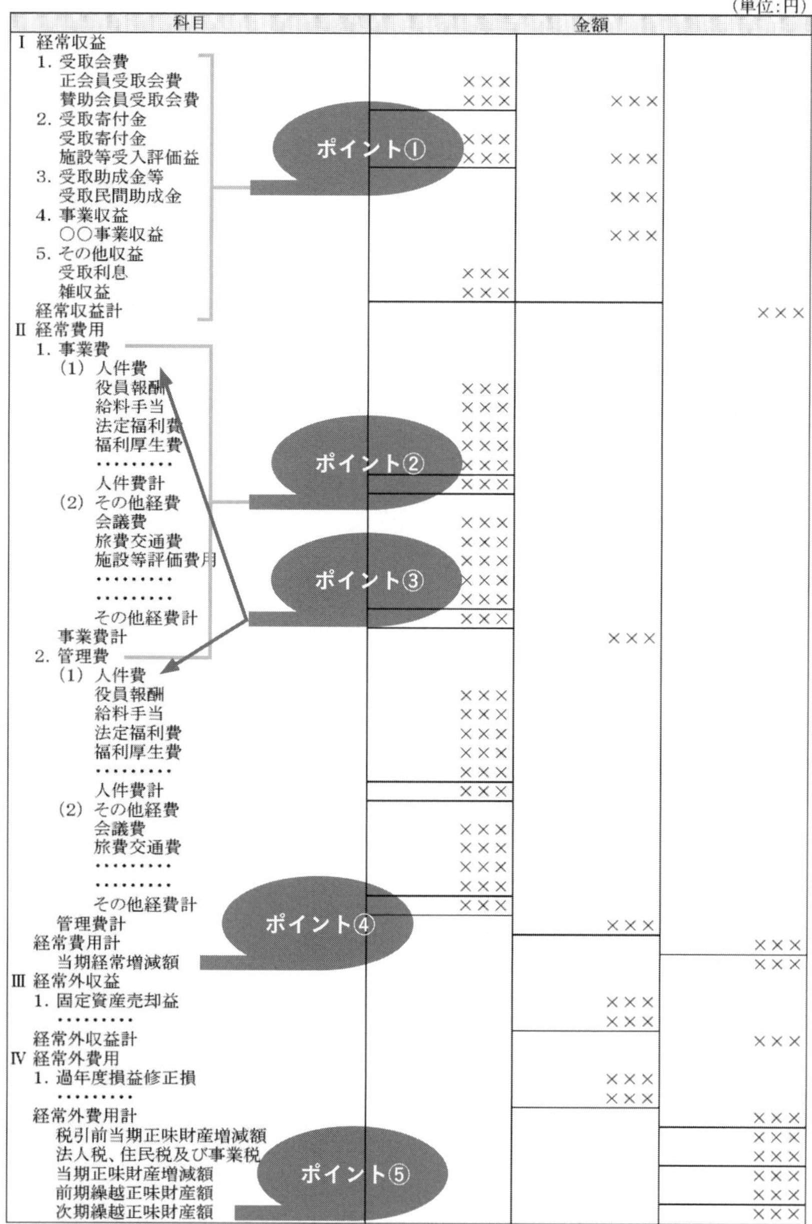

(単位:円)

科目	金額		
Ⅰ 経常収益			
1. 受取会費			
正会員受取会費	×××		
賛助会員受取会費	×××	×××	
2. 受取寄付金			
受取寄付金	×××		
施設等受入評価益	×××	×××	
3. 受取助成金等			
受取民間助成金		×××	
4. 事業収益			
○○事業収益		×××	
5. その他収益			
受取利息	×××		
雑収益	×××		
経常収益計			×××
Ⅱ 経常費用			
1. 事業費			
(1) 人件費			
役員報酬	×××		
給料手当	×××		
法定福利費	×××		
福利厚生費	×××		
・・・・・・・・・	×××		
人件費計	×××		
(2) その他経費			
会議費	×××		
旅費交通費	×××		
施設等評価費用	×××		
・・・・・・・・・	×××		
・・・・・・・・・	×××		
その他経費計	×××		
事業費計		×××	
2. 管理費			
(1) 人件費			
役員報酬	×××		
給料手当	×××		
法定福利費	×××		
福利厚生費	×××		
・・・・・・・・・	×××		
人件費計	×××		
(2) その他経費			
会議費	×××		
旅費交通費	×××		
・・・・・・・・・	×××		
・・・・・・・・・	×××		
その他経費計	×××		
管理費計		×××	
経常費用計			×××
当期経常増減額			×××
Ⅲ 経常外収益			
1. 固定資産売却益		×××	
・・・・・・・・・		×××	
経常外収益計			×××
Ⅳ 経常外費用			
1. 過年度損益修正損		×××	
・・・・・・・・・		×××	
経常外費用計			×××
税引前当期正味財産増減額			×××
法人税、住民税及び事業税			×××
当期正味財産増減額			×××
前期繰越正味財産額			×××
次期繰越正味財産額			×××

(出典) みんなで使おう！ NPO 法人会計基準ホームページ

2⋯⋯認定NPO法人日本クリニクラウン協会の具体例

(1)　病院にピエロ？

ここで紹介するNPO法人は日本クリニクラウン協会です。同協会のWebサイトおよび「定款」「事業報告書」に基づいてミッションおよび活動内容の概要を紹介します。

①日本クリニクラウン協会のミッション

クリニクラウンとは，病院を意味する「クリニック」と道化師を指す「クラウン」を合わせた造語です[2)]。

日本クリニクラウン協会は，2005年4月に大阪市で協会が発足し，同年9月，NPO法人として認証を受け，10月に法人が設立されました。そして2016年11月に認定NPO法人になりました（2021年11月，認定更新）。

同協会のミッションは，「闘病生活を送る子どもの権利を尊重し，クリニクラウン（臨床道化師）に関する事業を行うことにより，もって子どもの健全育成，保健，医療または福祉の発展に寄与することを目的とする。」（定款第3条）というものです。つまり，病院で長期療養を余儀なくされた子どもたちの闘病生活を精神的に支えることを目指し，病気であっても，笑いを通して精神的な豊かさを保ってもらうための活動を行っています。

②日本クリニクラウン協会の活動

日本クリニクラウン協会の特定非営利活動としての事業は，クリニクラウンの養成，クリニクラウンの派遣，クリニクラウンに関する啓発，そしてこれら以外の上記ミッションを達成するための事業です。そして中心的事業が病院へのクリニクラウンの派遣事業です。

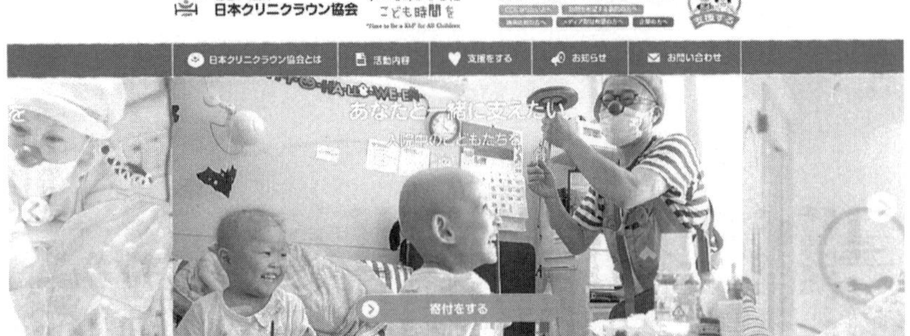

クリニクラウンの派遣事業は，入院生活を余儀なくされている子どもたちのために，定期的に，赤鼻を付けた道化師が訪問するという活動です。病院を訪問する道化師は二人一組です。これは，道化師同士の関係性を子どもたちに伝えることで，人とかかわることの楽しさを伝えるためです。

上記事業を円滑に行うために，クリニクラウンを養成したり専門教育を行ったりしています。また，啓発・ネットワーク活動として，医療・福祉・教育関係者，あるいは一般の方々を対象とした講演会やワークショップなども実施しています。最近では，非対面で行うクリニクラウンWeb事業なども行っています。

同法人の「事業報告書」によれば，2021年4月現在，クリニクラウンは33名，ボランティア登録者は23名でした。2019年度には，48病院9,588名を訪問し，クリニクラウンをのべ576名派遣したという実績と比較すると，コロナ禍の影響が大きいことがわかります。2020年度以降は直接訪問から病院や施設へのWeb訪問事業に軸足を移し，計97回のWeb事業を行いました。なお，同法人の常勤の役員・職員数は20名です（法人への聞き取りによる）。

さて，事業を継続して行うためには，継続的な支援・応援が必要になります。日本クリニクラウン協会では，協会の活動を継続的に支えてもらうために，「あかはな会員」を募っています。その会費は年3,000円です。

同協会のWebサイトによれば，クリニクラウン2名分の人件費，旅費交通費，健康診断ワクチン接種費用など，1回分の病院訪問費用は約30,000円です。したがって，10名の会員が集まれば病院訪問1回分になります。「事業報告書」によれば，2022年3月末現在で，正会員が29名，個人のあかはな会員が287名（475口），団体のあかはな会員が16団体（35口）でした。

また寄付も募っています。通常の寄付は，1回のみ，毎月自動継続，年1回自動継続というオプションがあり，金額は寄付者が自由に決めることができます。さらに，チャリティグッズ「RED NOSE（あかいはな）」を購入することで，その一部が寄付金になるものや，「RED NOSE（あかいはな）」が中身のガチャガチャ（ガシャポン）を貸し出して行う募金活動なども用意されています。

(2) 財産構成はどうなってる？

日本クリニクラウン協会は，NPO 法人会計基準に準拠して決算書が作成されています。

NPO 法人の財産に関して，予想を立ててみましょう。

予想1：クリニクラウンの養成や病院への派遣費用を捻出するため多くの現金が必要になるのではないか？

予想2：活動を遂行するために金融機関からの借り入れを行っているのではないか？

さていかがでしょうか。

公表されている日本クリニクラウン協会の財産（資産合計）は，2018 年 3 月末 3,362 万円，2019 年 3 月末 3,393 万円，2020 年 3 月末 2,973 万円，2021 年 3 月末 6,100 万円，そして例示している 2022 年 3 月末では 7,674 万円ほどで，年によってばらつきがあります。NPO 法人の会計支援を行っている中間支援組織（NPO 会計支援センター 2022）によれば，支援団体 164 団体の資産合計の平均値は，2018 年度 2,645 万円，2019 年度 2,652 万円，2020 年度が 2,915 万円でした。

ポイント①　現金預金が多い

現金預金が資産合計のほとんどを占めていることがわかると思います。現金預金残高が 0 円の NPO 法人も少なくないなかで，日常の活動に使えるお金を持っていることがうかがえますし（予想 1 は正解），継続的な活動が期待できます。

ポイント②　事業拡張積立預金？

特定資産とは，特定の目的のために保有している資産です。当法人の場合，それが**事業拡張積立預金**であることが明示されています。財産目録を見れば，この事業拡張積立預金という特定資産はすべて定期預金です。財務諸表の注記には，その使途が特定非営利活動の事業費に使用することが明示されています。したがって，これを含めて，保有する資産のほぼすべてが現金預金であることがわかります。

ポイント③　借金がほとんどない

当法人の負債は，未払金・前受金・預り金などいずれも利息を支払う必要がない負債で，期末時点での会計処理上発生した負債ばかりです。金融機関から借り入れを行っていません。予想 2 は不正解ということになります。

ポイント④　正味財産合計の内訳

正味財産合計7,482万円のうち，前期繰越正味財産が5,753万円，当期の正味財産増減額が1,729万円であることがわかります。

図表3　日本クリニクラウン協会の貸借対照表

2021年度　貸借対照表

2022年3月31日現在

特定非営利活動法人日本クリニクラウン協会　特定非営利活動に係る事業の会計

（円）

科　目	金　額		
資産の部			
流動資産			
現金	96,665		
普通預金	25,866,936		
定期預金	424		
未収金	190,000		
仮払金	1,000		
流動資産合計		26,155,025	
固定資産			
什器備品	589,603		
特定資産(事業拡張積立預金)	50,000,000		
固定資産合計		50,589,603	
資産合計			76,744,628
負債の部			
流動負債			
未払金	1,196,816		
前受金	686,741		
預り金	31,651		
流動負債合計		1,915,208	
固定負債			
固定負債合計		0	
負債合計			1,915,208
正味財産の部			
前期繰越正味財産		57,535,384	
当期正味財産増減額		17,294,036	
正味財産合計			74,829,420
負債及び正味財産合計			76,744,628

ポイント①
ポイント②
ポイント③
ポイント④

（出典）日本クリニクラウン協会のWebサイト

(3) どこから収益を獲得し，どのように使っているのか

活動計算書のポイントを見る前に予想を立ててみましょう。

予想1：NPO法人は事業収益より寄付金が多くなるのは当然ではないか？

予想2：費用のなかでは，やっぱり人件費が多くなるのも当然ではないか？

さていかがでしょうか。

まず，活動計算書の金額の動きをみてみます。

経常収益計 49,696,178 － 経常費用計 32,402,142

＝当期経常増減額 17,294,036（A）

（A）＋経常外収益計 0 －経常外費用計 0

＝税引前当期正味財産増減額 17,294,036（B）

（B）－法人税等 0 ＝当期正味財産増減額 17,294,036（C）

（C）＋前期繰越正味財産額 57,535,384 ＝次期繰越正味財産額 74,829,420

ポイント①　経常収益の割合は？

経常収益4,969万円のうち，受取会費が4.6%，受取寄付金が80.3%，受取助成金等が12.2%，事業収益が2.9%になります。この法人は認定NPO法人なので寄付金が突出しているのは当然です。他方で，介護事業や障がい者福祉事業を行っている法人では，事業収益（給付費）が経常収益の90%を超える法人も少なくありません。NPO法人の経常収益（収入源）を見れば，その法人の活動がどんな収入源で支えられているのかがわかります。ですので予想1は正解でもあり不正解でもあります。

ポイント②　経常費用の割合と人件費

事業費と管理費の割合は，73.6%と26.4%です。管理費が事業費を上回るようであれば，「事業より管理が大事なの？」と疑われてしまいます。人件費は事業費と管理費に分けて表示されます。NPO法人はサービスを提供する法人が多いので人件費の割合が多くなる傾向がありますが（予想2は正解），ちゃんと人件費を払っているかどうかを知ることは重要です。

ポイント③　シンプルな構造

当法人では経常外収益も費用もなく，法人税等の納付額もありませんので，当期経常増減額がそのまま当期正味財産増減額になります。最後の金額（次期繰越正味財産額）がマイナスの法人も少なくありません。

図表 4　日本クリニクラウン協会の活動計算書

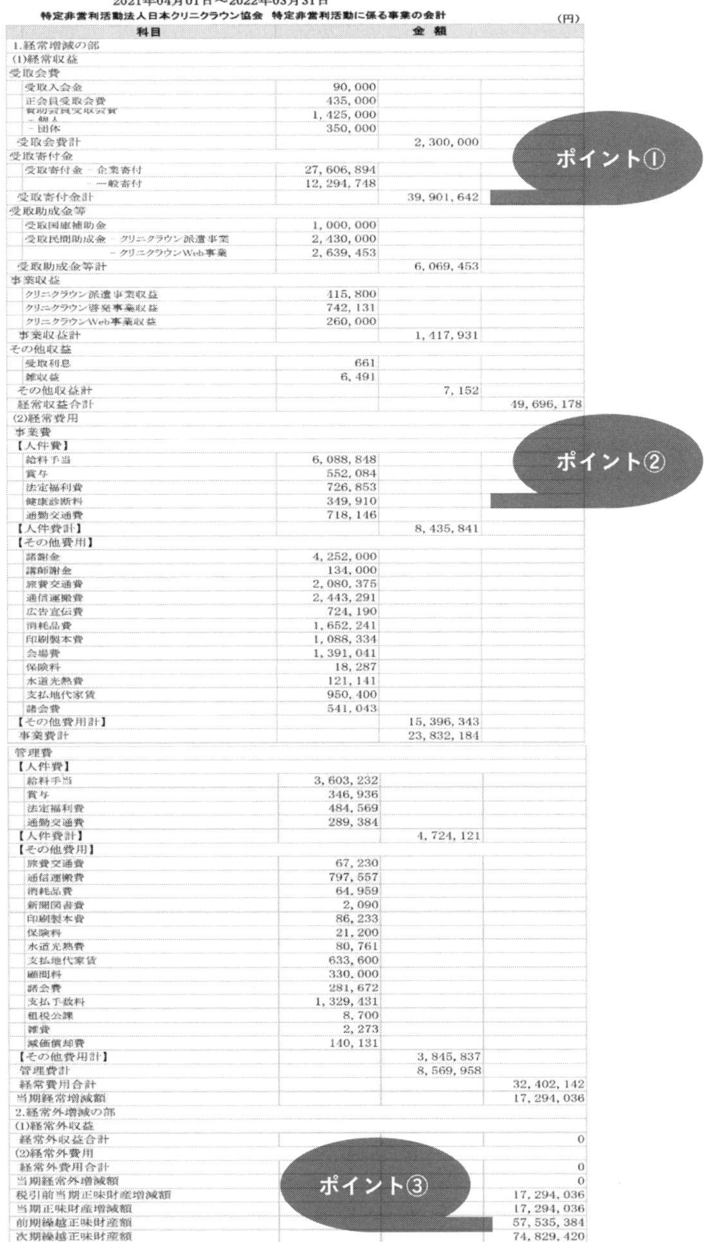

2021年度　活動計算書(報告書)

2021年04月01日～2022年03月31日

特定非営利活動法人日本クリニクラウン協会　特定非営利活動に係る事業の会計　(円)

科目	金額		
1.経常増減の部			
(1)経常収益			
受取会費			
受取入会金	90,000		
正会員受取会費	435,000		
賛助会員受取会費 - 個人	1,425,000		
- 団体	350,000		
受取会費計		2,300,000	
受取寄付金			
受取寄付金 - 企業寄付	27,606,894		
- 一般寄付	12,294,748		
受取寄付金計		39,901,642	
受取助成金等			
受取国庫補助金	1,000,000		
受取民間助成金 - クリニクラウン派遣事業	2,430,000		
- クリニクラウンWeb事業	2,639,453		
受取助成金等計		6,069,453	
事業収益			
クリニクラウン派遣事業収益	415,800		
クリニクラウン啓発事業収益	742,131		
クリニクラウンWeb事業収益	260,000		
事業収益計		1,417,931	
その他収益			
受取利息	661		
雑収益	6,491		
その他収益計		7,152	
経常収益合計			49,696,178
(2)経常費用			
事業費			
【人件費】			
給料手当	6,088,848		
賞与	552,084		
法定福利費	726,853		
健康診断料	349,910		
通勤交通費	718,146		
【人件費計】		8,435,841	
【その他費用】			
諸謝金	4,252,000		
講師謝金	134,000		
旅費交通費	2,080,375		
通信運搬費	2,443,291		
広告宣伝費	724,190		
消耗品費	1,652,241		
印刷製本費	1,088,334		
会場費	1,391,041		
保険料	18,287		
水道光熱費	121,141		
支払地代家賃	950,400		
諸会費	541,043		
【その他費用計】		15,396,343	
事業費計		23,832,184	
管理費			
【人件費】			
給料手当	3,603,232		
賞与	346,936		
法定福利費	484,569		
通勤交通費	289,384		
【人件費計】		4,724,121	
【その他費用】			
旅費交通費	67,230		
通信運搬費	797,557		
消耗品費	64,959		
新聞図書費	2,090		
印刷製本費	86,233		
保険料	21,200		
水道光熱費	80,761		
支払地代家賃	633,600		
顧問料	330,000		
諸会費	281,672		
支払手数料	1,329,431		
租税公課	8,700		
雑費	2,273		
減価償却費	140,131		
【その他費用計】		3,845,837	
管理費計		8,569,958	
経常費用合計			32,402,142
当期経常増減額			17,294,036
2.経常外増減の部			
(1)経常外収益			
経常外収益合計			0
(2)経常外費用			
経常外費用合計			0
当期経常外増減額			0
税引前当期正味財産増減額			17,294,036
当期正味財産増減額			17,294,036
前期繰越正味財産額			57,535,384
次期繰越正味財産額			74,829,420

（出典）日本クリニクラウン協会の Web サイト情報に基づいて一部修正

3……………NPO 法人への寄付はこうする

NPO 法人は，地域課題や社会課題を解決するために，継続的に活動しようとする市民による組織です。私たちのまわりには，そうした熱い思いを持って活動する法人が 50,000 以上あります。例示した日本クリニクラウン協会はその一つで，しかも日本には，日本クリニクラウン協会と同じような活動する別の NPO 法人もあります[3)]。つまり同じようなミッションを持っている法人が複数あることを理解してください。

寄付に目を転じれば，NPO 法人に対する寄付額はそれほど多いとはいえません。たとえば先にも引用した「令和 2 年度 特定非営利活動法人に関する実態調査」によれば（内閣府の Web サイト），個人寄付額は，認証法人の 50% 超が 0 円，認定・特例認定法人では 100 万円〜500 万円以下となっています。認定・特例認定法人以外の NPO 法人の半数以上が個人寄付金を得ていないということです。先に触れたように，認定 NPO 法人は 50,000 法人のうち約 1,200 法人しかありません。ということは，大部分の法人は税制優遇もなく，活動資金に苦労しながら活動を行っている実情にあります。これは，一つ一つの NPO 法人の活動に対する認知度の低さ，広報力の弱さも原因かもしれません。この点は，NPO 法人になお一層の広報努力をお願いしたいところです。

さて，NPO 法人の寄付窓口は当該団体の Web サイトにあることがほとんどです。これまでは郵便振替や銀行振込による寄付が一般的でした。現在では，それに加えてクレジットカード決済もできる法人もあります。また，クラウドファンディングで活動資金を募る団体も数多くあります。ですので，まずは自分が興味関心を持つ活動を行っている法人を見付け出してください。そのうえで，その法人の Web サイトを閲覧してください。寄付を促す文章やバナーを見つけることができると思います。そしてもしその活動に共感したならば，活動に直接参加するか，会員になって会費を支払うか，あるいは寄付も考えて法人の活動を支援してください。

[注]

1) 特例認定法人とは，設立後 5 年以内の法人で，一定の要件を満たしている場合に，認定要件から PST を除外して税制優遇措置を受けられる法人です。これは 1 回のみ受けることができます。
2) 一般的に，病院道化師を意味する用語としては，ヨーロッパではクリニクラウン，米国ではホスピタル・クラウンと表現されることが多く，日本ではどちらも使われています。
3) たとえば，同様の活動をしている法人に日本ホスピタル・クラウン協会があります。日本クリニクラウン協会は大阪，日本ホスピタル・クラウン協会は名古屋に活動拠点（法人）がありますが，どちらも全国の病院で活動しています。これ以外にも，入院中の子どもを支援する法人はたくさんあります。

[参考文献]

日本クリニクラウン協会　https://www.cliniclowns.jp/

NPO 会計支援センター（2022）『NPO 法人向け会計ソフトから見た NPO 法人の財務データ 2021』NPO 会計支援センター。

[もっと深く学びたい人へのお勧め文献・Web 情報]

内閣府 NPO ホームページ　https://www.npo-homepage.go.jp/
　※全国の NPO 法人を検索できるほか，調査報告書もあります。

みんなで使おう！ NPO 法人会計基準　https://www.npokaikeikijun.jp/
　※会計基準に関する情報が充実しています。

パブリックリソース財団（2022）『NPO 実践マネジメント』東信堂

中間支援組織もあります

本文中で，NPO 法人の活動分野は 20 あると紹介しました。そのなかの一つに，他団体の運営・活動に関して，連絡・助言または援助活動を行う分野があります。このような活動を行う NPO 法人は中間支援組織といわれます。NPO 法人を設立しても，どうしてもうまくいかないということもあります。そんな相談を受けるのも中間支援組織の役割です。中間支援を行う NPO 法人は，一般的には NPO センターや NPO サポートセンターなどという名称で活動しています。

（大原昌明）

第III部 非営利組織の税制

第10章

寄附税制

地震や台風などにより災害が起き，その災害が起きた地域を支援するために寄附金を支払った人も多いと思います。こうした寄附金を支払った場合には，税金が戻ってくることがあります。

ただし，どのような団体に寄附金を支払ったとしても，税金が戻されるわけではありません。国や地方公共団体，あるいは公益性の高い団体などに個人が寄附金を支払った場合に確定申告を行うことで，所得税および復興特別所得税が還付され，住民税の納税額が軽減されます。また法人が寄附金を支払った場合には，支払った全額または一定限度まで損金として認められています。この章では，個人および法人が寄附を行った場合に税制上の優遇を受けることができる寄附税制の内容について説明します。

キーワード　寄附金控除　寄附金特別控除　寄附金税額控除
ふるさと納税　企業版ふるさと納税　みなし寄附金

I　寄附税制とは？

国や地方公共団体は，私たちが生活するうえで必要な公共サービスを提供しています。こうした公共サービスを提供するために，国や地方公共団体は法律に基づいて「税金」という形でお金の徴収を行っています。個人に対する税金には，所得税および復興特別所得税，個人住民税，消費税，相続税，贈与税などがあり，法人に対する税金には，法人税，法人住民税，消費税などがあります。

所得税および復興特別所得税は国が個人に対して課す国税で，個人住民税は地方自治体が個人に対して課す地方税で，原則として収入金額から必要経費を差し引いて計算されます。法人税および法人住民税は，会社の利益に係る税金で，益金（収益）から損金（費用）を差し引いて計算されます。また，相続税は，亡くなった人から財産を取得し，その金額が一定の基礎控除額[1)]を超える場合に課される税金です。

わが国の寄附税制において，国や地方公共団体のほか公益性の高い法人に寄附金を支払った場合には，所得税および個人住民税，法人税，相続税に対する税額を少なくする優遇措置を与えています。

災害が起きた地域を支援し，教育，文化等の振興を図るには，公的な助成のみならず，民間からの寄附による支援を促進していくことが必要となります。こうした支援を目的とした寄附を行うことで社会に貢献したいと考えている人や会社を後押しするための税制上の優遇措置です。

税制上の優遇措置には，次の三つがあります。

1　個人が寄附を行った場合の税制上の優遇措置（所得税法第 78 条）
2　法人が寄附を行った場合の税制上の優遇措置（法人税法第 37 条第 3 項）
3　相続人が相続により取得した財産を寄附した場合の優遇措置（租税特別措置法第 70 条）

Ⅱ　寄附を行った場合の税制上の優遇措置

1……個人が寄附を行った場合の税制上の優遇措置

(1)　所得税

個人が寄附金を支払った場合には，その一定額を所得税の課税所得から控除することができる「寄附金控除」の適用があります。「寄附金控除」とは，国や一定の条件を満たした団体・法人に対して，個人が寄附をした場合に受けられる控除のことをいいます。そして，寄附金控除の対象となる寄附金のことを「**特定寄附金**」といいます。

「特定寄附金」は，次の七つの寄附金をいいます。ただし，学校の入学に関するもの，寄附した人に特別な利益が及ぶと認められるものを除きます。

①国または地方公共団体に対する寄附金（所得税法第 78 条第 2 項第 1 号）

国や都道府県，市区町村に直接寄附を行うものです。震災などの義援金のうち，国または地方公共団体に対して直接寄附を行ったものも該当します。また，日本赤十字社の義援金口座に直接寄附した場合や，新聞・放送等の報道機関に対して直接寄附した義援金のうち，最終的に義援金配分委員会などに拠出されることが明らかなものもこれに該当します。

さらに，「納税」という用語がついた「ふるさと納税」についても，都道府県，市区町村への寄附金に該当します。

②指定寄附金（所得税法第 78 条第 2 項第 2 号）

公益社団法人，公益財団法人その他公益を目的とする事業を行う法人または団体に対する寄附金のうち，広く一般に募集され，公益性・緊急性がとくに高い寄附金を指し，財務大臣が期間や募金総額を指定するものをいいます。たとえば，各都道府県共同募金会，日本赤十字社への寄附金で財務大臣に認められたものがこれに該当します。

③特定公益増進法人に対する寄附金（所得税法第 78 条第 2 項第 3 号）

特定公益増進法人とは，「公益の増進に著しく寄与する特定の法人」の略称であり，公共法人，公益法人などのうち，教育または科学の振興，文化の向上，社会福祉への貢献，その他公益の増進に著しく寄与する法人に対する寄附金で，その法人の主たる目的である業務に関連する寄附金がこれに該当します。

④特定公益信託の信託財産とするために支出した金銭（所得税法第 78 条第 3 項）

主務大臣の証明を受けた特定公益信託のうち，その目的が教育または科学の振興，文化の向上，社会福祉への貢献その他公益の増進に著しく寄与すると認められる一定の公益信託の信託財産とするために支出した金銭がこれに該当します。

⑤認定特定非営利活動法人等に対する寄附金（租税特別措置法第 41 条の 18 の 2）

特定非営利活動法人（以下，「NPO 法人」（☞第 9 章Ⅲ 3 参照））のうち，一定の要件を満たすものとして認められた認定特定非営利活動法人（以下，「認定 NPO 法人」）および特例認定特定非営利活動法人（以下，「特例認定 NPO 法人」）に対する寄附金で，特定非営利活動に係る事業に関連する寄附金がこれに該当します。

⑥政治活動に関する寄附金（租税特別措置法第 41 条の 18）

政治活動に関する寄附金のうち，特定の団体に対する寄附金または特定の公職の候補者のその公職に係る選挙運動に関連する寄附金がこれに該当します。

⑦特定新規中小会社が発行した株式の取得に要した金額（租税特別措置法第 41 条の 19）

創業間もないスタートアップ企業に対する投資の促進を図るため，特定中小会社および特定新規中小会社が発行した株式の取得に要した金額がこれに該当します。

以上のうち，公益社団法人，公益財団法人その他公益を目的とする事業を行う法人，認定 NPO 法人および特例認定 NPO 法人，政治活動に関する寄附金のうち政党もしくは政治資金団体に対して寄附金を支払った場合については，「寄附金控除」と「寄附金特別控除」との選択適用ができます。

「寄附金控除」とは所得控除額のことをいい，所得金額から所得控除額を差し引き，税率をかけて税額を算出する方法です。「寄附金特別控除」とは税額控除額のことをいい，税額から税額控除額を直接差し引いて税額を算出する方法です。

わが国の所得税の計算方法は，所得が多くなるにつれて段階的に税率が上昇していく累進課税方式を採用しています。つまり，より高い所得を得ている人の税率が高く設定され，低い所得の人に対しては低い税率が設定されています。このため，「寄附金控除」は税率が高い高所得者の人に減税効果があります。これに対して，「寄附金特別控除」は，税額から直接控除することができるので，少額の寄附であっても減税効果が得やすいため，高額納税者以外の人においては「寄附金特別控除」が有利となります。

⑵　個人住民税（地方税法第 37 条の 2）

都道府県・市区町村や住所地の都道府県共同募金会・日本赤十字社支部に対する寄附金，住所地の都道府県・市区町村が条例で指定した寄附金を支出した場合は，住民税において「寄附金税額控除」を受けることができます。

都道府県指定の場合は，4% の個人都道府県民税の税額が控除されます。市区町村指定の場合は，6% の個人市区町村民税の税額が控除されます。所得税の確定申告の際に，個人住民税の寄附金控除も併せて申告することができます。ただし，その金額が年間所得の 30% が上限となります。

また，所得税の確定申告が不要な給与所得者等が「**ふるさと納税**」を行う場合，確定申告を行わずに「ふるさと納税」の寄附金控除を受けられる「ふるさと納税ワンストップ特例制度[2]」があります。

「寄附金税額控除」の対象となる寄附には，次のものがあります。

・都道府県・市区町村に対する寄附金（ふるさと納税）
・住所地の都道府県共同募金会に対する寄附金
・住所地の日本赤十字社支部に対する寄附金
・都道府県・市区町村が条例で指定する寄附金

2……法人が寄附を行った場合の税制上の優遇措置

法人が寄附金を支出したときは，原則として一定額を超える部分の金額は損金の額に算入されないこととなっています。ただし，国または地方公共団体および指定寄附金は，その全額を損金の額にすることができます。また法人が特定公益増進法人[3]に対する寄附金については，通常の寄附金に係る損金算入限度額とは別枠で，特別損金算入限度額の範囲内で損金の額に算入することができます。

さらに，認定NPO法人および特例認定NPO法人に対する寄附金についても，特定公益増進法人に対する寄附金と併せて特別損金算入限度額の範囲内で損金の額に算入することができます。

法人が寄附を行った場合に税制上の優遇措置を受けることができる寄附金は，次のとおりです。

①国または地方公共団体に対する寄附金（法人税法第37条第3項第1号）

法人が「ふるさと納税」として寄附した場合には，都道府県，市区町村に対する寄附金に該当しません。それに代わるものとして，「**企業版ふるさと納税**」があります（☞第12章Ⅲ参照）。

国の認定した地方公共団体の地方創生プロジェクトに対して，企業が寄附を行った場合に，「損金算入による軽減効果（寄附金額の約30%）」と併せて，寄附金額の60%が法人関係税から税額控除され，企業においては最大で寄附額の約90%が軽減されます。

②指定寄附金（法人税法第37条第3項第2号）

③特定公益増進法人に対する寄附金（法人税法第37条第4項）

④特定公益信託の信託財産とするために支出した金銭（法人税法第37条第6項）

⑤認定NPO法人および特例認定NPO法人に対する寄附金（租税特別措置法第

66条の11の3②）

上記以外の寄附金は，「一般の寄附金」といいます。政治団体や宗教法人などへの寄附がこれに該当します。

3……相続人が相続により取得した財産を寄附した場合の優遇措置

相続財産の寄附とは，遺産分割協議や遺言等により相続人が受け取った相続財産のなかから，相続人の判断で寄附することをいいます。こうした相続財産の寄附は，原則として相続の対象となります。ただし，相続人が，相続した財産を相続税の申告期限（10か月以内）までに国や地方公共団体，公益社団法人，公益財団法人，社会福祉法人，認定NPO法人等に寄附を行えば，その寄附をした分が相続税の課税の対象から除外されます。

たとえば，総額3億円の相続財産があった場合に，この金額の内から1億円を公益社団法人に寄附を行えば，その寄附した金額は非課税となり，相続財産は2億円になります。

ただし，その寄附によりその相続人等およびその親族等の相続税または贈与税の負担が不当に減少する結果となると認められる場合を除くことになります。

Ⅲ　寄附を行った場合に税制優遇措置を受けることができる対象団体

個人および法人が寄附を行った場合に税制優遇措置を受けることができる対象団体は，一部の団体を除いて共通しています。個人および法人が税制優遇措置を受けることができる寄附金は，次のとおりです。

①国または地方公共団体に対する寄附金

②指定寄附金

指定寄附金には，財務大臣が告示した包括指定のものと募集団体からの個別申請に基づき財務大臣が承認した個別指定のものがあります。包括指定の寄附金は，学校教育関係，試験研究関係，共同募金関係，日本赤十字社関係のものが指定されています。個別指定の寄附金は，国宝や重要文化財などの寺社仏閣の保存修理費用のために支払われるものが指定されています。

③特定公益増進法人に対する寄附金

④認定 NPO 法人および特例認定 NPO 法人に対する寄附金

個人・法人が寄附を行った場合には，認定 NPO 法人および特例認定 NPO 法人が税制優遇措置を受けることができますが，相続人が相続により取得した財産を寄附した場合には，認定 NPO 法人のみが優遇税制を受けることができます。

税制上の優遇措置を受けることができる対象団体を各項目別に示すと次のとおりです。

図表１　税制上の優遇措置を受けることができる団体

<table>
<tr><th>対象団体</th><th colspan="2">所得税の控除</th><th>個人住民税の控除</th><th>法人の損金算入限度額</th><th>相続財産の寄附</th></tr>
<tr><td></td><td>所得控除</td><td>税額控除</td><td></td><td></td><td></td></tr>
<tr><td>国</td><td>○</td><td>×</td><td>×</td><td>全額損金算入</td><td>○</td></tr>
<tr><td>地方公共団体</td><td>○</td><td>×</td><td>○
(ふるさと納税)</td><td>全額損金算入</td><td>○</td></tr>
<tr><td>独立行政法人</td><td>○</td><td>×</td><td rowspan="9">都道府県・市区町村が条例で指定されたものであれば○</td><td>全額損金算入</td><td>○</td></tr>
<tr><td>公益社団法人
公益財団法人</td><td>○</td><td>○</td><td>一部損金算入</td><td>○</td></tr>
<tr><td>学校法人</td><td>○</td><td>○</td><td>一部損金算入</td><td>○</td></tr>
<tr><td>社会福祉法人</td><td>○</td><td>○</td><td>一部損金算入</td><td>○</td></tr>
<tr><td>更生保護法人</td><td>○</td><td>○</td><td>一部損金算入</td><td>○</td></tr>
<tr><td>特定公益信託</td><td>○</td><td>×</td><td>一部損金算入</td><td>○</td></tr>
<tr><td>認定 NPO 法人</td><td>○</td><td>○</td><td>一部損金算入</td><td>○</td></tr>
<tr><td>特例認定 NPO 法人</td><td>○</td><td>○</td><td>一部損金算入</td><td>×</td></tr>
<tr><td>政党等</td><td>○</td><td>○</td><td>×</td><td>一部損金算入</td><td>×</td></tr>
</table>

（出典）内閣府「公益法人制度と NPO 法人制度の税制上の優遇措置の比較について」を参考に筆者作成

上記の図表１で確認できるように，非営利組織に類型される団体でも，税制上の優遇措置を受けることができないのない法人格もあります。

NPO 法人（☞**第９章Ⅰ参照**），一般財団法人，一般社団法人，宗教法人，任意団体などに対しては税制上の優遇措置はありません。

Ⅳ　寄附金控除額の計算方法

1……個人が支出した寄附金

⑴　所得税の計算

①寄附金控除（所得控除）

年間で2,000円を超える寄附金控除の対象となる寄附金を支払った場合には，所得控除の対象となります。ただし，その寄附金の額の合計額は所得金額の40%相当額が限度となります。

②寄附金特別控除（税額控除）

前述したように，公益社団法人，公益財団法人その他公益を目的とする事業を行う法人，認定NPO法人および特例認定NPO法人，政治活動に関する寄附金のうち政党もしくは政治資金団体に対して寄附金を支払った場合については，寄附金特別控除（税額控除）の対象となります。ただし，寄附金を支払った法人，団体により，計算が異なります。

イ　公益社団法人等寄附金特別控除は次の算式で計算します。

（公益社団法人等に対する寄附金の額の合計額－2,000円）×40%

ただし，公益社団法人等寄附金および認定NPO法人等寄附金の特別控除額の合計額は，その年分の所得税額の25%相当額が限度となります。

ロ　認定NPO法人等寄附金特別控除は次の算式で計算します。

（認定NPO法人等に対する寄附金の額の合計額－2,000円）×40%

ハ　政党等寄附金特別控除は次の算式で計算します。

（政党等に対する寄附金の額の合計額－2,000円）×30%

ただし，政党等寄附金特別控除の特別控除額は，その年分の所得税額の25%相当額が限度となります。

なお，上記①および②の算式中の2,000円は，寄附金控除と寄附金特別控除とを合わせた金額となります。

⑵　個人住民税の計算（寄附金税額控除）

次の①と②を合計した額で計算を行います。

①（寄附金の額の合計額－2,000円）×10%

（都道府県民税率 4% ＋市区町村民税率 6%）

② （寄附金の額の合計額－2,000 円）×

（90%－（課税所得に適用される所得税率として地方税法に定める率）

ただし，住民税額（所得割額）の 20% が限度となります。

【設例】 認定 NPO 法人に対する寄附金（都道府県・市区町村が条例で指定したもの）を 10 万円支出した場合を例として，寄附金税額控除の計算方法を説明します。

・所　得		
給与収入金額	5,000,000 円	（給与所得金額 3,560,000 円）
・所得控除		
社会保険料控除額	700,000 円	
生命保険料控除額	50,000 円	
扶養控除額	580,000 円	（母 70 歳，同居）
基礎控除額	480,000 円	

A．所得税の計算

①寄附金の優遇税制を受けなかった場合　**納税額　89,300 円**

所得金額は，給与収入金額から給与所得控除[4)] を差し引いて計算を行います。

所得控除額　1,810,000 円（700,000＋50,000＋580,000＋480,000）

課税所得金額は，所得金額から所得控除額を差し引いて計算を行います。

1,750,000 円＝(3,560,000－1,810,000)

所得税額は，課税所得金額に累進税率（課税所得金額の大きさにより，5% から 45%）を乗じて計算を行います。

87,500 円＝1,750,000 円×5%

以上の所得税額に復興特別所得税を加算します。

1,837 円＝87,500 円×2.1%

納税額　89,300 円＝87,500 円＋1,837 円（百円未満切捨て）

②寄附金控除（所得控除）を受けた場合　**納税額　84,300 円**

①の所得控除額　1,810,000 円に寄附金控除（100,000 円－2,000 円）を加算した金額が控除額になります。

所得控除額　1,908,000円

所得税額　82,600円＝1,652,000円×5%

復興特別所得税　1,734円＝82,600円×2.1%

納税額　84,300円＝82,600円＋1,734円（百円未満切捨て）

③寄附金特別控除（税額控除）を受けた場合　**納税額　67,000円**

所得税額の計算までは①と同様になります。

所得税額　　　　87,500円

寄附金特別控除　21,800円

寄附金特別控除を計算するための通常の算式では，39,200円＝(100,000－2,000)×40%の金額になりますが，認定NPO法人等寄附金の特別控除額は，その年分の所得税額の25%相当額が限度となります。その結果，次の計算になります。

所得税額　87,500円×25%＝21,800円（百円未満切捨て）

差引所得税額　65,700円（87,500－21,800）

復興特別所得税　1,379円＝65,700円×2.1%

納税額　67,000円＝65,700円＋1,379円（百円未満切捨て）

寄附金控除（所得控除）を受けた場合と寄附金特別控除（税額控除）を受けた場合の金額を比較した場合には，寄附金特別控除の方が節税効果は大きいことがわかりました。

B．個人住民税の計算

【設例】　認定NPO法人に対する寄附金（都道府県・市区町村が条例で指定したもの）を10万円支出した場合を例とします。

・所　得

給与収入金額　　　5,000,000円（給与所得金額3,560,000円）

・所得控除（住民税と所得税における所得控除の金額は異なります）

社会保険料控除額　700,000円

生命保険料控除額　50,000円

扶養控除額　450,000円（母70歳，同居）

基礎控除額　430,000円

①寄附金の優遇税制を受けなかった場合　**納税額　190,500円**

所得金額　　3,560,000円

所得控除額 1,615,000 円（700,000＋35,000＋450,000＋430,000）
課税所得金額　1,945,000 円＝(3,560,000－1,615,000)
税額控除前の所得割額　　1,945,000×10%＝194,500 円
税額控除の計算
　調整控除額[5)]　9,000 円＝180,000 円×5%

	所得税控除額	住民税控除額	差　額
扶養控除額	580,000 円	450,000 円	130,000 円
基礎控除額	480,000 円	430,000 円	50,000 円

　納税額　190,500 円＝(194,500－9,000)＋均等割 5,000

②寄附金税額控除を受けた場合　納税額　180,700 円

所得金額　3,560,000 円
所得控除額　1,615,000 円
課税所得金額　1,945,000 円
税額控除前の所得割額　194,500 円
税額控除　　調整控除額　　　　9,000 円
　　　　　　寄附金税額控除　9,800 円
　　　　　　9,800 円＝(100,000－2,000)×10%
納税額　180,700 円＝{194,500－(9,000＋9,800)＋均等割 5,000}

⑶　標本調査からみた「寄附金控除」および「寄附金特別控除」の状況

図表 2　「寄附金控除」と「寄附金特別控除」の適用状況

寄附金控除			寄附金特別控除（標本が小さいため参考値）			
			認定 NPO 法人等		公益社団法人等	
年　　度	人　員	金　額（百万円）	人　員	金　額（百万円）	人　員	金　額（百万円）
令和 2 年分	986,224	232,512	73,013	1,219	128,903	2,911
令和元年分	796,306	191,945	59,830	8049	113,580	2,673
平成 30 年分	790749	186,106	59,138	773	123,352	2,703
平成 29 年分	666,713	157,629	55,543	768	128,485	2,532
平成 28 年分	573,064	130,525	51,860	629	126,656	2,518
平成 27 年分	410,534	82,343	48,023	653	117,784	2,478

（出典）国税庁統計資料

- 令和2年分申告所得税の申告において,「寄附金控除」を受けた人は986,224人で，その金額は約2,325億円です。過去8年間連続して増加しています。これは,「ふるさと納税」に対する寄附金の増加と思われます。
- 「寄附金特別控除」の金額（政党等を除く）は約41億円あり，年々増加する傾向にあります。

2 法人が支出した寄附金

法人が支出した寄附金の損金算入の計算は，寄附金を支出する法人の区分ごと，さらに支出する相手先および寄附金の種類ごとに異なってきます。

(1) 全額損金算入

国または地方公共団体に対する寄附金および指定寄附金（災害義援金など）は全額を損金として算入できます。これは，すべての法人に適用されます。

(2) 一部損金算入

①特定公益増進法人に対する寄附金限度額の特例

次のいずれか少ない金額が損金に算入されます。

- 特定公益増進法人に対する寄附金合計額
- 特別損金算入限度額

特定公益増進法人に対する寄附金の特別損金算入限度額[6]は，次のように区分されます。

図表3　特定公益増進法人に対する寄附金の特別損金算入限度額

支出法人の区分		特別損金算入限度額
普通法人，協同組合等，人格のない社団等	資本または出資を有するもの	(資本金基準額＋所得基準額)×1／2 資本金基準額＝資本金等の額 ×当期の月数／12×3.75／1000 所得基準額＝所得金額×6.25／100
	資本または出資を有しないもの	所得金額×6.25／100
非営利型の一般社団・財団法人		所得金額×6.25／100

（出典）筆者作成

②認定 NPO 法人および特例認定 NPO 法人に対する寄附金限度額の特例

認定 NPO 法人および特例認定 NPO 法人に対する寄附金は，指定寄附金に該当するものを除き，①の特定公益増進法人に対する寄附金に含めて計算します。

③特定公益信託の信託財産とするために支出した金銭限度額の特例

特定公益信託の信託財産とするために支出した金銭のうち，公益増進に著しく寄与するもの（認定特定公益信託）への信託財産の支出として，①の特定公益増進法人に対する寄附金に含めて計算します。

④一般の寄附金

一般の寄附金に係る損金算入限度額は，次のように区分されます。

図表 4　一般の寄附金に係る損金算入限度額

支出法人の区分		一般の寄附金の損金算入限度額
普通法人，協同組合等，人格のない社団等	資本または出資を有するもの	(資本金基準額＋所得基準額)×1／4 資本金基準額＝資本金等の額 ×当期の月数／12×2.5／1000 所得基準額＝所得金額×2.5／100
	資本または出資を有しないもの	所得金額×1.25／100
非営利型の一般社団・財団法人		所得金額×1.25／100

（出典）筆者作成

⑶　公益法人等が支出する寄附金

公益社団法人・公益財団法人，学校法人，社会福祉法人，更生保護法人，社会医療法人，認定 NPO 法人，宗教法人が支出する寄附金には，損金算入限度額があり，みなし寄附金の適用があります。

みなし寄附金とは，収益事業[7]から収益事業以外の事業のために支出した金額については同一法人内の資産の振替となりますが，法人税法上その金額を他の法人への寄附金支出と同等な取引とみなし，損金算入することができるというものです（法人税法第 37 条第 5 項）。

公益法人等が支出する一般寄附金の損金算入限度額は，次のように区分されます。

図表5　公益法人等が支出する一般寄附金の損金算入限度額

公益法人等の区分	損金算入限度額	みなし寄附金
公益社団法人，公益財団法人	所得金額の50%または公益目的に使用した金額	適用あり（法人税法第37条第5項）
学校法人，社会福祉法人，更生保護法人，社会医療法人	所得金額の50%または年200万円のいずれか多い額	適用あり（法人税法第37条第5項）
認定NPO法人	所得金額の50%または年200万円のいずれか多い額	適用あり（租税特別措置法第66条の11の2①）
宗教法人	所得金額の20%	適用あり（法人税法第37条第5項）

（出典）筆者作成

以上のように，公益社団法人・公益財団法人，学校法人，社会福祉法人，認定NPO法人に対しては，みなし寄附金の適用があります。これに対し，人格のない社団，NPO法人のほか，一般財団法人・一般社団法人は，たとえ「非営利型」であっても，みなし寄附金制度の適用対象外となります。

【設例】 普通法人が特定公益増進法人に対する寄附金を支出した場合の損金算入額の計算方法を説明します。

資本金額	10,000,000円
事業年度の月数	12月
当期利益	10,000,000円
損金不算入の法人税等	2,500,000円
特定公益増進法人に対する寄附金	1,000,000円
一般の寄附金	0円

- 一般の寄附金に係る損金算入限度額

　イ　資本金基準額

　　（資本金10,000,000円×12／12）×（2.5／1,000）＝25,000円

　ロ　所得基準額

　　当期利益10,000,000円＋損金不算入の法人税等2,500,000円

　　　＋損金計上寄附金1,000,000円＝13,500,000円

　　13,500,000円×（2.5／100）＝337,500円

　ハ　損金算入限度額

　　（イ25,000円＋ロ337,500円）×1／4＝90,625円

- 特定公益増進法人に対する寄附金の特別損金算入限度額

　イ　資本金基準額

　　（資本金 10,000,000 円×12／12）×（3.75／1,000）＝37,500 円

　ロ　所得基準額

　　当期利益 10,000,000 円＋損金不算入の法人税等 2,500,000 円

　　　　＋損金計上寄附金 1,000,000 円＝13,500,000 円

　　13,500,000 円×（6.25／100）＝843,750 円

　ハ　特別損金算入限度額

　　（イ 37,500 円＋ロ 843,750 円）×1／2＝440,625 円

　・次のいずれか少ない金額が損金に算入されます。

　　特定公益増進法人に対する寄附金合計額　1,000,000 円

　　特別損金算入限度額　440,625 円

このため，控除額は，440,625 円となります。また，一般の寄附金支出額は 0 ですが，一般の寄附金に係る 90,625 円も併せて控除できます。

その結果，損金算入額は，90,625 円（一般の寄附金）＋ 440,625 円（特別損金算入限度額）の合計額 531,250 円となります。

⑷　標本調査からみた法人における「寄附金支出額」の状況

図表 6　法人における「寄附金支出額」の状況

	寄附金支出額		寄附金支出額の支出対象別内訳	指定寄附金等	特定公益増進法人への寄附金	その他の寄附金
年　度	法人数	支出額 億万円		支出額 億万円	支出額 億万円	支出額 億万円
令和 2 年度	239,267	8,861		1,236	1,174	6,452
令和元年度	290,752	6,729		1,057	857	4,815
平成 30 年度	400,850	7,940		1,257	927	5,756
平成 29 年度	403,582	7,610		1,106	1,005	5,499
平成 28 年度	435,207	11,229		1,484	996	8,748
平成 27 年度	423,884	7,909		1,033	936	5,940

（出典）国税庁統計資料

- 寄附金を支出する法人数は年々減少傾向にありますが，令和 2 年度分の法人税申告において，法人の支出した寄附金額は，約 8,861 億円になっております。そのうち，指定寄附金および特定公益増進法人に対する寄附金は，

約27%という結果になっています。

3……………相続人が相続により取得した財産の寄附

相続人が相続により取得した財産を，税制優遇を受けられる寄附先に支出した場合には，相続税の対象とはなりません。

【設例】相続人が相続により取得した財産1億円のうちから，現金1,000万円を「認定NPO法人」に寄附した場合を例として，相続税の課税対象額を説明します。

相続財産を「認定NPO法人」に寄附した場合には，現金1,000万円はいったん被相続人から相続人に相続された後に，相続人から法人に寄附されたことになります。このため，現金1,000万円は原則として相続人から取得した財産として相続税が課税されます。ただし，相続または遺贈により取得した財産を相続税の申告期限までに「認定NPO法人」に寄附した場合，その寄附した財産については非課税になります（租税特別措置法第70条第1項）。その結果，相続財産1億円から寄附した財産1,000万円を差し引いた残り9,000万円が相続税の課税対象となります。

本章では，寄附税制を取り上げました。寄附税制は，民間公益活動の発展に寄与するため，政策的に寄附活動を支援するための制度です。また，納税者の選択により，寄附金の支出先を決め，その分の一定割合まで税の軽減を受けることができる制度です。

寄附金に対する税制上の優遇措置は，公益性を根拠にしています。こうした公益性の判断は，行政庁が行うことになります。その結果，公益とは何かを決定するのも行政庁にあります。この行政による判断基準に風穴を開けたのが認定NPO法人制度です。NPO法人のうち，その運営組織および事業活動が適正であると認定された法人は，「特定公益増進法人」と同等の優遇措置を与えられることになりました。

認定NPO法人になるための要件の一つに，**パブリック・サポート・テスト（PST）**に適合することが求められています。PSTとは，広く市民からの支援を受けているかどうかを判断するための基準であり，認定基準のポイントとなるものです。とくに，PST における判定の一つに絶対値基準があります。この基準は，各事業年度中の寄附金の額の総額が 3,000 円以上である寄附者の数が，年平均 100 人以上であることを求めるものです。このような明確な基準をもって，恣意的な行政の裁量の余地をなくし，従来までの寄附税制の思想を大きく変える制度[8)]として始まりました。

以上のように，寄附に対する税制優遇は，公共サービスの費用を広く社会が負担するという理念を実現するためのものです[9)]。2011 年 1 月 1 日以降の寄附について，所得税及び個人住民税の改正が行われ，「寄附金控除」に加え，新たに「寄附金特別控除」の制度が導入され，寄附者に対する減税される金額が増加しました。このように，寄附促進に向けた制度が構築され，寄附が重要な位置付けを持ち始めています。

［注］

1）　基礎控除額＝3,000 万円＋(法定相続人数×600 万円)

2）　1 年間に寄附した先が 5 自治体を超えた場合には，確定申告が必要となります。

3）　公益法人等のうち，教育または科学の振興，文化の向上，社会福祉への貢献その他公益の増進に著しく寄与するもので一定のものをいい，独立行政法人，日本赤十字社，学校法人，公益社団法人及び公益財団法人，社会福祉法人などがそれに該当します。

4）　給与所得控除とは，給与所得者に適用される控除のことをいいます。

5）　所得税と個人住民税の人的控除（基礎控除，扶養控除等）の差額に起因する負担増を調整するため，前年度の合計所得金額が 2,500 万円以下である所得割の納税義務者については個人住民税所得割の額から控除します（地方税法第 37 条）。

6）　特別損金算入限度額を超える金額は，一般の寄附金の額に含めます。

7）　収益事業とは，販売業，製造業その他の政令で定める事業で，継続して事業場を設けて行われるものをいいます（法人税法第 2 条 13 号）。

8）　赤塚和俊稿「第 5 章　NPO と税制･会計」塚本一郎他編『NPO と新しい社会デザイン』145 頁参照。

9）　田中弥生他「非営利法人制度改革と市民社会の安全」『非営利法人研究学会誌 VOL. 13（2011）』29 頁。

［参考文献］

国税庁（2022）『暮らしの税情報』（寄附金を支出したとき）令和 4 年度版。

石崎忠司他編（2010）『非営利組織の財源調達』全国公益法人協会。

田中弥生他「非営利法人制度改革と市民社会の安全」『非営利法人研究学会誌 VOL. 13（2011）』。

塚本一郎他編（2004）『NPO と新しい社会デザイン』同文舘出版。

西巻茂（2017）『寄附金課税のポイントと重要事例 Q&A（第 2 版）』税務研究会出版局。

［もっと深く学びたい人へのお勧め文献］

日本ファンドレイジング協会（2021）『寄付白書 2021―Giving Japan 2021』日本ファンドレイジング協会。

コラム 10　「寄附金控除」の適用を受けることができる団体

ロシア軍によるウクライナへの軍事侵攻を受け，在日ウクライナ大使館は 2022 年 2 月 25 日に寄附金の専用口座を開設しました。2022 年 3 月末時点で，20 万人以上から約 50 億円の寄附金があったことが報告されています。その他の団体でも寄附金を募る動きがあるなか，ウクライナへの寄附を行うことで「寄附金控除」が受けられるかどうかを検討します。

寄附金の控除対象は，個人が寄附を行った場合には「特定寄附金」に該当する場合に限られます。具体的には，国や地方公共団体，公益社団法人等，認定 NPO 法人などが特定寄附金の範囲とされます。寄附を行う先がウクライナへの寄附団体の一つである日本赤十字社の場合，同団体が特定公益増進法人に該当することから控除の対象となります。一方，在日ウクライナ大使館に対して，寄附を行った場合，在日ウクライナ大使館は国や地方公共団体としてみなされないことから，「寄附金控除」の適用を受けることができません。

また，法人が在日ウクライナ大使館に対して，寄附を行った場合には「一般寄附金」に該当します。「一般寄附金」については，税制上の優遇措置を受けることができません。つまり，法人が寄附を行った場合に税制上の優遇措置を受けることができる寄附は，すべて国内の寄附に対するものが条件になっているからです。

（橋本俊也）

第11章

遺贈

民法では，亡くなった人の財産を受贈者（遺贈を受ける者）に渡すことを「遺贈」といいます。この「遺贈」によって財産を受け取った者に対しては，相続税の支払いが発生することがあります。ただし，遺言によって，公益法人などに財産を寄附した場合には，原則として相続税は課税されません。こうした背景もあり，近年，自分が亡くなった後，これまで築いた財産の一部を寄附することで，社会に貢献したいと考える人が増加しています。また，将来資産があれば，亡くなる際に財産を寄附してもよいと考える人も増えているようです。このように，次の世代への思いを託す方法の一つとして，遺言による遺贈寄附は注目を集めています。

キーワード　遺贈寄附　遺言　相続税　所得税　みなし譲渡課税

I　遺贈とは？

遺贈とは，自分が亡くなったときに遺言によって，財産の一部またはすべてを相続人以外の者や団体に無償で譲ることをいいます。

遺贈を受ける人は相続人に限らず，相続人以外の第三者や法人，公共団体等にも財産を譲渡することができます。このため，相続人以外の第三者（お世話になった人，団体等）に自分が亡くなった後，財産を渡したいと考えている人にとっては有効な方法となります。

こうした遺言による相続は，民法が定めている法定相続の規定よりも優先されます。このため，遺言書を作成することで，財産の受取人や財産の内容を指定することができます。ただし，遺言書を残さずに亡くなると，相続する権利を認められるのは「**法定相続人**」だけになります。この場合には死亡後，法定相続人全員が遺産分割協議を行って，財産の相続方法を決定することになります。法定相続人がいない場合は，その財産は最終的に国庫に帰属することなります。

1……相続税の計算

遺贈により取得した財産の価額の合計額が基礎控除額を超える場合には，相続税を支払わなければなりません。

相続税における基礎控除額の計算は次のように行います。

相続税の基礎控除額＝ 3,000 万円＋(法定相続人[1)]数× 600 万円)

ただし，亡くなった後に，遺言により公益法人などに財産の一部またはすべてを寄附した場合には，原則として相続税が課税されません。相続税は，個人が相続または遺贈によって財産を取得した場合に課される税金であるためです。ただし，相続税の負担を不当に減少する結果となる場合には，法人を個人とみなして，その法人に対しても相続税が課税されることがあります(相続税法第 66 条 4 項)。これは**租税回避行為**を防止するための規定です。

相続税では，以下の要件を満たしている場合には，相続税の負担を不当に減少させる結果となりません（相続税法施行令第 33 条第 3 項)。

①法人の運営が適正であるとともに，役員等のうち親族等の占める割合が 3 分の 1 以下とする旨の定めがあること。

②関係者に特別の利益を与えないこと。

③残余財産等が国等に帰属する旨の定めがあること。

④公益に違反する事実がないこと。

2……遺贈寄附を通じた社会貢献

亡くなった後に，遺言により，財産の一部またはすべてを寄附することを遺贈寄附といいます。こうした寄附は，公益的な活動をする団体へ相続財産を譲与することにより，その団体の活動を支え，社会的課題の解決や社会貢献につながることになります。

3……遺贈寄附の方法

遺贈寄附の方法は，遺言によって自分の財産を寄附することをいいますが，その他に，相続人による相続財産の寄附，および信託などの契約による寄附についても，遺贈寄附の方法として分類されています。

⑴　遺言による寄附

遺言は，一般に「**自筆証書遺言**」と「**公正証書遺言**」の二つをいいます。「自筆証書遺言」は，自筆で作成する遺言書のことをいいます。「公正証書遺言」は，公証人が作成し，公証人役場において原本が保管される遺言書のことをいいます。こうした遺言による寄附は，遺言書により，遺言先を記載し，その遺言どおりに寄附することをいいます。

⑵　相続人による相続財産の寄附

相続人による相続財産の寄附とは，遺言はなく，相続人が故人の意思を汲んで，あるいは相続人の判断で受け取った相続財産の一部または全部を寄附することをいいます。

⑶　信託などの契約による寄附

信託による寄附とは，信託銀行などに自分の財産を移転して管理・運用してもらい，そこから生じる利益あるいは財産を分割して長期にわたって，自分が受け取ってほしいと思う人，あるいは団体に寄附することをいいます。

4……遺贈の種類

遺贈寄附は，財産の一部またはすべてを無償で寄附することになりますが，この「一部」を寄附という行為には「**包括遺贈**」と「**特定遺贈**」の２種類の方法があります。

⑴　包括遺贈

包括遺贈は，財産を一人または数人に「割合」を指定して遺贈することをいいます。財産の全部または全体に対する割合を示して行う遺贈のことです（民法第964条）。たとえば，「全財産のうち3分の1を○○に遺贈する」というような方法です。特定の相続財産を遺贈するのではなく，相続財産の割合を指定して財産を遺すことをいいます。

包括遺贈の受遺者は，法律上，相続人と同じ権利義務を持つことになり，プラスの財産だけでなく，相続財産にマイナスの財産も含まれている場合には，それも指定された割合で承継しなければなりません（民法第990条）。財産の一部の割合を示して遺贈をされた場合には，具体的にどの財産を誰が受け取るのかなどといったことを決めるために，共同相続人と遺産分割協議をすることになります。

⑵ 特定遺贈

特定遺贈とは，相続財産のうち特定の財産を指定して遺贈することをいいます（民法第964条）。たとえば，「A銀行の定期預金1千万円」というように，遺贈する財産を具体的に指定して財産を遺贈する方法です。

特定遺贈の受遺者は，包括遺贈の場合とは異なり，とくに遺言で指定がない限り，遺言者のマイナスの財産を引き継ぐことはありません。

II 遺贈寄附による税制優遇措置

遺贈寄附による財産は，非課税財産とされるため，相続税の課税対象になりません。

前述したように，遺贈寄附の方法には，遺言による寄附と相続人による相続財産の寄附があると説明しましたが，税制上においては当事者である寄附者が異なることから，その取扱いに違いがあります。

1……遺言による寄附

遺言による寄附の場合は，亡くなった人の意思によるものです。このため，寄附者は，亡くなった人（被相続人）になります。そして，亡くなった人の財産は，遺言の効力が生じたときから指定された受取人に帰属したものとみなされます。したがって，遺言による寄附先が公益法人等に指定された場合には，その法人が財産を受けることになります。

相続税は個人が相続または遺贈によって財産を取得した場合に課される税金です。このため，公益法人等に財産を寄附した場合には，相続税の課税対象とはなりません。

2⋯⋯相続財産からの寄附

相続財産からの寄附は，相続により財産を取得した相続人がその財産のなかから寄附することになります。このため，寄附者は，相続人となります。この点において，遺言による寄附と異なります。

遺言はなく，相続人が故人の意思を汲んで，あるいは相続人の判断で相続財産を寄附する場合には，その財産は亡くなった人（被相続人）から相続人に相続された後，相続人から寄附されることになります。このため，相続財産からの寄附は，原則として相続税の課税対象になります。しかし，相続または遺贈により取得した財産を相続税の申告期限までに公益法人等に寄附をした場合には，相続税が非課税になるという規定があります（租税特別措置法第70条第1項）（☞**第10章参照**）。

ただし，財産の寄附を受けた法人が，寄附のあった日から2年以内に，公益法人等に該当しなくなった場合，あるいは寄附により取得した財産が，2年を経過してもなおその公益を目的とする事業の用に供されていない場合には，相続税額を納付しなければいけません（租税特別措置法第70条第2項）。この場合に，公益を目的とする事業の用に供されているかどうかについては，寄附した財産がその寄附の目的にしたがってその法人の行う公益を目的とする事業の用に供されているかどうかによるものとし，寄附した財産が寄附時のままでその用に供されているかどうかは問わないものとしています（租税特別措置法通達70-1-13）。

また，相続人が寄附をした財産は，租税特別措置法第70条の適用を受けて相続税が非課税になった場合においても，相続人の所得税の申告においては，「寄附金控除」を受けることができます（☞**第10章参照**）。

3⋯⋯信託などの契約による寄附

信託などの契約により寄附を行う場合には，信託を設定した時点において，信託財産の所有権は，信託契約した受託者に移ります。ただし，信託財産は，相続財産の一部とみなされ，相続税の課税対象となりますが，信託などの契約による寄附の場合には，寄附者（委託者）が亡くなった時点で，寄附が実行されるため，信託財産は相続税の課税対象となりません。

Ⅲ 税制優遇措置を受けることができる対象団体

1……国・地方公共団体および公益法人等に遺贈寄附したとき

遺言による財産を国・地方公共団体，公益社団法人・公益財団法人，非営利型の一般社団法人・一般財団法人[2)]，学校法人，宗教法人，NPO 法人，社会福祉法人などへ寄附した場合には，原則として相続税は課税されません。

2……個人および法人格を持っていない任意団体に遺贈寄附したとき

遺贈により，財産を受けたものが個人である場合や法人格を持っていない任意団体の場合には，原則として相続税が課税されます。例外として，その団体等が公益的な事業を行っている場合には，非課税になります（相続税法第 12 条第 1 項第 3 号）。

以上のように，遺言による寄附の場合には，法人であれば，その遺贈先にかかわらず，遺贈した財産は相続税の対象になりません。法人は相続税の納税義務者ではないからです。ただし，遺贈により財産を受け取った法人は，その分の利益を得たことになります。その利益に相当する分については，原則として，法人税が課税されますが，公益法人等が遺贈により寄附を受けた収入については，法人税の課税はありません。稀な例として，公益法人等の法人であっても，法人税が課税される収益事業（☞第 10 章注 6)参照）を中心に行っている法人の場合は，たとえ寄附金収入でも収益事業に係る事業活動の一環として行われる行為として，課税されることがあります（法人税基本通達 15-1-6）。

相続税が非課税となる対象団体別を寄附の方法別に示すと次の図表 1 のとおりです。さらに，遺贈による寄附の場合の法人税の課税の有無を示します。

図表１　相続税が非課税となる対象団体と寄附の方法

対象団体	寄附の方法		
	遺贈による寄附		相続財産の寄附
	相続税	法人税	相続税
国	○	課税なし	○
地方公共団体	○	課税なし	○
独立行政法人	○	課税なし	○
公益社団法人 公益財団法人	○	課税なし	○
学校法人	○	課税なし	○
社会福祉法人	○	課税なし	○
認定 NPO 法人	○	課税なし	○
特例認定 NPO 法人	○	課税なし	×
NPO 法人	○	課税なし	×
一般社団法人 一般財団法人	○	非営利型の法人は課税なし それ以外は課税	×
宗教法人	○	課税なし	×

（出典）筆者作成

相続財産を寄附する場合に，相続税が非課税となる財産の寄附先は，国または地方公共団体，限定列挙された公益性の高い事業を行う法人だけになります。上記の図表１を見てわかるように，相続人が相続財産を寄附する場合と亡くなった人が遺言により寄附する場合とを比較した場合に，相続税については遺贈による寄附の方が選択できる法人の数が多くなることがわかります。

Ⅳ　不動産等を遺贈した場合の税務

遺贈による寄附は，相続税の課税対象になりませんが，相続人による相続財産の寄附は，相続税の課税対象になります。ただし，寄附先が公益法人等の税制優遇団体である場合には，相続税が非課税になります。このように，寄附を行う財産が現金である場合には，相続税および所得税における課税上の問題が生じません。

ところが，土地や株式など譲渡所得の基因となる財産を遺贈した場合には，相続税が課税される問題はありませんが，所得税においては，「みなし譲渡課税」が課税されることがあります。

1……みなし譲渡課税の概要

寄附をした財産が不動産や株式などの場合で，その不動産や株式に含み益がある場合に，その含み益部分にみなし譲渡課税が適用されます（所得税法第59条）。みなし譲渡課税の制度があるのは，遺贈の時までの年々の値上がり益（キャピタルゲイン）は，被相続人に帰属するものであるので，資産が贈与者あるいは被相続人から離れるときには，その時点でキャピタルゲインの清算をすべきであると考えるためです。

みなし譲渡課税の申告は，遺言による寄附の場合には，遺贈者（被相続人）の準確定申告で行うことになり，相続人による相続財産の寄附の場合には，相続人の確定申告で行うことになります。

遺言による寄附の場合には，みなし譲渡課税に係る税額は，包括遺贈の場合には，財産を取得した人が，特定遺贈の場合には，納税義務を承継した相続人が負担することになります（国税通則法第5条1項）。その結果，特定遺贈の場合には，不動産等の寄附を受けた法人は所得税を負担することはありませんが，不動産等を取得していない相続人が不動産等に係る含み益部分の所得税を全額負担することになります。

2……公益法人等に財産を寄附した場合の譲渡所得等の非課税の特例

みなし譲渡課税は，公益法人等が一定の要件を満たしていることについて国税庁長官の承認を受けた場合には，非課税になります（租税特別措置法第40条）。**租税特別措置法第40条**とは，国等に対して財産を寄附した場合の譲渡所得等の非課税の特例をいいます。

一定の要件とは，次の(1)から(3)までの要件をいずれも満たしていることが条件となります。

(1) 公益増進要件

その寄附が教育または科学の振興，文化の向上，社会福祉への貢献その他公益の増進に著しく寄与することが要件となります。

公益の増進に著しく寄与するかどうかの判定は，寄附に係る公益目的事業が公益の増進に著しく寄与するかどうかにより判定します。公益法人等の事業活動等が次の①から④までのすべてに該当するときは，この要件を満たすものとして取り扱われます。

①公益目的事業の規模

公益目的事業の規模とは，寄附を受けた法人の寄附に係る公益目的事業が，その事業を行う地域または分野において社会的存在として認識される程度の規模を有していることが必要となります。法人の活動が限定的な地域のみで行われる場合は，公益目的事業の規模が問題となりますので注意してください。

②公益の分配

公益の分配とは，法人の事業の遂行により与えられる公益の分配が，その公益を必要とするすべての人に与えられるなど，特定の人に限られることなく適正に行われていることをいいます。

③事業の営利性

事業の営利性とは，法人の寄附に係る公益目的事業について，公益の対価がその事業の遂行に直接必要な経費と比べて過大ではないなど，事業の運営が営利企業的に行われている事実がないことをいいます。

④法令の遵守等

法令の遵守等とは，法人の事業の運営について，法令に違反する事実その他公益に反する事実がないことをいいます。

⑵　事業供用要件

寄附財産が，その寄附日から２年以内に寄附を受けた法人の公益を目的とする事業の用に直接供されることが要件となります。ただし，次のような場合には，寄附財産が受贈法人の公益目的事業の用に直接供されたことにはなりません。

①寄附財産が建物等の場合に，その賃貸収入を公益目的事業の用に供している場合

②寄附財産が株式である場合に，その果実である配当金が毎年安定的に生じないものである場合

⑶　不当減少要件

その寄附が寄附した人の所得税の負担を不当に減少させ，または寄附した

人の親族その他これらの人と特別の関係がある人の相続税や贈与税の負担を不当に減少させる結果とならないことをいいます。

次の四つの要件を満たすと，不当減少要件には該当しません。

①その法人の運営が適正であること。具体的には，次のことをいいます。

(a)　理事および監事のうち親族関係が有する者，これらと特殊の関係がある者の数がそれぞれの役員の数のうちに占める割合が，3分の1以下とする旨の定めがあること。

(b)　事業の運営および役員等の選任などが，法令および定款または規則に基づき適正に行われていること。

(c)　経理については，その法人の事業の種類および規模に応じて，その内容を適正に表示するに必要な帳簿書類を備えて，収入および支出ならびに資産および負債の明細が適正に記帳されていると認められること。

②寄附した人の親族に対して，特別の利益を与えていないこと。

具体的には，寄附を受けた公益法人等が寄附した人の親族に対して，寄附した財産の利用，余裕金の運用，解散した場合における財産の帰属，金銭の貸付，資産の譲渡，給与の支給，役員等の選任その他財産の運用および事業の運営などについて，経済的な利益を与えないことをいいます。

③残余財産等が国等に帰属する旨の定めがあること。

④公益に違反する事実がないこと。

さらに，非課税の特例に係る国税庁長官の承認を受けるには，贈与または遺贈があった日から4か月以内に申告書を国税庁長官に提出しなければなりません。

V　遺贈の活用事例

1……日本財団の事例

2011年1月30日，遺言執行人（弁護士）の方から，日本財団に対し「海外の恵まれない子ども達のために遺産を活用して欲しい」と希望された遺言書があるとの一報が入りました。自筆証書遺言書による遺贈を受け入れた第

1号でした。遺言書には，詳細な資産の内訳が手書きで綴られていました。

「遺される財産がもとで，身内同士が骨肉の争いになるのは耐えられないので日本財団に寄附します。」と丁寧に記されていました。末尾には「匿名でお願いします」とも記されていました。遺言書は大阪在住の女性によるもので，総額は約1億5,000万円を超えるものでした。「海外の恵まれない子ども達のために」との遺思に沿うために，どの国でどのような事業に活用することが適切か，日本財団内でいくつもの案件を検討いたしました。

その結果，この大きな金額を細分化せずに一つの事業で活用することが大きな成果につながる，との結論に至りました。対象国は，約60年間にわたり軍事政権が続き欧米先進国からも経済制裁を受けてきたミャンマー連邦共和国を選定しました。同国に対して日本財団は，約40年間にわたり小中学校の建設事業をはじめ，ハンセン病の制圧活動等で支援を続けてきており，軍事政権でありながらも，同国政府との信頼関係も築かれており，投下する資金が確実に事業執行でき，また障がい者（とくに障がい児童）に対する政策が大幅に遅れている等を勘案し，首都ヤンゴンに障がい児のための特別支援学校を建設し，運営のしくみづくりを行い，ミャンマー政府及び関係機関との協議・調整を行いました。

特別支援学校は2013年に無事竣工し，開校式が執り行われました。開校式には，当財団会長が出席し，ミャンマー政府関係者臨席のもと，同国の障がい者団体への引き渡しが行われました。

出所：遺贈の活用事例 | 日本財団 遺贈寄付サポートセンター（izo-kifu.jp）

2……明治大学の事例

①卒業生のAさんはご両親，お子様共にいらっしゃらず，23区内のマンションに奥様（Bさん）とお住まいでした。

Aさんの逝去後，Bさんは公正証書遺言により遺言書を作成され，Bさんの故郷の他，数か所の遺贈先を指定しており，その中に明治大学も含まれていました。Bさんがお亡くなりになると，遺言執行者より大学に遺贈のお申し出がありました。

遺贈の内容は金融資産の他，お住まいであったマンションが含まれていました。学内での検討の結果，マンションを含めた遺贈をお受けしました。マンションは所有権移転後に売却し，現金化して受け入れました。

②卒業生のＣさんは独り身でお子様もいらっしゃいませんでした。Ｃさんは体調を崩された際，弁護士に遺言書の作成を依頼されました。

遺言書の作成段階で弁護士からＣさんのお住まいを明治大学に遺贈することについて問い合わせがあり，売却した後に，現金での遺贈をお願いしました。その後，Ｃさんがお亡くなりになり，遺言執行者となった弁護士が不動産の売却手続きを行い，不動産の売却額を含めた財産が本学に遺贈されました。

（出所）明治大学HP「遺贈・相続財産から明治大学へのご寄付について」より一部転載。 https://www.meiji.ac.jp/bokin/testation.html

このように，明治大学では所得税の「みなし譲渡課税」を避けるために，不動産については，先に売却したのち，それを現金化して遺贈財産を受け入れていることがわかります。

［注］

1）法定相続人は以下のとおりです。
- 配偶者（常に相続人）
- 子ども（子どもが先に亡くなっていた場合は孫，ひ孫など）（第１順位）
- 親（親が先に亡くなっていた場合は祖父母，曾祖父母など）（第２順位：第１順位の相続人がいない場合）
- 兄弟姉妹（兄弟姉妹が先に亡くなっていた場合は甥姪）（第３順位：第１順位と第２順位の相続人がいない場合）

2）非営利型の一般社団法人・一般財団法人には，「非営利が徹底された法人」と「共益的活動を目的とする法人」という二つの種類があり，それぞれに定められた要件を満たした場合に，法人税法上は公益法人等となります。

「非営利が徹底された法人」とは，次のすべての要件に該当することが必要となります。

①剰余金の分配を行わないことを定款に定めていること。
②解散したときは，残余財産が国・地方公共団体や一定の公益的な団体に贈与することを定款に定めていること。
③上記①および②の定款の定めに反する行為（上記①，②および下記④の要件に該当していた期間において，特定の個人または団体に特別の利益を与えることを含む。）を行うことを決定し，または行ったことがないこと。
④各理事について，理事およびその理事の親族等である理事の合計数が，理事総数の３分の１以下であること。

「共益的活動を目的とする法人」とは，次のすべての要件に該当することが必要となります。

①会員に共通する利益を図る活動を主たる目的としていること。
②定款等に会費の定めがあること。
③主たる事業として収益事業を行っていないこと。
④定款に特定の個人または団体に剰余金の分配を行うことを定めていないこと。
⑤解散したときにその残余財産が特定の個人又は団体に帰属させることを定款に定めていないこと。
⑥上記①から⑤までおよび下記⑦の要件に該当していた期間において，特定の個人または団体に特別の利益を与えることを決定し，または与えたことがないこと。
⑦各理事について，理事とその理事の親族等である理事の合計数が，理事総数の3分の1以下であること。

［参考文献］
全国レガシーギフト協会編（2022）『改訂版第2版　遺贈寄付ハンドブック』日本ファンドレイジング協会。
三浦美樹・脇坂誠也（2022）『相続に係る専門家のための遺贈寄付の実務』税務経理協会。

法定相続人なき遺産の行方

法定相続人も遺言もない遺産は，利害関係者の申し立てにより，家庭裁判所に選任された「相続財産管理人」が整理します。相続財産管理人は，未払いの税金や公共料金などの債務を清算し，相続人の有無を確認します。また，一緒に暮らしたり，身の回りの世話をしたりした「特別縁故者」がいれば，家庭裁判所の判断などに基づいて財産を分与し，残った遺産があれば，国庫の収入となります。

最高裁判所の資料によると，2021年度の相続人不存在による相続財産の収入は，647億459万円となり，前年度より7.8%増加しました。これまでの金額と比較すると，2001年度は約107億円，2015年度は約420億円となっています。この20年で6倍に増えています。

国立社会保障・人口問題研究所の「日本の世帯数の将来推計」によると，2025年の男性50歳時点で一度も結婚をしたことのない人の割合は27.1%，同様に女性の割合は18.4%と推計しています。このように，生涯未婚率が上昇し，少子高齢化も進むと，相続人不存在の相続が増加し，国庫に帰属する収入の増加が予想されます。

（橋本俊也）

第IV部

非営利組織会計の発展

第12章

地方公共団体の財政とふるさと納税

地方から都会へ多くの人が転出するなかで地元を離れながらも生まれ育った地域に貢献したいと思う人，あるいは被災地や自分が好きな町のために何か応援できないかと考えている人がたくさんいます。一方，多くの地方は人口の流出や過疎化のために住民税の減少に悩んでいます。

こうした地方公共団体を応援しようとして創設されたのが「ふるさと納税」制度です。「納税」という用語ですが，地方公共団体に対する「寄附」のしくみです。どのようなしくみであるのかみていきましょう。

キーワード　ふるさと納税　寄附税制　地方公共団体支援
地方創生　企業版ふるさと納税

I　地方公共団体会計のなかのふるさと納税

1……地方公共団体会計のしくみ

地域の住民と密接な関係を築いて，幅広い住民サービスを担っているのが地方公共団体です。2022年度時点で47の都道府県，1,741の市区町村（東京23区を含む）が存在します。それぞれの地方公共団体は租税を中心とする財源によってさまざまな公共目的のために財政を支出しています。地方公共団体の公的な財政収入と財政支出を管理するのが「地方公共団体の会計」です。

地方公共団体の会計は予算制度上，一般会計と特別会計に区分経理されています。**一般会計**は地方税などを収入として，職員給与や福祉サービスの給

図表１　会計区分から見た地方財政の姿

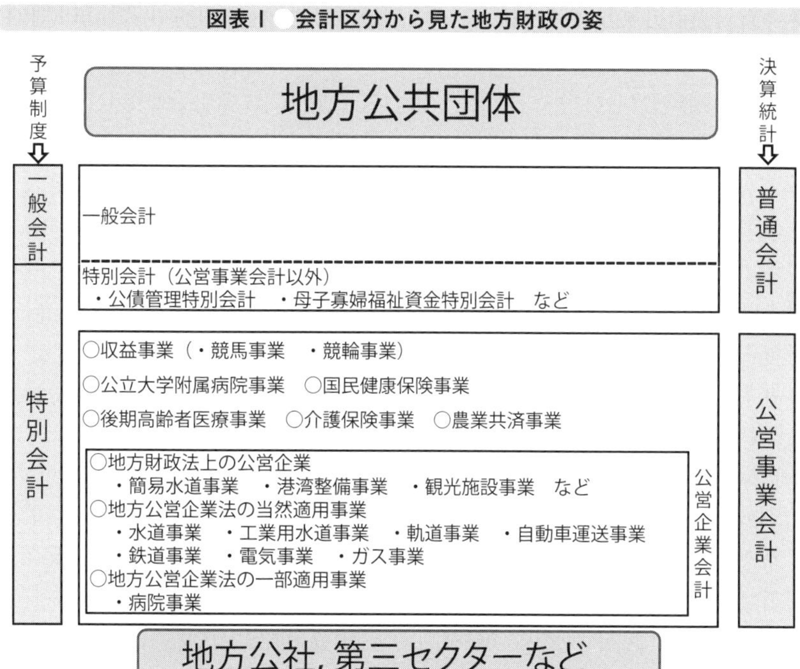

（出所）沼尾波子他（2023）『地方財政を学ぶ［新版］』有斐閣ブックス，図 1-1 を基に筆者作成

付などの基本的な事業の経費を支出しています。**特別会計**は国民健康保険や後期高齢者医療，介護保険などの特定の目的のために収入・支出を管理しています。また競馬や競輪などの収益事業や水道・ガス，鉄道などの事業を経理する特別会計も設けられることがあります（☞第 14 章Ⅲ 1 参照）。

地方公共団体の会計区分は同一というわけではないので，決算統計では普通会計と公営事業会計という区分を用い，統一的な方法によって地方公共団体財政全体の状況を明らかにし，地方公共団体相互の比較が可能となるようにしています。公営事業会計は国民健康保険事業や後期高齢者医療事業などの会計の総称で，普通会計は一般会計と公営事業会計を除く特別会計の純計です。全体像を図表１に示します。

2……地方公共団体の歳出と歳入

総務省編「令和５年版地方財政白書」によると，2021 年度の地方公共団体の普通会計の純計決算額は歳入128兆2,911億円，歳出123兆3,677億円です。なお，普通会計決算は2011年度から通常収支分（全体の決算額から東日本大震災分を除いたもの）と東日本大震災分（東日本大震災に係る復旧・復興事業及び全国防災事業に係るもの）とを区分して整理しています（図表2）。

図表2　地方公共団体の2021年度普通会計決算（純計）

（単位：億円）

区分		決算額
歳入		1,282,911
	通常収支分	1,271,431
	東日本大震災分	11,480
歳出		1,233,677
	通常収支分	1,224,000
	東日本大震災分	9,677

（出所）総務省編「令和5年版地方財政白書」第1表を加工

歳出の最も基本的な分類は目的別分類と性質別分類です。**目的別分類**は予算・決算の「款」・「項」の区分によるものです。歳出の目的にしたがって議会費（地方議会議員の報酬・手当等），総務費（職員給与，徴税費，住民登録・広報等の行政に係る管理経費），民生費（福祉サービス，生活保護等），衛生費（医療，公衆衛生，ごみ処理等），労働費（失業対策事業等），農林水産業費（農地整備等），商工費（中小企業の指導等）などに分類されます。主な歳出は民生費，総務費，教育費，土木費などです。

性質別分類は予算・決算の「節」に相当するもので，経済的性質に着目します。人件費，物件費（旅費，備品購入，委託料等），維持補修費，扶助費（福祉に係る現金給付等），補助費等（他の地方公共団体や市民団体への補助金，助成金等），普通建設事業費，災害復旧事業費，公債費（地方債の元利償還等），積立金などに分類されます。主な歳出は人件費，扶助費，公債費，普通建設事業費ですが，2020～21年度は特別定額給付金事業等の新型コロナ感染症対策に係る事業などが増加したことから補助費等が大幅に増加しました。

一方，歳入を分類するにあたっては自主財源・依存財源，一般財源・特定財源という分類が重要です。自主財源・依存財源は誰が財源を徴収するかという観点からの分類です。**自主財源**は地方公共団体が自主的に徴収する財源です。地方税をはじめとして，下水道等の分担金・負担金，公営住宅家賃等の使用料，戸籍証明書発行等の手数料，公有財産の売却による財産収入，個人や法人からの寄附金，他会計等からの繰入金，前年度からの繰越金や競馬・競輪等による諸収入などがあげられます。**依存財源**は国や都道府県からの配分や割り当てによる財源です。地方交付税，地方譲与税，地方特例交付金，国庫支出金，地方債などです。

一般財源・特定財源は使途が決まっているか否かという観点からの分類です。**一般財源**は使途が特定されず，地方公共団体の判断でどのような経費にも充当できる財源で，地方税，地方交付税，地方譲与税が代表的なものです。**特定財源**は使途が限定されている財源で，目的財源といわれることもあります。国庫支出金，分担金・負担金，使用料・手数料，地方債などです。地方の自主性を高める観点からは，一般財源の比率を上昇させることが必要です。

3……地方公共団体歳入の内訳と独自課税の試み

地方公共団体の財源として地方税は重要な役割を担っています。地方税は地方がみずから賦課徴収して確保できる自主財源であり，地方公共団体の判断で使途が決められる一般財源であるため，地方財政の自主性を確立するために最もふさわしい財源ということができます。地方税は歳入の３割程度を占めています（図表3）。

地方財政の自主性確立という点では，**課税自主権**も重要です。地方公共団体には憲法および地方自治法に基づいて課税自主権が与えられています。地方公共団体は独自に財源を調達し，あるいは政策目的を達成するために超過

図表 3　歳入純計決算額（2021 年度）の内訳

（単位：百万円，％）

	都道府県		市町村		純計額	
		構成比		構成比		構成比
地方税	22,203,878	32.5	20,205,060	28.7	42,408,938	33.1
地方譲与税	1,998,906	2.9	447,861	0.6	2,446,767	1.9
地方特例交付金等	99,503	0.1	355,204	0.5	454,707	0.4
地方交付税	10,210,393	14.9	9,294,486	13.2	19,504,879	15.2
国庫支出金	16,175,669	23.7	15,844,938	22.5	32,020,607	25.0
地方債	6,542,400	9.6	5,226,689	7.4	11,745,371	9.2
その他	11,093,586	16.2	19,128,401	27.1	19,709,794	15.4
うち寄附金	21,536	0.0	884,085	1.3	905,533	0.7
合計	68,324,335	100.0	70,502,639	100.0	128,291,063	100.0

（注）国庫支出金には国有提供施設等所在市町村助成交付金を含む。
（出所）総務省「地方財政の状況　関連資料集」第 10 表（令和 5 年 3 月）より作成

課税や法定任意税，法定外税の創設などが認められています。

超過課税は地方公共団体に税率の自主権を認め，地方税法に定められた「通常よるべき税率」（標準税率）を上回る税率で課税するものです。地方公共団体の判断でより多くの地方税収を集めることができます。

法定任意税は都市計画税のように課税するかどうかを地方公共団体が決定するものです。都市計画税は都市計画事業や土地区画整理事業を行う市町村が都市計画区域内にある土地や家屋に対して課するもので，課税するかどうかは地方公共団体の自主的な判断に委ねられます。

また**法定外税**として，地方税法では同法で定めた税目（法定税）以外の税目を創設して課税することも認めています。地方公共団体が法定外税を創設しようとする場合には総務大臣と事前協議を行い，その同意を得なければなりません。法定外税の2021年度決算額は634億円と，地方税収額の0.15%を占めています。具体的には，原子炉の設置者に対して課税される核燃料税，産業廃棄物の焼却施設・最終処分場への搬入に対して課税される産業廃棄物税，当該地方公共団体のホテルや旅館への宿泊者に課税される宿泊税などがあります。各地方公共団体がその状況を踏まえて，独自の判断で税源を確保しようとする試みといえます。

地方公共団体がみずから創意工夫を凝らしながら財源を確保しようとする動きは他にもあります。ふるさと納税制度です。地方公共団体の歳入におけるふるさと納税の位置づけについて次にみていきます。

4……歳入におけるふるさと納税

ふるさと納税は「納税」という用語を使っていますが，税金を納めるのではありません。特別な寄附金控除制度です。受ける地方公共団体側からみると，「納税」されたのではなく，寄附金収入として歳入に受け入れることになります。

2021年度の歳入純計決算額（図表3）では，都道府県で215億3,600万円の寄附金（歳入に占める割合は0.0%）が，市町村では8,840億8,500万円の寄附金（同1.3%）が歳入として計上されています。決算歳入総額128兆2,910億6,300万円のうち9,055億3,300万円（同0.7%）を寄附金が占めています。

この寄附金すべてがふるさと納税制度によるものとは限りません。ふるさと納税制度によらなくても地方公共団体への寄附が認められているからです。

それぞれの地方公共団体が工夫しながら，みずからの財源を拡充しようとする試みを評価し，その一つの手段として使われることが多い「ふるさと納税制度」を詳しくみていきたいと思います。

II ふるさと納税制度

1……ふるさと納税の意義

「ふるさと納税」は自分が選んだ地方公共団体に寄附を行った場合に，一定の上限までの寄附額のうち2,000円を超える部分が全額，所得税と個人住民税から控除される制度です。寄附金税制のしくみが用いられています。また寄附を行った人に対しては，寄附を受けた地方公共団体からその特産品や名産品，あるいは特典などがお礼として贈られます。これは「返礼品」といわれています。

地方で生まれ育ちながら，進学などをきっかけに都会に移り住む人がたくさんいます。自分の生まれ故郷であるふるさとをいつくしみ，ふるさとのために何かすることはできないかという思いを持っている人がいます。その一方，都会で暮らして仕事に就くと，住んでいる都会の地方公共団体に納税することになります。納税を通してふるさとへ貢献するしくみができないかという地元に対する思いを生かすために「**ふるさと納税制度**」が創設されました。

ふるさと納税制度には三つの意義があります。第1の意義は納税者が寄附先を選択できる制度であって，納めた税の使われ方を考えるきっかけとなることです。税に対する意識を高める重要な機会になります。

第2の意義は生まれ故郷をはじめ，自分が世話になった地方やこれから応援したい地方を支援することができる制度となっていることです。納税を通して地方に住む人々や地方の自然，環境保護のために寄与することができます。

第3の意義は地方公共団体みずから国民にアピールしてふるさと納税を呼びかけ，魅力的な地方公共団体，他の地方に住んでいる人からも応援してもらえる地方公共団体になるように，地方公共団体間での競争が促進されるようになることです。地方公共団体のあり方をあらためて考えるきっかけになります。

2……………ふるさと納税制度の経緯

ふるさと納税制度の最初に提案したのは，西川一誠福井県知事（当時）とされています。西川知事は2006年10月20日付の日本経済新聞「経済教室」において「ふるさと寄付金控除」の考えを示し，「納税者が故郷の自治体などへ寄付を行った場合に，これに見合った税額を所得税と個人住民税から控除する」しくみの導入を提案しています。

これを受ける形で，2007年5月，菅義偉総務大臣（当時）が「ふるさと納税」について問題提起を行い，制度の創設へと結びつきます。多くの国民が地方の故郷で生まれ，教育を受けて育ち，進学や就職を機会に都会に出てくると，都会で納税することになります。その結果，都会の地方公共団体は税収を得ますが，その人たちを育んだ「ふるさと」の地方公共団体には税収は入りません。今は都会に住んでいても自分を育んでくれた「ふるさと」に，自分の意思で納税できる制度があっても良いのではないかという問題提起です。

総務省は2007年6月1日，「「ふるさと」に対する納税者の貢献等が可能となる税制上の方策の実現に向け，幅広く研究するため」に第1回ふるさと納税研究会を開催し，研究会は9回の会合を経て10月5日に「ふるさと納税研究会報告書」をまとめました。報告書を踏まえて法律改正の手続きが進められ，2008年4月，第169回国会で地方税法等の一部改正法が成立し，5月からふるさと納税制度が始まりました。

3……………ふるさと納税の現状

(1)　ふるさと納税の実績

2021年度実績では，ふるさと納税の受入額は8,302億円，受入件数は4,447万件に達しています（図表4)。制度が始まった2008年度の受入額が81億円，受入件数が5万件に過ぎなかったので，この間に受入額は100倍以上，受入件数は900倍近くまで増加しています。急速に広く普及した要因として，①寄附に対する返礼品が充実していること，②多くのメディアでふ

図表 4　ふるさと納税の規模と件数

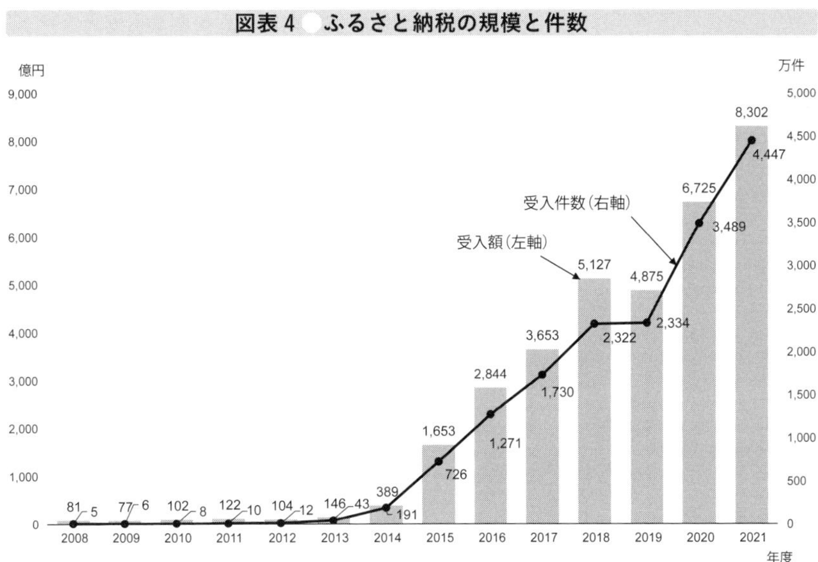

（出所）総務省自治税務局市町村税課「ふるさと納税に関する現況調査結果（令和 4 年度実施）」(2022. 7. 29 公表）より作成

図表 5　ふるさと納税の受入額と平均単価（2021 年度）

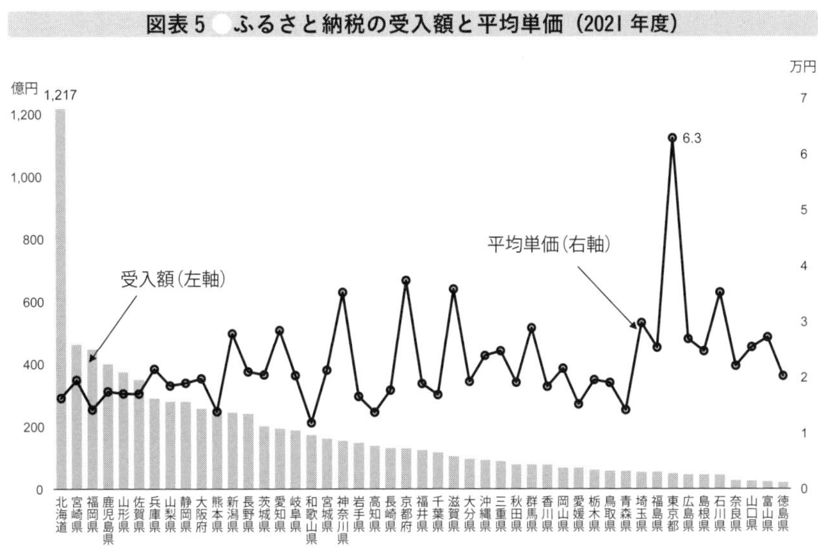

（注）1. 都道府県分と市町村分の合計。2. 平均単価は受入額／受入件数。
（出所）総務省自治税務局市町村税課「ふるさと納税に関する現況調査結果（令和 4 年度実施）」(2022. 7. 29 公表）より作成

るさと納税制度が取り上げられて知名度が向上したこと，③「ふるさとチョイス」や「ふるなび」などふるさと納税を仲介するサイトの拡大とクレジットカード決済などの支払手段が多様化したことなどが指摘されています。

ふるさと納税の受入額と平均単価について，都道府県分と市町村分を合わせて整理します（図表5）。都道府県別に見ると，ふるさと納税の受入額（2021年度）が最大の地方公共団体は北海道で1,217億4,700万円です。以下，宮崎県の463億6,500万円，福岡県の446億7,300万円，鹿児島県の400億2,300万円と続きます。ふるさと納税で受け入れた平均単価の最高額は東京都の6.3万円，次いで京都府の3.7万円，滋賀県の3.6万円です。

ふるさと納税を多く受け入れている地方公共団体は，必ずしも人口流出が多い地方や過疎化が激しい地方には限られません。逆に都会や人口が多い地方にもふるさと納税が行われています。いかに魅力をアピールし，応援してもらうことができているのか，地方公共団体ごとの取組みや特色が反映されています。

⑵　活用されるふるさと納税

ふるさと納税は自分の故郷だけではなく，応援したい地方に寄附することもできます。東日本大震災の被災地を応援するためにも使われています。被災した宮城県山元町では寄附金が7,187件，9,408万円のうち使い道を指定しないものが5,111件，6,603万円と最も多く（2021年度），山元町農水産物直売所「やまもと夢いちごの郷」の運営や特産品の開発などに活用されています。

ふるさと納税を促すしくみとして「返礼品」があります。地元の精肉・肉加工品や海産物，あるいは家電製品や伝統工芸品のなかから，寄附金額に応じて希望する返礼品を受け取ることができます。宿泊券や果物オーナー制度などそれぞれの地方公共団体が工夫を凝らしています。

返礼品として物品やサービスの提供を受けるだけでなく，「返礼品なし」として寄附先の地方公共団体に所在する大学の国際交流・地域貢献活動プロジェクトへの応援寄附に充てる事例や，子どもたちに朝食を食べて学校に行ってもらうために運営している食堂の運営経費に充てる事例など，寄附に対する見返りを求めないふるさと納税も広く行われています。

寄附金の使途を決めるしくみも活用されています。ふるさと納税を提案した西川福井県知事（当時）の地元・福井県の事例を紹介します（図表6）。応

図表6　ふるさと納税の活用事例

教育・子育て

福井県では、ふるさと納税を活用し、県内高校生へ2つの支援を行っています。

一つ目は「ふるさと母校応援」です。応援したい高校を指定し、ふるさと納税を行うと、寄附額の1/2が、当該高校の施設整備や研修活動費等に活用され、残りの1/2が、返還不要の給付型奨学金「福井県きぼう応援奨学金」の財源として活用されます。

二つ目は「長期海外留学支援」です。留学希望の学生を応援し、世界で活躍できる人材育成のため、長期留学に対する奨学金制度を設けています。

寄附者に対しては、寄附先の学校からの活用実績の報告や感謝の手紙、海外留学中の学生からの留学中の生活や成長の様子を伝えるレポートを送付しています。

母校応援による自習室整備

支援した留学生が出演するふるさと納税PR動画

注力した点や工夫した点

- **各高校の同窓会にて、卒業生へ「ふるさと母校応援」の周知を行いました。**
- **県のウェブサイトに留学生が出演するPR動画の掲載や、本県出身の留学経験者へ制度の周知協力を依頼しました。**

Check 取組の効果

「ふるさと母校応援」では、自習室の整備や講演設備の充実、部活動の備品購入、学生の短期海外研修など、学校ごとに必要な事業に活用しています。また、「福井県きぼう応援奨学金」を活用し、平成27年度より、毎年約20人が高校へ進学しています。

「長期海外留学支援」では、平成28年度より学生への支援を実施し、アメリカ、ドイツ、中国などへ長期海外留学をしています。

支援した留学生が海外で学ぶ様子

母校応援による講演設備の充実

寄附者の声

- **母校の生徒が卒業後に大きく羽ばたくことを期待し、お手伝いします。**

住民の声

- **全国の方からの応援が励みになります。（留学生）**
- **高校生が、経済的負担を気にすることなく長期留学にチャレンジできる良い制度だと思います。**

（出所）総務省のWebサイト

援したい高校を指定してふるさと納税を行いその高校の施設整備の費用に充てる取組みや，留学希望の生徒の奨学金に充当するなど人材育成にも使われています。

⑶　ふるさと納税制度の課題

①受益と負担の視点

税制を通して故郷に対する思いや支援を実現するしくみとして「ふるさと納税制度」が創設されました。一方でいくつかの問題も指摘されています。私たちは居住している地方公共団体からの行政サービスという受益に対して，住民税という負担をしています。受益と負担は表裏一体です。他の地方公共団体に寄附することによって居住する地方公共団体への納税義務を軽減する制度を国が作ったことは，受益と負担の関係（応益性の原則）を歪めることになります。

本来，他の地方公共団体への寄附は個人の意思を尊重すべきものです。地方公共団体へ寄附することによって税制上の優遇措置を受ける制度は，ふるさと納税（住民税の特例控除）とは別途設けられています。ふるさと納税制度を使って寄附する見返りに，居住する地方公共団体への納税義務を軽減することは地方公共団体の自主財源である住民税を減少させてしまい，地方自治の趣旨に反します。

人口の転入超過の傾向にあって居住者が多い東京都23区の区長で構成する特別区長会は，「不合理な税制改正等に対する特別区の主張（令和4年度版）」（2022年10月）において，ふるさと納税制度による特別区民税の減少額は2015年度から累計で2,700億円を超えていると推計しています。その結果，すべての区民が税収減による行政サービスの低下の影響を受ける一方で，ふるさと納税制度を利用する区民だけが返礼品などの恩恵を受けるという不公平が生じていると主張しています。

2019年度税制改正によって，ふるさと納税の対象に指定されるためには地方公共団体の申出が必要となりました。制度に疑問を持つ東京都は申出を行わず，2019年6月1日以後に東京都に行われた寄附金はふるさと納税の対象からは外れています。なお，東京都はふるさと納税の対象となっていませんが，都下の千代田区や中央区，武蔵野市などの多くの地方公共団体はふるさと納税の申し出を行って対象となっています。

②垂直的公平の視点

ふるさと納税制度は，自分の負担額が 2,000 円で済む寄附の上限が高所得者ほど高くなるしくみです。高所得者ほど税の控除と返礼品による経済的利益が大きく，税制の理念である「垂直的公平」の点から問題が指摘されています。また高所得者ほど税控除と返礼品による利益が大きいことから節税の手段として使われやすくなります。

③過度な返礼品の視点

ふるさと納税に対して多くの地方公共団体は感謝のしるしとして返礼品を送っています。返礼品は地方公共団体が独自に送るものであって寄附への対価とは位置づけられていません。しかし実態はふるさと納税を行った人に対して寄附した額に見合う以上の返礼品が提供されていて，見返りの大きさに期待してふるさと納税（寄附）を行う人もたくさんいます。地方公共団体にとっても寄附金の受入は歳入増加につながるので，より多くのふるさと納税を行ってもらおうと豪華な返礼品を送る傾向にあります。

地方公共団体間で返礼品競争が過熱したことから，総務省は 2017 年に通知を出してふるさと納税額に対する返礼品の価格を 3 割以下に抑えることとしました。ふるさと納税は地方公共団体がその魅力を高め，応援してもらうにふさわしい競争を行うことを期待した制度です。地方公共団体間の返礼品競争を煽ることを目的としたものではないことを忘れてはいけません。

Ⅲ　企業版ふるさと納税制度

1……企業版ふるさと納税のしくみ

企業版ふるさと納税制度は，正式には「地方創生応援税制」といいます。国が認定した地方公共団体の地方創生プロジェクトに対して企業が寄附を行った場合に法人関係の税から税額控除するしくみです。企業が行った寄附の最大 9 割が税額控除されます。企業にとっては地域の取組みに貢献して，法人税の軽減が図られるメリットがあります。2016 年度に創設されました。個人のふるさと納税とは異なって，寄附した企業への経済的見返りは禁止されています。また寄附額は企業の事業費の範囲内とすることが求められてい

図表7　企業版ふるさと納税の規模と件数

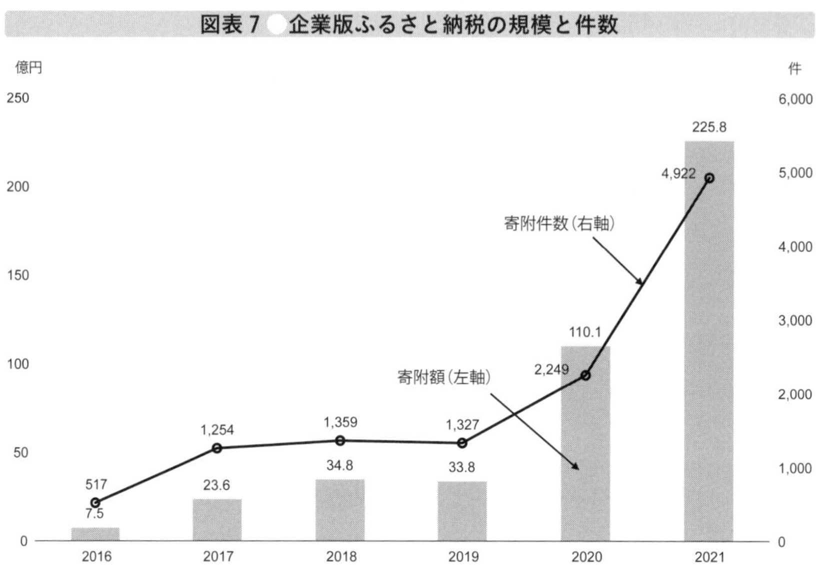

（出所）内閣官房デジタル田園都市国家構想実現会議事務局・内閣府地方創生推進事務局「地方創生応援税制（企業版ふるさと納税）の令和3年度寄附実績について（概要）」（2022. 8. 26）より作成

ます。

2……活用される企業版ふるさと納税

企業版ふるさと納税を活用する企業の数や件数，額は急速に伸びています。初年度の2016年度は118の企業が517件，7億4,700万円のふるさと納税を行いましたが，2020年度には533の企業によって2,249件，110億1,100万円の寄附が行われています。翌2021年度には956の企業が4,922件，225億7,500万円と2倍近くまで拡大しています（図表7）。

企業からの寄附金を基にして石川県能登町がワーケーションなどを活用し，都市の社会人を呼び込み，町のコアなファンとなる関係人口を創り出すという地域課題の解決や人材育成を図る事業が大臣表彰を，また，岡山県真庭市が初めて人材派遣型の企業版ふるさと納税のしくみを活用して，観光戦略についての専門知識とノウハウを持つ人材を受け入れて観光の振興を図った取組みなどが大臣表彰を受けています。企業による寄附が地域活性化のために役立たされることが期待されています。

［参考文献］

佐藤良（2018）「ふるさと納税の現状と課題」『国立国会図書館　調査と情報―ISSUE BRIEF―』No. 1020（2018. 10. 30）。

佐藤良（2021）「ふるさと納税の現状と課題―返礼品競争への対応と残された課題―」『国立国会図書館　調査と情報―ISSUE BRIEF―』No. 1147（2021. 4. 8）。

総務省の Web サイト　https://www.soumu.go.jp/main_sosiki/jichi_zeisei/czaisei/czaisei_seido/furusato/topics/20180330_case_study.html

沼尾波子他（2023）『地方財政を学ぶ［新版］』有斐閣ブックス。

（藤井亮二）

第13章

諸外国の非営利組織会計
——米国を中心に

日本だけではなく，諸外国にも多くの非営利組織があります。非営利組織の制度や会計は，日本と諸外国では共通する点もありますが，違いもあります。

国のしくみ，法制度が大きく異なるため，日本のしくみと単純比較は難しいところです。本章では，とくに非営利組織の活動が盛んな米国の制度や会計についてみていきます。そして，最近話題になっている米国の非営利組織の実例についてもみていきます。

キーワード IRS　Form990　FASB　501(c)3　NPO

I 諸外国における非営利組織と会計

非営利組織は，日本だけではなく世界の多くの国々で積極的に活動しています。とりわけ米国は非営利組織の活動が活発で，非営利組織で働く人の数，非営利組織への寄付額，非営利組織がGDPに占める割合などで世界トップの地位にあります。これまで本章以外では日本の非営利組織制度や会計を前提に述べてきましたが，本章では諸外国に目を転じることとします。

もっとも，非営利組織の法制度や会計は国によっても大きく異なり，そのすべてを扱うのは現実的ではありません。前述したように世界でも最も多くの非営利組織を有する米国を中心に，制度を概観していきたいと思います。

1……米国の非営利組織制度

米国では，国や地方自治体が限定的にしか健康保険制度を運用しないなど政府の役割が限定的であったり，寄付で得られる税控除が大きいこともあり，伝統的に非営利組織に大きな資金が集まり，多くの団体が積極的に活動を行っています。そのなかには，ビル＆メリンダ・ゲイツ財団などのように非常に多くの財産を有し，全世界で活動を行っている組織も多くあります。

それでは，米国では非営利組織といえば具体的にどのような組織をいうのでしょうか。日本とは違い中央集権型の国家ではないので，非営利組織の法人制度は中央の連邦政府ではなく各州の州政府が基本的には規定しています。非営利組織は，各州の州法に基づいて法人化されます。つまり，非営利組織の法人格は州法により規定され，米国と一言でいってもたとえばカリフォルニア州とオレゴン州とでは，州法が異なっているために非営利組織を巡る法人制度も異なっていることがあるのです。

米国で非営利組織といった場合，米国の連邦政府に収める税である連邦税を管轄する連邦政府機関である米国内国歳入局（IRS）により認定を受け，連邦税の優遇を受けることができる組織をいうことが多いです。連邦法である内国歳入法は米国のどの州でも適用され，全米共通ということになります。連邦法である内国歳入法という法律のなかで，税等の優遇を受けることができる非営利組織を規定しています。

一言に優遇を受けることができる組織といってもいろいろな種類があり，類型ごとに優遇の程度はさまざまです。そのなかでも，米国内国歳入法（IRC）501(c)の第 3 項に規定する組織が，とりわけ公益性の高い組織として，一般に非営利組織と称されます。利益が出ても分配できないようなしくみを有し，公益的な活動をして多くの人々から寄付を得ており，特定の政党を支持するような政治活動を行わないことが規定されています。IRC 501(c)の他の項に規定される組織よりも税の優遇が最も大きくなっており，たとえば寄付を受けた非営利組織自身はもちろん，寄付者も税の優遇を得ることができます。本章でも，とくに断りのない限り，米国の非営利組織といえばこの IRC 501(c)第 3 項に規定される組織をいうものとします。

以上のとおり，米国では各州の州法に基づいて法人が設立されますが，連邦税の優遇を受けることができる組織は全米共通のルールにしたがって認められることとなります。

2……米国の非営利組織と会計の概要

それでは，前節で述べた米国の非営利組織の会計はどのようになっているのでしょうか。ここでまた，連邦政府と州政府との関係が問題となります。連邦法である内国歳入法は，501(c)3組織に対してForm990という書類を毎年提出することを求めています。こちらには，会計情報だけではなく組織の概要，ガバナンスといった情報も多く含まれています。組織から一定額以上の所得を得る理事者等の情報も開示されていたりして，大変興味深いです。また，連続して提出を怠ると非営利組織としての税制上の優遇措置を取り消されてしまいます。取り消された後に再度申請するのは労力もかかるので，多くの団体は毎年定期的にこれらの書類を提出しています。また，非営利組織のForm990の情報を一括で入手できるWebサイトもあります。

米国には100万を超える非営利組織がありますが，その多くは比較的小規模なものです。そこで，米国では中小規模団体を中心により簡易な様式であるForm990N, Form990EZといった様式も準備しており，中小規模の団体はより作成が容易なこれらの様式を利用してもよいものとなっています。

比較的大規模な非営利組織は，Form990とは別に年次報告書等で財務情報を公表しています。また，公認会計士による財務諸表の監査も受けていることがあります。

これらの財務報告を作成する際の基準となるのは，FASB（米国財務会計基準審議会）が作成する会計基準です。FASBは企業と民間非営利組織双方を対象として会計基準を設定しており，この会計基準は，企業と共通で適用される点が多いですが，非営利組織独自の点についてもしっかり規定されています。非営利組織会計全体としての体系は企業会計と類似していますが，非営利組織に特有の規定についてFASBの会計基準のコード化体系ASC Topic958（非営利組織の会計）にまとめられています。公認会計士による会計監査も，FASBの会計基準にしたがって適切に財務諸表が作成されているかどうかが監査のポイントとなります。

米国の非営利組織では，その会計の主要な目的を資源提供者への情報提供においています。非営利組織には企業のような株主はいないものの，寄付等を通じて非営利組織に資金提供してくれる人や団体を財務報告の一番の利用者として位置付けているのです。

州によっては，一定規模以上の非営利組織に対して公認会計士による監査済み財務諸表の提出を義務付けています。一定規模とは，年間総収益の額を基準とする州が多いですが，年間総収益以外の基準として州内で寄付等を集めるファンドレイジングを行っている組織を対象とする州もあります。もっとも，多くの中小規模組織はこれらの規制の対象となりません。そこで，Form990は作成していてもFASBの会計基準に基づく財務諸表を開示していないケースも多くあります。

興味深いのは，会計基準の設定主体であるFASBも，民間非営利組織が設立した機関であるということです。FASBでは，多くの利害関係者が議論に参加し，特定の利害関係者の力が強くなりすぎないように工夫されており，政府等からも独立した機関になっています。これにより，高品質かつ独立性の高い会計基準の設定を意図しているのです。さらに，非営利組織といっても医療・教育・国際支援等その活動分野や法人形態もさまざまですが，FASBの会計基準は多様な非営利組織に共通して適用されます。公益法人，学校法人，社会福祉法人等の法人形態ごとに会計基準を有する日本とは異なっています。

以上のとおり，米国の非営利組織は連邦法により義務付けられたForm 990（またはその簡易様式である　Form990EZやForm990N）を提出するほか，州により義務付けられた財務報告の中でFASBの会計基準に基づき財務諸表を作成・開示しています。

米国では，このような強制的な法によらずとも，自発的に財務報告を開示している事例が多くあります。これは，寄付者から信頼性の高い財務報告を求められることがあること，またそのような求めがあるために将来のために財務諸表監査を受けておく動機が存在するためです。

次節では，実際の米国の非営利組織会計の特徴をみていきましょう。

3……………米国の非営利組織の財務諸表の体系

FASBの規定する米国の非営利組織の主要な財務諸表は，次のとおりです（組織により若干の違いがあります）。

Statement of financial position（貸借対照表に相当）
Statement of activities（活動計算書）
Statement of cash flows（キャッシュ・フロー計算書）

呼称こそ違うものの，ほぼ企業会計の体系を踏襲しています。また，日本の公益法人会計基準も米国の非営利組織の会計基準を参考にして作成されており，類似した財務諸表体系となっています（☞第５章Ⅴ参照）。

非営利組織では，毎期の収益や費用を示す表として「活動計算書」という名称を用いています。非営利組織は利益を目的としないため「損益計算書」という名称はふさわしくなく，活動計算書という名称が用いられています。純資産変動計算書は，一期間において資産と負債の差額である純資産がどのような原因で，どれだけ変動したかを示す計算書です。キャッシュ・フロー計算書は，一期間における現金及び現金同等物の増減要因を区分して示したものです。

なお，純資産は二つに大別されているところも特徴です。寄付等を獲得するとそれだけ非営利組織の純資産が増加することとなりますが，純資産は「寄付者による使途の指定のある純資産」・「寄付者による使途の指定のない純資産」の二つに大別されます。このように寄付者による使途の指定により純資産が区分されるのも，資源提供者を重視する現れであるといえるでしょう。

4……米国の非営利組織会計の特徴

米国の非営利組織会計の特徴はいろいろありますが，日本の会計基準と異なっている点としては，ボランティアの取り扱いがあげられます。これまで学習したように日本でもNPO法人会計基準では一部ボランティアを会計上認識することが認められていますが（☞第９章Ⅱ１参照），多くの会計基準ではそれが認められていません。NPOの活動は，ボランティアの力に負うところ大です。そこでボランティアの労力をお金で換算し，その金額を活動計算書に記載することを認めているわけです。この処理はあくまで任意ですが，このような処理を行っている法人では，経常収益（受入寄付金）に「ボランティア受入評価益」，経常費用（人件費）に「ボランティア評価費用」が計上されます。ボランティアの価値評価には客観性が確保しにくいこと，ボランティアの労働は自発的に命令なしに行われる部分が多く組織のコントロールが効きにくいことなども，ボランティアを評価するうえでの障害となっています。これに対して米国では，ボランティアについては，ボランティアを受け入れなかった場合には別に有料で契約しているようなサービスで，専門家による職務の提供など一定の条件を満たすものについてはボランティア受入評価益を計上し，その内容を注記することとされています。その他の一般的なボランティアの受入は，収益や費用には計上されません。ボランティアに関する注記として，国境なき医師団　米国の事例を示すと，次のとおりです。

> 報告期間全体を通じて，法的なまたその他の多くのサービスが国境なき医師米国　に寄付されている。サービスの寄付は，次の条件が満たされたときに認識される。
>
> ・非金融資産を製作したり増強する
>
> ・特別の技能を有する者により提供される特別の技能が求められるサービスで，寄付されなければ購入する必要がある
>
> これらのサービスは，受領した期に公正価値で記録され，活動計算書上では「受取寄付金（収益）」と「サービス費用」として示される。

（出所）国境なき医師団米国　2021 年　年次報告書をもとに筆者翻訳

このほかにも，非営利組織が食料・衣料品等の現物資産を受け入れたときの会計についても，詳細に開示することが求められています。たとえば食料などの現物資産を受け入れたときに，該当の現物資産の価値を評価して，その分を受取寄付（収益）として計上することになります。現金の寄付だけではなく多様な寄付について，その価値を評価して会計情報に反映していく取組みがなされています。寄付にはいろいろなものがありますが，これまでは活動計算書上では，金銭等の寄付と現物資産の寄付とを区分して表示することは，会計基準上は求められていませんでした。2022 年以降は，金融資産以外の寄付は，活動計算書上現金や有価証券などの金融資産の寄付とは区分して表示することが求められるようになりました。また，現物資産の受入などの寄付の際にそれを組織が活動に使用するのかそれとも売却して現金化するのか，また現物資産等の受入の際の評価基準についても注記することが明示されました。これにより，寄付に関する情報開示がさらに進むことが期待されます。米国の会計基準は，寄付が盛んなお国柄だけあって，さまざまな寄付の受入をより詳細に開示していることがわかります。

寄付に関連する会計としてもう一つ特徴を述べるとすれば，活動計算書における費用の分類があげられます。日本で多く採用されている事業費・管理費という区分ではなく，プログラム費用（事業費に相当）・サポート費用（管理費に相当）・ファンドレイジング費用の３区分に分けられます。ファンドレイジング費用は，寄付等のファンドレイジングにかかる費用であり（ファンドレイジングについては，第４章参照），クラウドファンディングの費用，ファンドレイジングを専門に行う業者への委託手数料，ファンドレイジング担

当者の人件費などが含まれます。ここでの基礎となる考え方は，ファンドレイジングにかかる費用は，組織のミッションを達成するための事業費でも，組織を管理するための管理費でもなく，資源を調達するためにかかる費用であり，事業費や管理費とは独立して区分されるべきであるという考えです。

一般には，ファンドレイジング費用が寄付の受入額に占める割合はあまり高くないことが望ましいと考えられています。せっかく寄付を受け入れても，ファンドレイジングのために費用がかかってしまえば，本来の組織の事業活動に使用できる資源が減ってしまうからです。一方で，寄付は何もしなければ集めることができませんし，人々の理解を得て寄付を集めるための活動に費用がかかることは当然です。非営利組織には，ファンドレイジング費用が高いことが寄付者からの評価に悪影響が出ることを恐れ，ファンドレイジング費用を少なく見せようとする動機があります。ファンドレイジングに直接かかる費用だけではなく，様々な機能に共通してかかる費用があり，その配分にあたってはどうしても組織の判断が伴います。たとえば，非営利組織がイベントを行い，あわせて募金活動をするケースの場合，事業費とファンドレイジング費用との明確な区分は難しいことがあります。ファンドレイジング費用を区分することは，理論的には望ましいものと考えられます。しかし，いざ実行するとなると，共通的に生じる費用をどう区分するか，また非営利組織のファンドレイジング費用を低くしようという動機があるなかでどう費用配分の客観性を確保するかといった点等で難しい問題があります。日本でファンドレイジング費用の区分開示が行われないのは，このような費用区分の難しさも一因です。

5……米国の非営利組織の財務諸表の特徴

紙面の都合上，米国の非営利組織の財務諸表をここで示すことはできませんが，非営利組織の財務諸表はホームページ等に掲載されています。皆さんも，ホームページ等で興味のある非営利組織の財務諸表を見つけてみてください。

米国では非営利組織に限らず財務諸表本表は比較的シンプルで，詳細な内容は注記等の補足情報に掲載されていることが多いです。ある組織の情報を見ていく場合，注記等の補足情報にも着目してみましょう。財務諸表本表に示される数値の内訳や，寄付などに関してもさまざまな情報を得ることができます。たとえば，寄付者等による寄付の使途の指定の内容，ボランティアの評価，現物資産の寄付の内容や評価額などはこれらの補足情報を参照することでよりよく理解することができます。

米国では，非営利組織の歴史が長く多くの団体があり，寄付額も相当額にのぼることから，非営利組織の会計についてもかなり詳細に規定されています。英語だからといっても怖気づかず，皆さんもぜひ海外の非営利組織の財務諸表を積極的に参照してみてください。

Ⅱ　諸外国の非営利組織の会計基準

米国のほかにも，英国をはじめ多くの国では非営利組織が積極的に活動しています。それぞれの国において，会計はもちろんその基礎となる非営利組織の制度が大きく異なっています。また，寄付に関連する法律や税制優遇も多様であり，非営利組織は国ごとに大きく違っており，非営利組織の会計基準にも国ごとに差があります。同じ英語圏であっても，たとえば英国のチャリティ会計は米国とは異なる点がいくつもあります。一般に，日本のように法人類型ごとに会計基準が定められていることはあまりなく，非営利組織全体の会計基準が包括的に定められていることが多いようです。非営利組織のなかには，国際的に活動する団体も増えてきているので，国際的な会計基準の設定に向けての動きもあります。これについては，後のコラム 12 を参照してください。

以上のとおり，日本とは大きく異なる点もある諸外国の非営利組織の会計ですが，諸外国の会計を学ぶことによって，かえって日本の特徴がよくわかる点もあります。外国語の会計基準や財務諸表だからといって怖がらずに，ぜひ積極的に海外にも目を向けてみてください。

[もっと深く学びたい人へのお勧め文献・Web 情報]

FASB　https://www.fasb.org/page/pagecontent?pageId=/notforprofits/notforprofits.html&isstaticpage=true

　FASB の非営利組織会計に関するページです。会計基準も無料でダウンロードすることができるほか，現在検討中のプロジェクトの進行状況も記載されています。

IFR4NPO　https://www.ifr4npo.org/

コラム 12 で示した国際的な非営利組織会計のプロジェクトのページです。随時更新されているほか，youtube などでも一般向けに説明があります。

Bill & Melinda Gates Foundation 会計のページ

https://www.gatesfoundation.org/about/financials

世界最大の非営利組織で，世界各国で貧困撲滅，女性の地位向上，子供の健康維持等の活動に携わっているビル&メリンダ・ゲイツ財団のホームページで，リンク先には Form990 と監査済の財務諸表の双方が掲載されています。最新年度だけではなく，過去の情報も併せて参照できます。

Candid Guidestar　https://www.guidestar.org/

非営利組織の評価機関のページです。多くの非営利組織の情報がデータベース化されており，さまざまな観点から非営利組織が評価されています。

Charity Commission of England and Wales

https://www.gov.uk/government/organisations/charity-commission

英国（イングランドおよびウェールズ）の非営利組織を監督する機関のホームページで，英国のチャリティに関するあらゆる情報が掲載されています。

金澤周作（2021）『チャリティの帝国―もうひとつのイギリス近現代史』岩波新書

非営利組織（チャリティ）の観点から英国の歴史をたどる，とても興味深い本です。

コラム 12　国際的な非営利組織会計

本文中で，非営利組織については法制度も会計も国ごとにさまざまであることを説明しました。しかし，非営利組織のなかには国際的に活動する組織も多く，また資金も国境を越えて調達されたり使用されたりします。このようななかで，各国ごとに会計制度が異なることが，資源提供者にとっても，また資源の受け手の非営利組織にとっても不便に感じられることがあります。非営利組織は，さまざまな資源提供者から資源提供を受けますが，それぞれの資源提供者が異なる様式の会計報告を要求することもあり，このことは結果として非営利組織側だけではなく資源提供者にとっても不便なものとなっていました。

このような問題意識から，国際的に適用可能な非営利組織会計の共通枠組みを設定するプロジェクトが立ち上がりました。それが，IFR4NPO というプロジェクトです。このプロジェクトはいくつかのフェーズに分けて進められ，最終的には国際的に適用可能な指針の開発を目指しています。2025 年にも最終結果が公表される予定です。

（金子良太）

第14章

歳入と歳出から見る国と地方公共団体の会計

現在の企業会計の主な目的は，投資者の投資意思決定に資する情報を作成・開示することです。企業の経営状況および財政状況を明らかにし，一定期間に得た利益から株主への配当がなされます。

これに対して公会計の主な目的は，国や地方公共団体の行う活動が国民や住民からの税金を主な財源としていることから，税の使い方や資産・負債の状況をわかりやすく示し，国民や住民に対して説明責任を果たすことです。企業会計とは目的や特徴に相違点を持っている国および地方公共団体の財務状況を示す公会計のしくみを考えます。なお，公会計には現金主義による歳入・歳出の予算決算と企業会計を採り入れた財務書類という二つの柱があります。毎年1月になると国会の予算審議が始まってその状況が報道されますが，これは前者のタイプです。本章では前者のタイプを取り上げて公会計と記載しています。

キーワード　公会計　一般会計　特別会計　歳出・歳入

I　公会計と企業会計

1……公会計と企業会計の違い

公会計と企業会計は，組織の財務情報を開示する点は同じですが，目的や考え方が異なります。国の財政制度等審議会は国の財政について，「予算を

図表１　公会計（地方公共団体）と企業会計

項目	公会計（地方公共団体）	企業会計（民間企業）
作成目的	住民の福祉の増進	利益の追求
報告主体	首長	取締役
報告先	住民（提出先は議会）	株主（提出先は株主総会）
説明責任	議会の承認・認定（予算・決算） →事前統制（予算）の重視	株主総会の承認（決算） →事後統制（決算）の重視
簿記方式	単式簿記	複式簿記
認識基準	現金主義会計	発生主義会計
出納整理期間	あり	なし
決算書類	歳入歳出決算書 歳入歳出決算事項別明細書 実質収支に関する調書 財産に関する調書	貸借対照表 損益計算書 株主資本等変動計算書 キャッシュ・フロー計算書

（出所）総務省「統一的な基準による地方公会計マニュアル（令和元年８月改訂）」９頁を一部加工

通じて事前の資金配分を明確にし，これを国会の議決による統制の下に置くこと，また，予算に基づく適正な執行を管理するとともに，その結果を決算として事後的に整理し国会へ報告することは，財政民主主義の観点から不可欠である」と述べています。そのために，「財政状況について，議会に対する報告義務を果たすとともに，広く国民に対する情報開示と説明責任を果たすことが必要」であるとして，議会による民主的統制を目的とした公会計の重要性を指摘しています。

これに対して企業会計では，「外部報告上，決算を中心とする事後の会計として，株主に対する配当可能利益を確定し，関係者の利害調整を図るために企業の損益を合理的に計算すること，及び，企業の経営成績や財政状態を把握し，その内容を株主や債権者等の外部利害関係者へ開示することを主たる目的」としています。図表１を参照しながら，公会計と企業会計で主な相違点をみていきます。

(1)　予算重視と決算重視

国や地方の予算は「内閣の顔」，「首長の方針」といわれることがあります。その時々の内閣（政府）や知事・市長などの首長が取り組む政策課題，あるいは実施したい施策を反映しているからです。地方財政で使われる「骨格予算」と「肉付け予算」という用語がこのことをよく示しています。年度内に首長の改選が予定されている時には政策的な経費を極力抑制し，義務的経費や継続的事業を中心に予算編成を行います。これを骨格予算といいます。首長の改選後に政策的経費を追加したものが肉付け予算です。まさに首長の考え方が予算に反映されるからです。

国や地方公共団体は，予算編成と議会での予算審議には相当の力を注ぎますが，決算審査や決算結果の活用に対しては予算ほどには力を入れていません。決算で無駄な支出や非効率な使い方が明らかになっても，効力が失われる，あるいは，法的責任が追及されるとは限らないからです。また国民や住民に対する政策のアピール度が，決算は予算ほど大きくないからです。

企業が予算を策定することは，会社の目標となる利益に対して売上予算・経費予算を決定することであって目標設定を意味します。設定した目標を達成できるように，日々の進捗状況を管理する予算管理を行います。

企業は一定期間の経営成績や財務状況などをまとめて株主総会などで明らかにしますが，経営環境の変化などによって設定した目標が達成できないこともあります。なぜ当初目標とした売上げが達成できなかったのか，事業で損失を出したのかなど，企業活動においては予算策定よりも結果である決算に対する利害関係者の関心が高く，場合によっては経営側の責任まで問われる状況になります。

公会計でも企業会計でも説明責任は重要ですが，公会計では事前統制（予算）が重視されるのに対して，企業会計では事後統制（決算）の方が重視されます。

⑵　会計年度と事業年度

国や地方公共団体が歳入・歳出を整理して予算編成や決算を行う単位である1年間を**会計年度**といいます。国も地方公共団体も会計年度は4月1日から翌年3月31日までです（財政法第11条，地方自治法第208条）。

企業では経営成績や財務状況を明らかにするために決算を行う目的で一定期間を定めます。一般的には事業年度といいます。事業年度を国や地方公共団体の会計年度と合わせて4月1日から翌年3月31日までとする企業もありますが，必ずしも国や地方公共団体とそろえる必要はありません。国・地方公共団体の予算編成や実際の支出が会計年度に沿って行われていくことから，結果的に多くの企業の事業年度は会計年度と一致する3月期決算となっています。しかし事業年度が10月1日に始まって9月期決算とする企業や，1月1日に始まって12月期決算を行う企業もたくさんあります。

⑶　単式簿記と複式簿記

簿記は「特定の経済主体の活動を，貨幣単位といった一定のルールに従って帳簿に記録する手続き」で，決算書等を作成するための技術です。記帳方法によって，単式簿記と複式簿記に区分されます（図表2）。

公会計は現金収支を議会の民主的統制下に置き，予算の適正・確実な執行を図るという観点から現金の出し入れを重視して，確定性や客観性，透明性に優れている**単式簿記**による現金主義会計を採っています。しかし単式簿記，現金主義会計では所有する土地の面積や備品の品目などが帳簿に記載されますが，その資産がどれだけの価値があるのか，総額としての価額はどのくらいかなどのストック情報が示されません。

企業会計が使う**複式簿記**では，ストック情報（資産・負債）の総体の一覧的把握が可能となります。また複式簿記では，記帳と同時に資産の増加を台帳に記録し，モノの価額も併せて記録します。価額などの総額を記録し，会計年度末に資産と負債を一覧表で示す貸借対照表を作成すると，対象項目の貸借対照表の残高と台帳の残高が一致するので，互いを照合することで間違いを見つけることができる検証の効果も期待できます。複式簿記には，①ス

図表2　単式簿記と複式簿記

単式簿記	経済取引の記帳を現金の収入・支出として一面的に行う簿記の手法（官庁会計）
複式簿記	経済取引の記帳を借方と貸方に分けて二面的に行う簿記の手法（企業会計）

（例）現金100万円で車を1台購入した場合
〈単式簿記〉現金支出100万円を記帳するのみ
〈複式簿記〉現金支出とともに資産増を記帳

資産の増加	資産の減少
（借方）車両100万円	（貸方）現金100万円

「単式簿記」に加えて「複式簿記」を採り入れることで，資産等のストック情報が「見える化」

（出所）総務省「統一的な基準による地方公会計マニュアル（令和元年8月改訂）」7頁

トック情報の把握，②検証機能という意義があります。

(4) 現金主義会計と発生主義会計

会計は「経済主体が行う取引を認識（いつ記録するか）・測定（いくらで記録するか）した上で，帳簿に記録し，報告書を作成する一連の手続き」です。取引の認識基準の考え方には，現金主義会計と発生主義会計があります（図表3）。

発生主義会計では，たとえば所有する資産の経年による価値減少を見積り計算して費用に計上する減価償却が行われます。こうすることにより経済的事実の発生に基づいた「適正な期間損益計算」を行うことができる利点があります。しかしながらこういった非資金取引（現金の出入りがない計算上の収益・費用）は，見積りが含まれるなど「柔らかい情報」になりがちで，経営者の恣意性が組み込まれる可能性もあります。

他方，**現金主義会計**は，現金の収入と支出をもって収支を認識する考え方です。したがって非資金取引は認識されず，確実性や客観性，透明性に優れるという利点があり「堅い情報」といえます。しかし逆に「適正な期間損益計算」という役割においては見劣りするととらえられます。

図表3　現金主義会計と発生主義会計

現金主義会計　**現金の収支に着目した会計処理原則（官庁会計）**

○ 現金の収支という客観的な情報に基づくため，公金の適正な出納管理に資する

✖ 現金支出を伴わないコスト（減価償却費，退職手当引当金等）の把握ができない

発生主義会計　**経済事象の発生に着目した会計処理原則（企業会計）**

○ 現金支出を伴わないコスト（減価償却費，退職手当引当金等）の把握ができる

✖ 投資損失引当金といった主観的な見積りによる会計処理が含まれる

「現金主義会計」に加えて「発生主義会計」を採り入れることで，減価償却費，退職手当引当金等のコスト情報が「見える化」

（出所）総務省「統一的な基準による地方公会計マニュアル（令和元年8月改訂）」8頁

2………統一的な基準による地方公会計

公会計は単式簿記，現金主義会計を基本としていることから，ストック情報の把握が不十分との問題を抱えていました。当時，地方経営改革の旗手とされていた三重県が1997年度末に取りまとめた「行政システム改革」には発生主義会計の導入の項目がありました。三重県は発生主義会計による財務報告（地方公会計）に自主的に取り組み，その流れは全国に広がりました。

2001年3月，総務省「地方公共団体の総合的な財政分析に関する調査研究会報告書」が行政サービスをコストから把握する行政コスト計算書，地方の資産のストック状況を示すバランスシートの作成手法（総務省方式）をまとめました。2006年5月の「新地方公会計制度研究会報告書」では国の会計基準に準拠した①基準モデルと②総務省改訂モデルの二つが提示され，これらとは別に，③東京都方式が存在し，3方式が並列する形となりました。2014年4月には基準モデルを簡素にした会計基準を「統一的な基準」とすることにしました（図表4）**（☞第15章Ⅲ1参照）**。

図表4　地方公会計改革の動き

年　月	内　　容	項　　目
1997年度末	三重県「行政システム改革」取りまとめ	発生主義会計の導入
2000年　3月	「地方公共団体の総合的な財政分析に関する調査研究会報告書」	バランスシートの作成手法
2001年　3月	「地方公共団体の総合的な財政分析に関する調査研究会報告書：「行政コスト計算書」と「各地方公共団体全体のバランスシート」」	行政コスト計算書，バランスシート（総務省方式）
2005年12月	「行政改革の重要方針」閣議決定	資産・債務改革への積極的な取組
2006年　5月	「新地方公会計制度研究会報告書」（新地方公会計モデルの提示）	①基準モデル，②総務省改訂モデル
2007年10月	「新地方公会計制度実務研究会報告書」	2009年度までに連結財務書類4表を要請
2014年　4月	「財務書類の作成に関する統一的な基準」	基準モデルを簡素にした「統一的な基準」
2015年　1月	総務大臣通知「統一的な基準による地方公会計の整備促進について」	2017年度末までに統一的な基準による財務書類を作成を要請

（出所）筆者作成

Ⅱ　国の歳入と歳出

1⋯⋯⋯一般会計と特別会計の違い

国の会計は本来一つのものですが，社会経済が複雑化し，国の経済活動である財政の果たす役割が拡大してくると，行政の能力向上を図るとともに，特定の歳入と歳出の関係を明確にして，財政の透明化を図る必要が出てきます。

一般会計は国の一般の歳入・歳出を経理する会計です。一般会計の歳入は所得税や法人税，消費税などの税収と，国有財産の売却や日本銀行からの納付金などのその他収入，そして借金である建設国債（4条国債）・赤字国債（特例国債）を発行して調達する公債金収入から構成されます。

一般会計の歳出は年金・医療・介護などの社会保障関係費，道路整備をはじめとする社会インフラ整備や災害復旧事業のための公共事業関係費，義務教育や研究開発などのための文教および科学振興費，国防のための防衛関係費などの政策的経費のほか，国から地方への財政支援である地方交付税交付金，国債の元利償還に充てる国債費に振り分けられます。

特別会計の根拠法は財政法第13条です。国が特定の事業を行う場合，あるいは特定の資金を保有してその運用を行う場合や特定の歳入をもって特定の歳出に充てて，一般の歳入・歳出と区分して経理する必要がある場合に限って，法律をもって特別会計を設置すると規定しています。一般会計が政策的経費を扱うのに対して，特別会計は事業実施のための経費を経理するなどの性格の違いがあります。国の特別会計は2023年度に13特別会計が設置されています。

2⋯⋯⋯一般会計と特別会計の規模

一般会計と特別会計の規模について，決算ベースでみていきます（図表5）。一般会計の歳出総額は1972年度に11兆9,322億円になり，戦後初めて10兆円を超えました。1983年度に50兆円を超えてその後も増加を続け，2009年度に初めて100兆円を超えました。前年(2008年)9月に発生したリーマン・ショックをきっかけとして相次いで大型の経済対策が策定され，数次の補正

図表5　一般会計・特別会計の歳出総額

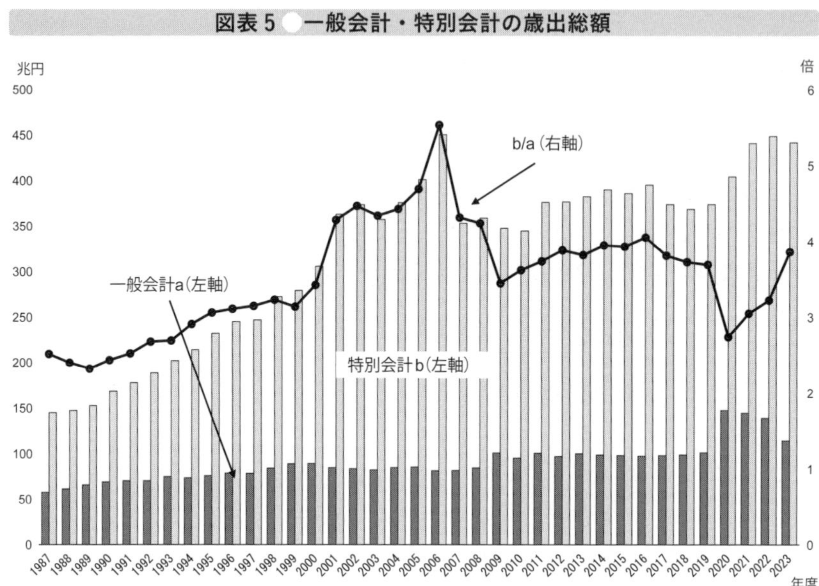

（注）2021年度までは決算，2022年度は第2次補正後予算，2023年度は当初予算。
（出所）「予算書」より作成

予算を編成したために，2009年度一般会計歳出決算額は100兆9,734億円と，前年度決算額よりも16兆2,760億円増と急増しています。

2010年度以降は100兆円程度の規模で推移していましたが，2020年1月に国内で初めての新型コロナ感染症が確認されて以降は，一般会計の規模は大きく膨れ上がっています。

一方，特別会計の歳出総額（各々の特別会計の歳出額の合計）は2006年度の450兆5,795億円をピークにいったんは縮小しました。行政改革の流れの中で2007年4月から特別会計の統廃合などの改革が行われたからです。それでも特別会計の規模は大きく，一般会計の3倍から4倍の規模で推移しています。

3……2021年度決算の概要

2021年度の一般会計歳出決算額は144兆6,495億円です。前年（2020年）に国内で初の新型コロナ感染症が確認され，急速に拡大したことを受けて3

図表 6　2021 年度一般会計決算（歳出）144.6 兆円

（単位：兆円）

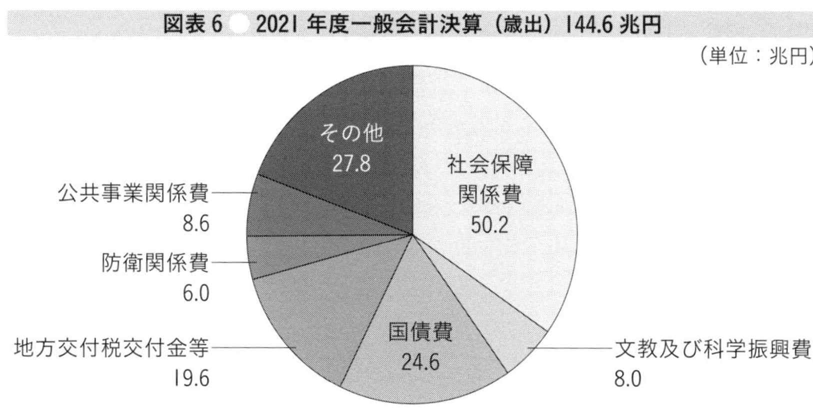

（出所）財務省「令和 3 年度決算の説明」より作成

図表 7　2021 年度一般会計決算（歳入）169.4 兆円

（単位：兆円）

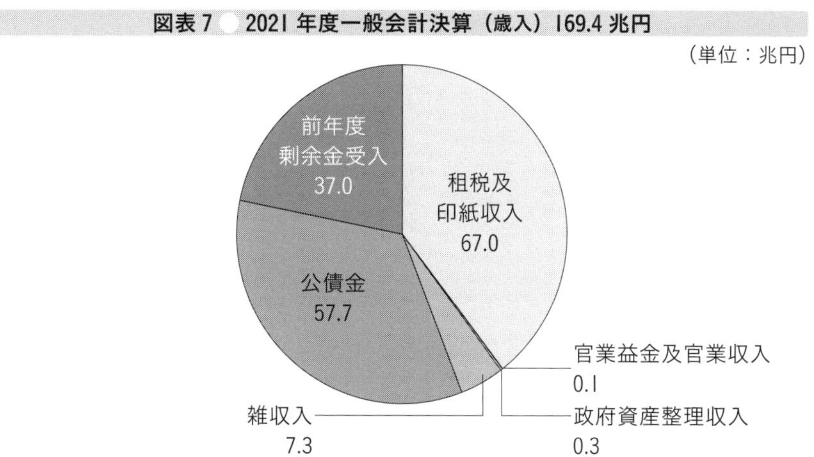

（出所）財務省「令和 3 年度決算の説明」より作成

度にわたる補正予算が編成され，2020 年度決算額が 147 兆 5,974 億円と過去最大となったことから，2021 年度は 2 兆 9,478 億円縮小しています。最大の歳出項目は社会保障関係費であり，全体の 34.7% を占めています。次いで国債費が 17.0% を占めています（図表 6）。

歳入決算額は 169 兆 4,031 億円です。税収が過去最高の 67 兆 379 億円に上る一方で，国債発行による公債金収入も 57 兆 6,550 億円に達していて，借金に依存する財政の姿に変わりはありません（図表 7）。

コラム 13　国の予算を家計に譬えると

2022 年度は新型コロナ感染症対策やロシアによるウクライナ侵攻をきっかけとした物価・ガソリン高騰対策などのために 2 回の補正予算が編成されました。国の 2022 年度一般会計予算は当初の 107.6 兆円から，補正後には 139.2 兆円に拡大しました。歳出は社会保障関係費が 40.9 兆円，文教･科学振興費が 8.8 兆円などです。一方，歳入は税収が 68.4 兆円，国債発行が 62.5 兆円などです。

家計に譬えると，医療費（社会保障関係費）に 147 万円，教育費（文教･科学振興費）に 32 万円，仕送り（地方交付税）に 63 万円，家屋の修繕（公共事業関係費）に 29 万円，使い道を決めていないへそくり（予備費）に 42 万円など計 500 万円を支出するとしても，収入（税収）は 246 万円しかありません。借金（国債）で 224 万円を調達し，前年度に使い残したおカネ（剰余金受入）などで 30 万円を補っているのです。使うおカネの半分を借金に頼っています。

新型コロナ感染症対策などで異常な予算となっていますが，それ以前も毎年のように支出するおカネの 3 割から 4 割を借金で賄ってきました。こうした財政を続けることは限界にきているといえます。

Ⅲ　地方公共団体の歳入と歳出

1……一般会計，特別会計の違い

地方公共団体の会計も国と同様に，一般会計と特別会計に区分されています。**一般会計**は地方公共団体の活動を支える重要な会計で，特別会計以外のすべての一般的な収支を経理しています。一般会計の歳入は地方税，地方交付税，国庫支出金，地方債などを主な財源としています。地方交付税は，地方公共団体間の格差是正と計画的な行政執行を目的として，国から地方公共団体に支出する財政資金です。地方税収が豊かであれば交付を受けない地方公共団体もあります（☞第 12 章Ⅰ 2 参照）。

歳出は，①目的別分類または②性質別分類に整理するのが基本です。①目的別分類は歳出を支出目的にしたがって，議会費，総務費，民生費，衛生費，労働費，農林水産業費，商工費，土木費，消防費，警察費などに分類します。②性質別分類は歳出を経済的性質によって，人件費，物件費，維持補修費，扶助費，補助費等，普通建設事業費，災害復旧事業費，公債費，積立金などに分類します。

特別会計は単一会計主義の例外です。必要とされるものに限るべきであり，みだりに設置することは認められません。そのために地方自治法第 209 条において，次の場合に限って条例をもって特別会計を設置することを認めています。地方公共団体が特定の事業を行う場合，あるいは特定の歳入をもって特定の歳出に充てて，一般の歳入・歳出と区分して経理する必要がある場合です。条例を発案する権限は地方公共団体の首長に専属するもので，特別会計のすべてを一つの条例で規定することもできるし，特別会計ごとに条例を制定することもできます。

必要とされる特別会計は地方公共団体によってさまざまです。たとえば国民健康保険事業会計，介護保険事業会計，母子父子福祉貸付資金会計，港湾整備事業会計，心身障害者扶養年金会計などがあります。

2……普通会計歳出決算額の規模の推移

地方公共団体ごとに設置される特別会計が異なっているために，地方財政の状況を比較し，あるいは財政の実情を統一的に把握するために，決算統計上は一般行政部門である「**普通会計**」と，水道，交通，病院等の企業活動部門である「**公営事業会計**」という区分を用います。普通会計は一般会計と公営事業を除く特別会計を加えたものです (☞**第 12 章 I 参照**)。

地方公共団体の普通会計の歳出決算額の推移を図表 8 にまとめています。戦後の高度経済成長期を経て 1980 年代後半までは，経済成長や物価上昇を背景に地方公共団体の歳出規模は拡大しています。1990 年代になってバブル景気がはじけてから 1995 年度頃までは地方税収などは減少していましたが，国の経済対策などにより歳出の規模そのものは増加を続けていました。その後は横ばいから減少に転じたものの，2008 年 9 月のリーマン・ショック以降は再び増加して近年は 100 兆円程度で推移しています。2020 年度は新型コロナ感染症の拡大によって，歳出規模が 125 兆 4,588 億円と急拡大しています。

図表8　地方（普通会計歳出）と国（一般会計歳出）の決算額の推移

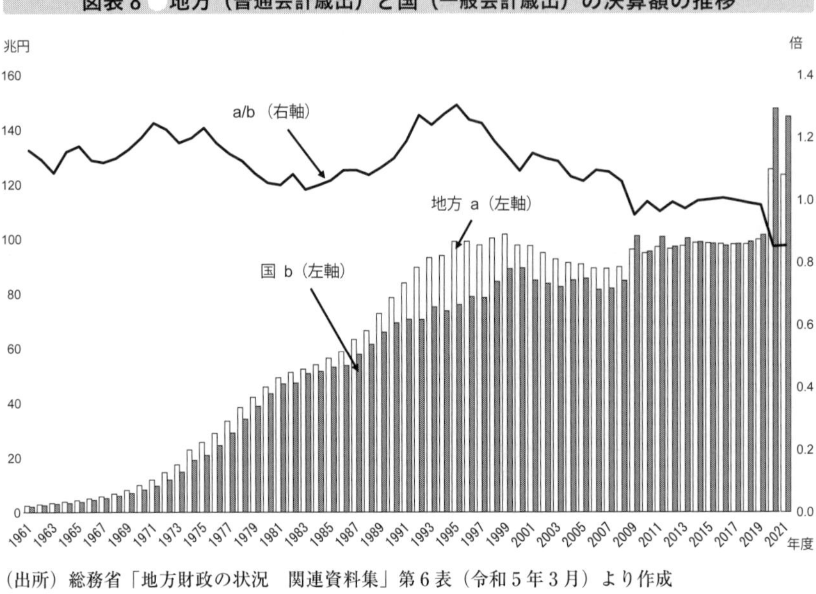

（出所）総務省「地方財政の状況　関連資料集」第6表（令和5年3月）より作成

国の一般会計歳出はバブル崩壊後も拡大を続け，地方よりも遅く減少に転じ，減少幅も地方ほど大きくはありませんでした。従来，地方公共団体の歳出は国の1.1倍程度の規模でしたが，リーマン・ショック以降はほぼ同程度の規模で推移しています。

3……………2021年度決算の概要

2021年度の目的別歳出額は123兆3,677億円で，前年度（2020年度）と比べると1.7％減となっています（図表9）。新型コロナ感染症対策のための事業の増加などにより，前年度から増大しています。総務費は職員給与など地方公共団体の組織運営に要する一般管理費です。すべての国民に対して1人につき10万円を支給した特別定額給付金事業の終了などのために前年度より44.8％減となっています。民生費は福祉サービス等の経費で新型コロナ感染症対策事業費の増加などで9.1％増となっています。衛生費は医療，公衆衛生等の経費として医療提供体制の確保などのために24.7％増，商工費は中小企業の育成等の経費として営業時間短縮の要請に応じた事業者への協力金の給付の増加などから前年度より29.9％増となっています。教育費は前年度

図表 9　目的別歳出純計決算額（2021 年度 123 兆 3,677 億円）

（単位：億円）

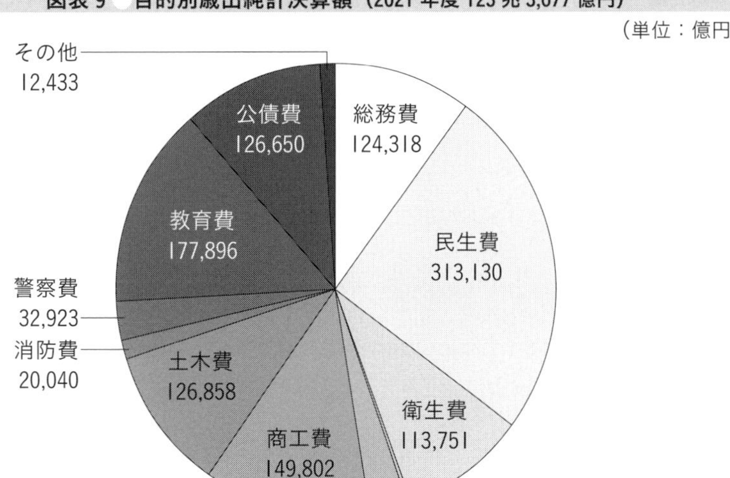

（出所）総務省編「令和 5 年版地方財政白書」第 7 表より作成

図表 10　歳入純計決算額（2021 年度 128 兆 2,911 億円）

（単位：億円）

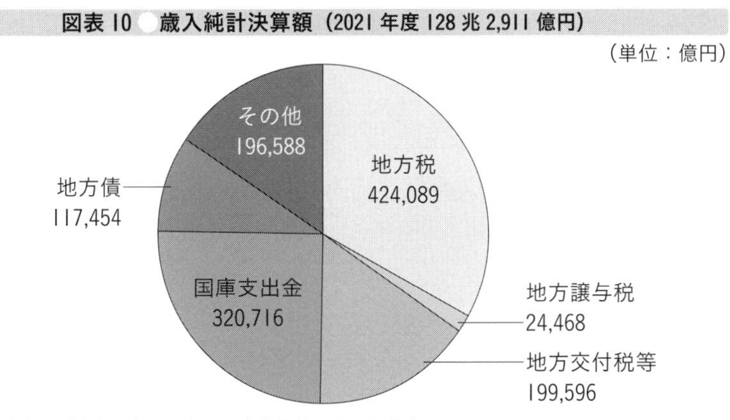

（出所）総務省編「令和 5 年版地方財政白書」第 6 表より作成

に児童生徒向けの 1 人 1 台端末の整備などの GIGA スクール構想[1] が推進されたことなどから 2021 年度は 1.7% 減となっています。

歳入額は 128 兆 2,911 億円で，前年度と比べると 1.4% 減となっています（図表 10）。歳入も新型コロナ感染症の影響を受けています。地方税は法人税の増加などから前年度より 3.9% 増，地方交付税等は国税収入の増加に伴って 15.9% 増，国庫支出金は特別定額給付金給付事業費補助金の減少などにより

14.4% 減，その他は基金からの繰入金の減少などで 2.0% 減となりました。

[注]

1）GIGA スクール構想は，全国の児童・生徒１人１台のコンピューター端末と高速大容量の通信ネットワークを一体的に整備する政府の取組み。

[参考文献]

小西砂千夫（2022）『地方財政学　機能・制度・歴史』有斐閣。
財政制度等審議会「公会計に関する基本的考え方」について（2003 年 6 月 30 日）。
総務省「統一的な基準による地方公会計マニュアル（令和元年 8 月改訂）」。

コラム 14　金利上昇が財政の懸念材料に

日本経済はバブル崩壊から「失われた 30 年」といわれるほどの低迷を続けてきました。多くの景気対策が実施されるとともに，少子高齢化で社会保障のための支出が拡大しましたが，財源の多くは国債の発行（借金）に頼らざるを得ませんでした。国と地方の長期債務残高は 1,200 兆円を超え，GDP の 2 倍以上の規模に膨れています。

日本銀行の金融緩和策によって低金利が続いてきたために，国債の利払費の負担はある程度抑えられています。しかし，欧米諸国の金利が上昇するなかで日本も金利の上昇を容認する方向にあります。財務省は 2023 年度予算の国会審議にあわせて，長期金利が 1% 上昇すれば 2026 年度の国債費（国債の元利償還費）が 3.6 兆円上振れするとの試算をまとめています。その分，社会保障や教育などの支出が圧迫されることになります。

地方公共団体が発行する地方債の金利は国債利回りを基準に，信用力に応じた上乗せ幅（スプレッド）を決めて利率を決定します。2022 年 12 月 2 日に条件を決めた名古屋市や京都市の債券の国債利回りに対するスプレッドは 0.29% と，遡れる 2006 年以降で最大になりました。財政に対する信認が揺らいで国債の金利が上昇すると国の財政が硬直化するだけでなく，地方公共団体の資金調達にも影響が出てきます。

（藤井亮二）

第15章

国や地方公共団体の発生主義会計

民間の非営利組織だけではなく，国や地方公共団体といったパブリックセクターにおいても発生主義会計を採り入れる動きが進んでいます。国や地方公共団体は民間の非営利組織へ事業を委託したり，補助金を交付したりする重要な資源提供者となっています。

本章では国の財務書類，続いて地方公共団体の財務書類をみていきます。

キーワード　国の財務書類　省庁別財務書類　発生主義　固定資産台帳　一般会計　特別会計　純資産比率

I　国や地方公共団体における財務書類の作成

国の役割は警察・消防から教育，福祉，産業振興に至るまで多様であり，多くの組織があります。もっとも，これまで歳入歳出という言葉に代表されるように，主として資金の出入りに注目されてきました（☞第14章I参照）。とりわけ予算は重要で，議会で審議されて決定されるもので，予算が成立するとテレビニュースなどでも必ず報道されます。

このように予算や資金の出入りが重視される一方で，皆さんがこれまで勉強してきた発生主義会計に基づく貸借対照表等の情報は2000年代に入るまで，ごく限定的にしか公開されてきませんでした。世界に目を転じると，やはり日本と同じくかつては資金の出入りに着目した会計を行っている国や地方がほとんどだったのですが，従来の現金の出入りに着目した予算や決算制度は維持しながらも，併せて徐々に企業会計に準じた会計（発生主義会計）

で貸借対照表等を作成する政府がニュージーランド・オーストラリア等を筆頭に登場し，その後英国や米国等の多くの国々で公表されるようになってきました。

日本においても，2000年代になって国や地方公共団体で発生主義会計情報を作成・開示する動きが広がってきました。この流れについては第14章で説明したとおりですが，本章ではこの発生主義会計に基づく財務諸表を実際にみていきます。

国と地方公共団体は役割も行う事業の内容も異なっています。そして，国と地方公共団体とは別の会計基準が設定されています。本章ではまず日本の国の財務書類について述べ，引き続いて地方公共団体の会計について説明していきます。

Ⅱ　国の財務書類

1……国の財務書類とは？

国の財務書類は，国全体の資産や負債などのストックの状況，費用や財源などのフローの状況といった財務状況を一覧でわかりやすく開示する観点から企業会計の考え方及び手法（発生主義，複式簿記）を参考として，平成15(2003)年度決算分より作成・公表しているものです。

国においては，財務省・経済産業省・厚生労働省・国土交通省・文部科学省など多くの省庁があり，それぞれが目的に沿って各種の政策を打ち出し，各種の事業を行っています。また，各省庁のなかにも一般会計だけではなく所管する各種の特別会計があります。そこで，国全体の財務書類がいきなり作成されるわけではなく，まずは省庁ごとに財務書類が作成されることになります。その後，各省庁の財務書類が合算されて国全体の財務書類が作成・開示されます。さらに，国には出資している独立行政法人等もあるので，これらを連結した書類も作成されます。これらの関係を図示したものが，財務省が作成する国の財務書類のなかで説明されています。

国の財務書類は，次から構成されます。

　貸借対照表
　業務費用計算書

図表 1　国の財務書類・省庁別財務書類・特別会計財務書類の体系

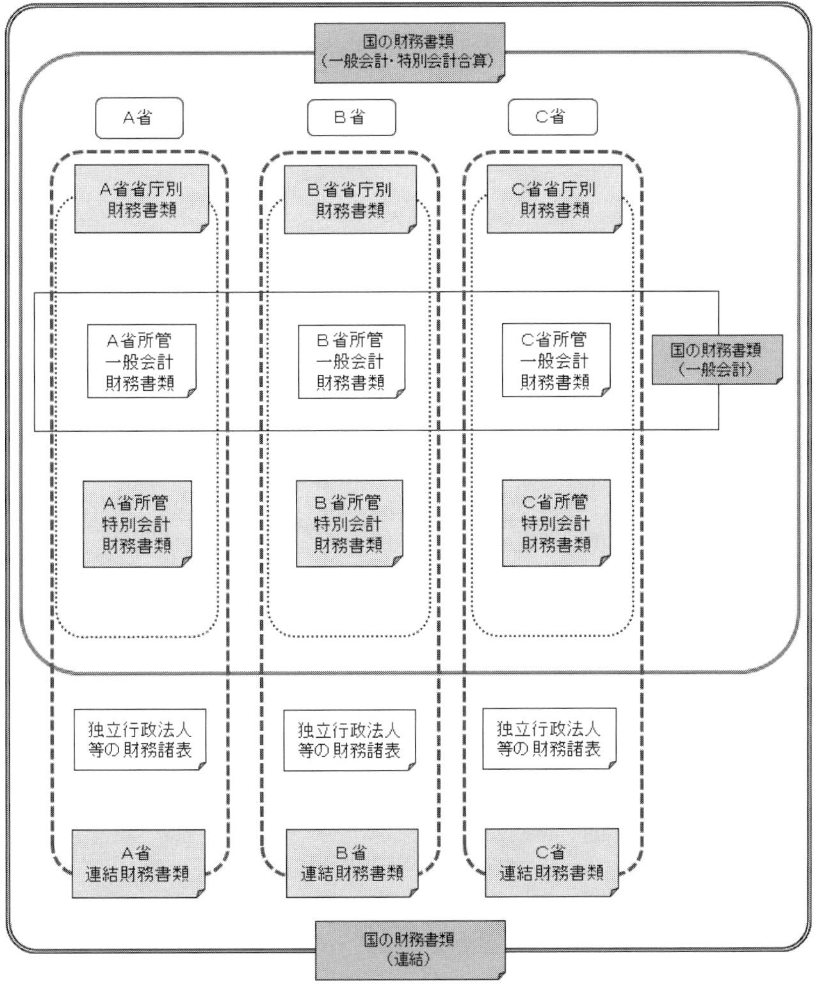

(出典) 財務省 web サイト (https://www.mof.go.jp/policy/budget/report/public_finance_fact_sheet/index.htm) より引用

資産・負債差額増減計算書

区分別収支計算書

貸借対照表は，資産・負債および資産・負債差額（他の会計では純資産や正味財産と呼ばれることが多いですが，国ではこのような呼び方をします）を表示します。業務費用計算書は，国の事業の運営に際して発生した費用を一覧にしたものです。収入は（一部を除き）業務費用計算書には計上されず，業務費用計算書はその名のとおり費用を一覧にしたものです。税収をはじめとする国の収入のほとんどは，資産・負債差額増減計算書において「財源」として表示されます。資産・負債差額増減計算書は，一期間における資産・負債差額の増減要因を示したものです。区分別収支計算書は，従来からある歳入歳出決算をベースに，表示を組み替えて作成したものです。

2……国の財務書類を見てみる

ここでは，国の財務書類についてみていきます。ここでは，区分別収支計算書を除く３表の令和３年度の要約版（一般会計・特別会計）を示します。

国の貸借対照表を見ると，資産から負債を差し引いた金額を示す資産・負債差額がマイナス（つまり，負債の方が資産よりも多い）となっており，その差額は年々拡大しています。令和３年度末においては，資産が約 724 兆に対して負債が約 1,411 兆となっており，約 687 兆のマイナスです。

負債が大きいことは，毎年度収入と比較して費用が大きく，不足分を国債等で賄っており，負債が累積していることを示しています。これは，資産・負債差額増減計算書を見るとよくわかります。令和３年度においては，業務費用は約 180 兆となっているのに対してその原資である財源は約 139 兆円となっています。業務費用計算書も見てみると，業務費用は令和２年度の約 190 兆円から減少しているように見えますが，これは令和２年度において新型コロナ感染症関連に多額の国費が投入され，大幅に費用が増大したことの反動です。毎年，費用が収入に比してかなり大きくなり国債等の発行を続けている結果，資産・負債差額のマイナス幅が年々拡大しています。

国の資産は莫大な金額にのぼりますが，貸借対照表の資産の内訳をよく見ると，国では有形固定資産，有価証券，貸付金等を多く有しています。負債の大部分は国債となっています。

業務費用計算書では，補助金・交付金や社会保障給付費が大きくなっていることがわかります。新型コロナ感染症関連をはじめとする補助金・交付金が増えているほか，高齢化社会の進展等に伴って社会保障費の総額は年々増加しています。

国の財務書類は，単位が「兆円」で書かれており，その金額は莫大であるため国民１人当たりに計算しなおして財務書類を見てみる方法もあります（☞

図表 2　令和 3 年度　国の財務書類の概要

貸借対照表

（単位：兆円）

	2年度末	3年度末	増▲減		2年度末	3年度末	増▲減
〈資産の部〉				**〈負債の部〉**			
現金・預金	69.5	48.3	▲ 21.2	未払金等	12.1	12.1	▲ 0.1
有価証券	119.7	123.5	3.8	政府短期証券	92.8	88.3	▲ 4.5
たな卸資産	4.1	4.2	0.1	公債	1,083.9	1,114.0	30.0
未収金等	12.7	11.6	▲ 1.1	借入金	32.9	33.6	0.7
前払費用	3.7	3.3	▲ 0.4	預託金	7.1	10.4	3.4
貸付金	120.1	123.2	3.1	責任準備金	9.5	9.3	▲ 0.2
運用寄託金	112.6	113.7	1.2	公的年金預り金	121.8	122.3	0.5
その他の債権等	5.2	10.7	5.5	退職給付引当金等	6.1	5.8	▲ 0.2
貸倒引当金	▲ 1.6	▲ 1.5	0.1	その他の負債	9.8	15.2	5.4
有形固定資産	191.3	193.4	2.1				
無形固定資産	0.4	0.4	0.0				
出資金	83.4	93.3	9.9	**負債合計**	1,376.0	1,411.0	35.0
				〈資産・負債差額の部〉			
				資産・負債差額	▲ 655.2	▲ 687.0	▲ 31.9
資産合計	720.8	723.9	3.2	負債及び資産・負債差額合計	720.8	723.9	3.2

業務費用計算書

（単位：兆円）

	2年度	3年度	増▲減
人件費	5.1	5.2	0.1
社会保障給付費	54.6	53.9	▲ 0.7
補助金・交付金等（注1）（注2）	85.3	78.5	▲ 6.8
持続化給付金等	7.2	1.1	▲ 6.1
地方交付税交付金等	19.4	22.4	3.0
減価償却費	5.1	5.4	0.3
支払利息	6.4	6.3	▲ 0.2
その他の業務費用	7.5	7.3	▲ 0.3
業務費用合計	190.7	180.1	▲ 10.6

資産・負債差額増減計算書

（単位：兆円）

		2年度	3年度	増▲減
前年度末資産・負債差額		▲ 591.8	▲ 655.2	▲ 63.4
本年度業務費用合計		190.7	180.1	▲ 10.6
	租税等収入	64.9	71.9	6.9
	社会保険料	55.2	56.3	1.1
	その他	11.6	11.2	▲ 0.4
財源合計		131.7	139.3	7.7
超過費用（財源－業務費用）		▲ 59.1	▲ 40.8	18.3
上記以外	資産評価差額	▲ 1.5	▲ 4.3	▲ 2.8
上記以外	為替換算差額	▲ 4.2	12.5	16.6
上記以外	公的年金預り金の変動に伴う増減	▲ 0.6	▲ 0.5	0.1
上記以外	その他資産・負債差額の増減	2.0	1.3	▲ 0.8
本年度末資産・負債差額		▲ 655.2	▲ 687.0	▲ 31.9

（注１）補助金・交付金等には、地方公共団体や独立行政法人などへの委託費等、運営費交付金などが含まれています。
（注２）補助金・交付金等には、社会保障関係経費が51.4兆円（前年度は45.0兆円）含まれています。

（出典）財務諸表ホームページ　令和３年度　国の財務書類のポイント　より
https://www.mof.go.jp/policy/budget/report/public_finance_fact_sheet/fy2021/point.renketu.pdf

第 14 章コラム 12 参照)。また，国はさまざまなことを行っており，国の財務書類はそれらをすべて合算したものとなっています。それぞれの事業について見ていくには，各省庁ごと，また特定の事業を行っている特別会計の財務書類を参照することも有効です。たとえば，年金についてみてみたいといった場合には，年金特別会計の財務書類を参照してみるという感じです。

このような国の財務書類を作成，開示されおよそ 20 年が経ちますが，国民の関心がそれほど高まっていないというのも現状です。また，現在は国の財務書類公表が，年度終了の３月末から１年近く経った翌年の１月に公表されることになります。これは，各省庁別の財務書類があり，特別会計があり，連結があり，ということでこれらを合算し，国の内部で行われる取引を相殺消去して作成される国の財務書類にはどうしても作成に日数がかかるということがあります。また，国の会計は予算・決算を軸とした資金の収支がメインであり，日々取引が行われるごとに仕訳をしている（「日々仕訳」）わけではないため，仕訳を通じてこれらの財務書類が誘導的に作成されていないこともう一つの要因です。期末において，財務書類の作成のためにさまざまな手続が必要となり，それに時間がかかることもあげられます。このため，利用者の立場からはタイムリーな情報が手に入れることができない欠点もあります。また，作成者である各省庁においてもせっかく作成した財務書類を，業務の理解や改善などに活用しにくいこともあります。

日本では，国から地方への交付金が大きく，国と地方とは財政的にも密接に結びついています。そして，皆さんの身近なさまざまな行政サービスの提供主体は，国よりも地方公共団体になります。そこで，次に地方公共団体の公会計についてみていきましょう。

Ⅲ　新地方公会計制度に基づく地方公共団体の公会計

1……地方公共団体における発生主義会計

地方公共団体の会計においても，2000 年代に入ってから発生主義会計に基づく財務書類が，東京都等の地方公共団体を先頭に，徐々に採り入れられるようになってきました。その後，総務省が一定規模以上の地方公共団体に対して財務書類の作成および開示を求めるようになりましたが，しばらくの間は総務省が示すものだけでも複数の会計の方法が併存していたため，団体ごとに開示の方法が異なり，比較が難しいなどの問題点がありました。2015年には，総務省が統一的な基準を示し，多くの団体が総務省の統一的な基準をベースに財務書類を作成・開示するようになり，現在に至っています（☞**第14章I参照**）。また，固定資産台帳の整備といって，地方公共団体が保有する固定資産について資産金額をしっかり把握し，減価償却費などの計算が適切にできるような台帳の整備も求められています。

地方公共団体においても，国と同じく一般会計のほかに特別会計を有しています。また，地方公共団体が出資している企業などの法人もあります。そのため一般会計（団体ごとに一般会計の内容が範囲が異なっていることもあり，「普通会計等」という用語を使用することもあります），全体（特別会計や公営企業等の合算），連結（地方が出資している法人等も含める）という財務書類が開示されます。

地方公共団体における財務書類の体系は次のとおりです。

・貸借対照表
・行政コスト計算書
・純資産変動計算書
・資金収支計算書

国とは，貸借対照表以外は呼称が異なっています。

貸借対照表では，地方公共団体の資産・負債・純資産を示した表です。資産では，とりわけ「インフラ資産」と呼ばれる資産の金額が大きくなっています。行政コスト計算書は，一会計期間に行政サービスを供するために要した費用とそれを賄うための財源である収入および収支の差額を表示した計算書で，現金支出を伴わない減価償却費や各種引当金の繰入といった費用も計上されています。注意すべきは収入ですが，行政コスト計算書に計上される収入は各種の手数料，使用料で対価として受領したものが主であり，税金の収入は原則として行政コスト計算書には計上されません。純資産変動計算書は，資産と負債の差額である純資産が，一期間（期首と期末）でどのような原因で，どれだけ変動したかを示す計算書です。一般の税収は，純資産変動計算書における財源（純資産のプラス要因）として計上されます。資金収支計算書は，一期間における資金の動きを示す計算書です。

2……地方公共団体の財務書類の実例

ここでは，代表的な事例として神奈川県横浜市の令和３年度貸借対照表・行政コスト計算書・資金収支計算書・純資産変動計算書（一般会計）を示します。

地方公共団体の財務書類を見ていくうえでのポイントとしては，次のような点があげられます。地方公共団体の人口規模はさまざまであり，他団体との比較や住民の負担を考える際には，「住民１人当たり」にして考えるとよいです。地方公共団体には都道府県と市町村のように役割の異なる団体があり，都道府県と市町村とを単純比較できないことにも注意が必要です。

資産の状況　住民１人当たり資産額

なお，資産額が多ければ多いほどよいというわけではありません。地方公共団体の保有する資産の多くは将来にわたって維持が求められるインフラ資産で維持費がかかりますし，またインフラ資産以外の資産でも売却して換金できる資産は限られています。

資産と負債の比率　純資産比率

これまでの世代と将来の世代がどれだけ負担してきたかを示す比率です。負債は現世代から将来世代へのツケ，純資産は現世代から将来世代への贈り物とみることもできます。一般には純資産比率は高い方が望ましいとされています。横浜市の場合70%弱となっています。一般会計，全体，連結などによっても異なってきます。経年で比較したり，他の市と比較することも重要です。都道府県では，市町村より純資産比率が低い傾向にあります。

負債の状況　住民１人当たり負債額

一般には少ない方がよいとされているものの，経年推移や他の団体との比較も重要です。

行政コストの状況　住民１人当たり行政コスト

行政コストが低いのは，一般に望ましいことといえますが，人口や面積，高齢化率や気候といった地域性に応じ避けられないコストも多く発生します。また住民に手厚いサービスを行えば，その分行政コストは増加します。そこで，単に低いほどよいというのではなく，行政コストの内訳をより詳細に分析したり，市全体だけではなく特定の事業の行政コストを把握していくことが重要になります。

図表 3　令和 3 年度　横浜市の貸借対照表（一般会計）

（単位：百万円）

科　目	金　額	科　目	金　額
【資産の部】		【負債の部】	
固定資産	9,515,502	固定負債	2,728,904
有形固定資産	8,870,037	地方債	2,444,780
事業用資産	2,628,834	長期未払金	61,995
土地	1,619,458	退職手当引当金	207,321
立木竹	-	損失補償等引当金	10,655
建物	2,199,387	その他	4,152
建物減価償却累計額	△ 1,306,512	流動負債	211,666
工作物	227,031	1年内償還予定地方債	162,350
工作物減価償却累計額	△ 152,999	未払金	14,752
船舶	3,132	未払費用	-
船舶減価償却累計額	△ 2,222	前受金	67
浮標等	1,196	前受収益	-
浮標等減価償却累計額	△ 987	賞与等引当金	26,994
航空機	3,559	預り金	6,153
航空機減価償却累計額	△ 3,559	その他	1,349
その他	3,284	負債合計	2,940,569
その他減価償却累計額	△ 630	【純資産の部】	
建設仮勘定	38,695	固定資産等形成分	9,548,738
インフラ資産	6,223,451	余剰分（不足分）	△ 2,909,478
土地	5,076,570		
建物	173,265		
建物減価償却累計額	△ 85,951		
工作物	1,888,920		
工作物減価償却累計額	△ 1,021,898		
その他	860		
その他減価償却累計額	△ 429		
建設仮勘定	192,115		
物品	49,105		
物品減価償却累計額	△ 31,354		
無形固定資産	14,540		
ソフトウェア	6,634		
その他	7,906		
投資その他の資産	630,926		
投資及び出資金	704,197		
有価証券	-		
出資金	198,206		
その他	505,991		
投資損失引当金	△ 164,644		
長期延滞債権	9,336		
長期貸付金	67,150		
基金	15,287		
減債基金	-		
その他	15,287		
その他	593		
徴収不能引当金	△ 994		
流動資産	64,328		
現金預金	27,307		
未収金	4,007		
短期貸付金	1,917		
基金	31,319		
財政調整基金	31,319		
減債基金	-		
棚卸資産	-		
その他	-		
徴収不能引当金	△ 222	純資産合計	6,639,261
資産合計	9,579,830	負債及び純資産合計	9,579,830

（出典）横浜市ホームページ　横浜市の財務書類より
https://www.city.yokohama.lg.jp/city-info/zaisei/jokyo/zaisejokyo/zaimusyorui.html

図表4　令和3年度　横浜市の資金収支計算書（一般会計）

（単位：百万円）

科　目	金　額
【業務活動収支】	
業務支出	1,672,913
業務費用支出	673,671
人件費支出	365,808
物件費等支出	276,212
支払利息支出	23,620
その他の支出	8,031
移転費用支出	999,242
補助金等支出	279,082
社会保障給付支出	516,114
他会計への繰出支出	203,705
その他の支出	340
業務収入	1,682,369
税収等収入	1,058,429
国県等補助金収入	549,683
使用料及び手数料収入	46,473
その他の収入	27,784
臨時支出	−
災害復旧事業費支出	−
その他の支出	−
臨時収入	−
業務活動収支	9,456
【投資活動収支】	
投資活動支出	373,685
公共施設等整備費支出	148,904
基金積立金支出	26,230
投資及び出資金支出	4,474
貸付金支出	1,500
その他の支出	192,578
投資活動収入	310,396
国県等補助金収入	24,319
基金取崩収入	5,792
貸付金元金回収収入	34,243
資産売却収入	53,464
その他の収入	192,578
投資活動収支	△ 63,289
【財務活動収支】	
財務活動支出	90,353
地方債償還支出	89,372
その他の支出	981
財務活動収入	149,409
地方債発行収入	149,409
その他の収入	−
財務活動収支	59,056
本年度資金収支額	5,223
前年度末資金残高	15,930
本年度末資金残高	21,154

前年度末歳計外現金残高	4,545
本年度歳計外現金増減額	1,608
本年度末歳計外現金残高	6,153
本年度末現金預金残高	27,307

（出典）横浜市ホームページ　横浜市の財務書類より
https://www.city.yokohama.lg.jp/city-info/zaisei/jokyo/zaisejokyo/zaimusyorui.html

図表 5　令和 3 年度　横浜市の行政コスト計算書（一般会計）

（単位：百万円）

科　　目	金　　額
経常費用	1,773,926
業務費用	774,684
人件費	367,721
職員給与費	293,530
賞与等引当金繰入額	26,994
退職手当引当金繰入額	23,810
その他	23,386
物件費等	373,833
物件費	262,862
維持補修費	13,349
減価償却費	97,621
その他	－
その他の業務費用	33,131
支払利息	23,620
徴収不能引当金繰入額	954
その他	8,557
移転費用	999,242
補助金等	279,082
社会保障給付	516,114
他会計への繰出金	203,705
その他	340
経常収益	74,531
使用料及び手数料	46,453
その他	28,077
純経常行政コスト	1,699,396
臨時損失	11,906
災害復旧事業費	－
資産除売却損	1,017
投資損失引当金繰入額	10,888
損失補償等引当金繰入額	－
その他	1
臨時利益	31,069
資産売却益	1,638
その他	29,431
純行政コスト	1,680,232

（出典）横浜市ホームページ　横浜市の財務書類より
https://www.city.yokohama.lg.jp/city-info/zaisei/jokyo/zaisejokyo/zaimusyorui.html

地方公共団体の財務書類を分析するうえでは，以上に示したほかにも多くの比率がありますが，そのなかでも純資産比率は，将来世代と現世代との負担の比率を示すもので，とりわけ重要な比率となっています。国とは異なり，多くの地方公共団体ではこの純資産比率はプラスとなっています。これは，地方公共団体は国とは異なり自由な借金が許されていないこと，財政的に裕福でない自治体ほど国からの交付金が多く，地方公共団体間での財政力の格差が国からの交付金により是正されていることもあげられます。もっとも，詳しく見てみると地方公共団体ごとの財政状態等には大きな差異が出ています。

図表6　令和3年度　横浜市の純資産変動計算書（一般会計）

（単位：百万円）

科　目	合　計	固定資産等形成分	余剰分（不足分）
前年度末純資産残高	136,440	136,487	△ 47
純行政コスト（△）	△ 323,147		△ 323,147
財源	361,234		361,234
税収等	361,234		361,234
国県等補助金	–		–
本年度差額	38,087		38,087
固定資産等の変動（内部変動）		38,092	△ 38,092
有形固定資産等の増加		–	–
有形固定資産等の減少		△ 1	1
貸付金・基金等の増加		164,345	△ 164,345
貸付金・基金等の減少		△ 126,252	126,252
資産評価差額	–	–	
無償所管換等	–	–	
その他	–	–	–
本年度純資産変動額	38,087	38,092	△ 5
本年度末純資産残高	174,527	174,579	△ 52

（出典）横浜市ホームページ　横浜市の財務書類より
https://www.city.yokohama.lg.jp/city-info/zaisei/jokyo/zaisejokyo/zaimusyorui.html

純資産変動計算書を見ると，国とは違い，横浜市では財源と費用とがほぼ拮抗していることが見て取れます。

皆さんもぜひ，自分の住んでいる自治体など身近な自治体を分析してみてはいかがでしょうか？

［もっと深く学びたい人へのお勧め文献・Web情報］

財務省　国の財務書類
　https://www.mof.go.jp/policy/budget/report/public_finance_fact_sheet/index.htm
　※国の財務書類の全部を閲覧できるほか，要約版や解説なども豊富です。

総務省　地方公会計の整備　https://www.soumu.go.jp/iken/kokaikei/index.html
※総務省における地方公共団体の会計への取り組みを時系列で確認できるほか，各都道府県や市町村の財務情報へのリンクがあり，各地方公共団体のホームページを辿らなくても，さまざまな情報へアクセスできます。
国や地方公共団体は基本的に情報をすべて無料で公開しているため，webから多くの情報を入手することができます。

梶川融編著（2021）『監査領域の拡大を巡る問題』同文舘出版
ここまでの各章を学習してきた皆さんには，非営利組織や政府の会計だけではなくその適正性を促進する監査にも目を向けてみてはいかがでしょうか。本書は日本だけではなく海外の監査も含めて詳しく説明されている一冊です。

国際的なパブリックセクターの会計 IPSAS と海外の動向

本文中で，国の会計の制度や方法は国ごとにさまざまであることを説明しました。しかし，企業における国際会計基準と同じように，国を超えて共通の枠組みを作成する試みが続けられてきました。現在では，国際会計士連盟（IFAC）のもとで，国際公会計基準（IPSAS）の策定が進められています。IPSAS は、基本的に発生主義会計の採用を前提としています。また、IFRS の基準構成や用語を、パブリックセクターに特有の考慮すべき事項がない限りは踏襲することになります。そうはいっても、パブリックセクターには営利企業とはその目的、制度などで大きく異なる点があることから、それらの点を中心に検討が進められています。各国ごとの制度の違い等もあり，IPSAS の実際の適用は一部の国の政府や国際機関に限られてはいますが，徐々に適用が進んでおり，IPSAS の策定・改訂作業も着実に進められています。日本では直ちに IPSAS を適用する予定はありませんが，IPSAS の動きとまったく無縁というわけにはいられないでしょう。

なお、米国は現在のところ独自の政府会計基準を策定しています。たとえば、州や地方政府の会計基準は GASB（Governmental Accounting Standards Board; 政府会計基準審議会）が策定しています。米国では１９８０年代に複数の自治体が債務を返済できなくなる，いわゆるデフォルト状況に陥ったり、現在でも自治体の破綻などがたびたび生じています。このような状況を踏まえ，住民や債券の投資家の州や自治体に対する財務情報のニーズが大きいのです。

（金子良太）

第16章

起業のために

本書では，寄付を考えている皆さんを念頭に，非営利法人の概要や法人別の会計情報の違い，あるいは税制や海外の動向などを紹介してきました。本書を手に取った皆さんが非営利組織に積極的にかかわってくれることを期待して編集しています。

ここまで読み進めて『自分にも何かできそう』と思った方はいませんか？

キーワード 寄付文化　企業の社会的側面　社会貢献　法人形態　継続性

I 日本に寄付文化は根付いた？

米国の資産家が自らの財産を既存の慈善事業に寄付をする，あるいは私的な財産を拠出して寄付財団を設立したということが日本でも話題になることがあります。1回の拠出額が数千億円になることもあります。私たちはそのような大金を寄付するということはありませんが，金額にかかわらず寄付をするという行為は一緒です。

ところで，ここ数年，寄付の動機に変化が起きています。それはふるさと納税制度による寄付行動の変化です。ふるさと納税についてはすでに取り上げていますが (☞第12章ⅡⅢ参照)，ふるさと納税は，寄付文化に乏しいといわれていた日本の寄付のあり方を変えています。

また寄附税制も寄付文化の醸成に貢献しています。これも本書で説明していますが (☞第10章参照)，個人が一定の要件を満たす法人（認定NPO法人，一定の証明を受けた特定公益増進法人）に寄付すると，所得控除あるいは税額控除を受けられますので，寄付への動機が高まります。

『寄付白書 2021』によれば，東日本大震災が発生した 2011 年に，寄付額は 1 兆円を超えました。その後，2012 年には 6,931 億円，2014 年 7,409 億円，2016 年 7,756 億円とやや減ったものの，コロナ禍に突入した 2020 年には 1 兆 2,126 億円と増加しました。『寄付白書 2021』では，寄付実施人数は 15 歳以上人口の 44.1%，4,352 万人と推計されています。「寄付文化がない」といわれてきた日本で少しずつでも寄付額が増加しており，しかも 15 歳以上人口の 44.1% が寄付を行っているという推計を見れば，米国の個人寄付額（日本円換算で 34 兆 5,948 億円）には遠く及びませんが，寄付文化がないわけではない，むしろ根付いてきていると考えることができそうです。

Ⅱ　似て非なる決算書

本書で取り上げたように，公表される会計情報は法人制度によって大きく異なります。たとえば，会社法に定められている株式会社の決算書は，貸借対照表，損益計算書，株主資本等変動計算書などがあります。また金融商品取引法では，上場会社に，上記以外にキャッシュ・フロー計算書の作成・公表も求めています。本書で紹介してきた法人でも貸借対照表は共通して作成しなければなりません。

他方，株式会社で作成する損益計算書に相当する決算書は，たとえば，公益法人では正味財産増減計算書，学校法人では事業活動収支計算書，社会福祉法人では事業活動計算書，NPO 法人では活動計算書などです（☞**第 1 章図表 4 参照**）。

ここで注意すべきことは，貸借対照表にせよ損益計算書にせよ，「名称が同じだから内容も一緒」あるいは「名称が異なっているだけで企業会計の損益計算書と一緒」と早合点してはいけないということです。あくまで企業会計になぞらえれば，名称や役割において株式会社の貸借対照表・損益計算書に相当するということであり，いずれもその法人制度の制度設計に合わせて，決算書の内容は異なっています。長年，会社において経理業務をしていた方が，その知識を生かして NPO 法人の会計支援を行うことがあります。このとき，NPO 法人の決算書も株式会社と一緒だと思い込んでしまい，企業会計方式で決算書を作成してしまうことがあります。第9章（NPO法人）のなかで触れましたように，NPO法では準拠すべき会計基準は示されていませんので，企業会計方式で決算書を作成しても問題ないように感じるかもしれません。

しかし，企業会計は，資産・負債，その差額としての純資産（中核は株主資本）を使って財産の有高を表示する貸借対照表や，適正な期間損益計算を行うために，収益と費用，その差額としての利益を算定表示する損益計算書を作成します。本書で紹介した非営利法人会計制度では，まず，貸借対照表では資本金という概念が使われていません。それは資本金という概念が各法人制度になじまないからです。次に非営利法人では損益計算書という言葉自体が使われません。これも非営利組織にとって損失や利益という考え方がなじまないからです[1)]。

このように，一言で決算書といっても法人ごとに特徴があり，まずその特徴を理解することが重要です。

Ⅲ　お金儲けだけが目的ではありません

本書は，一般の皆さんが寄付をする際の「目の付けどころ」の一つとして，会計情報や税制を中心に解説しました。つまり寄付をする立場の方々への視点でした。この章では，寄付を受ける立場（集めた資金を使う立場）からの視点を中心に話を進めます。その話をする前に，株式会社を中心とする営利法人の社会的側面について紹介します。

営利法人は自己の利益の最大化だけを考えて事業を遂行しているわけではありません。とくに現代社会においては，CSR（企業の社会的責任）やSDGs（持続可能な発展のための目標）を視野に入れて事業を遂行しなければならなくなっています。つまり経済（財務的側面）と環境・社会（非財務的側面）とを同時に視野に入れて事業を遂行することが求められています。上場企業のWebサイトを閲覧すれば，投資家情報（IR情報）のページには有価証券報告書とともに統合報告書が掲載されていますし，「サスティナビリティ」などの名のもと，ESG（環境・社会・企業統治）などの情報もかなりの分量で掲載されています。このことは，営利法人もまた，利益の追求と同時に，地域や社会の問題解決に取り組み，保有するお金を社会貢献活動に利用していることを示しています。

ところで，第1章において，公益サービスを提供する組織の名称としてソーシャル・エンタープライズについて触れました（☞**第1章Ⅱ 2参照**）。ソーシャル・エンタープライズは，非営利組織から営利組織まで幅広い法人形態を包含する組織の総称で，公益サービスを提供する組織を指します。

一方，ソーシャル・エンタープライズに似た用語として**ソーシャル・ビジネス**があります。ソーシャル・ビジネスは，公益サービスの提供という意味合いよりは，社会や地域の課題解決のための事業を指す言葉として使われます。特徴は，**社会課題・地域課題解決**のための事業を遂行するためにビジネスの観点を採り入れている点です。ここでビジネスの観点とは，その事業の商品やサービスに市場性があり，収益が得られる事業であるといえます。

経済産業省の研究会では，ソーシャル・ビジネスに関して，社会性・事業性・革新性という3要件を示しました（研究会報告書 2008)。ここで，社会性は解決が求められる社会的課題に取り組むことを事業のミッションとすること，事業性は社会性にいうミッションをビジネスの形にあらわし，継続的に事業を進めていくこと，そして革新性は，新しい社会的商品・サービスや，それを提供するためのしくみを開発したり活用したりし，その活動が社会に広がることを通して，新しい社会的価値を創出することと説明しました[2)]。新しい社会的価値を創出することはなかなか難しいですが，事業が社会性を持ち，そして継続して遂行できるかどうかは事業開始にあたって重要なポイントになります。いいかえれば，ソーシャル・ビジネスにおいても，継続した事業のためにいかに収益を獲得するかが重要であるということです。

Ⅳ　非営利法人，どれを選ぶ？

本書で紹介したように，非営利法人にはさまざまな形態があります。

社会貢献事業を行うためには，まず本人の強い情熱（パッション）が必要です。そして法人設立のためには，何を理念（ミッション）にするのかを定めなければなりません。そのうえで，組織の目的を達成するためにどのような活動（アクション）をするのかを定めなければなりません。決して「はじめに法人格取得ありき」ではないことに留意しなければなりません。

さて，理念遂行のために支援者を集めること，そのための広報活動が重要

図表1　法人形態と設立要件

<table>
<tr><th rowspan="3"></th><th rowspan="3">株式会社</th><th colspan="2">公益法人</th><th rowspan="3">NPO 法人</th><th rowspan="3">労働者協同組合</th></tr>
<tr><th>一般社団法人</th><th>一般財団法人</th></tr>
<tr><th colspan="2">非営利型の場合</th></tr>
<tr><td>事業</td><td>営利</td><td>非営利</td><td>非営利</td><td>非営利</td><td>非営利</td></tr>
<tr><td>設立形式</td><td>準則主義</td><td>準則主義</td><td>準則主義</td><td>認証主義</td><td>準則主義</td></tr>
<tr><td>根本原則の定め</td><td>定款</td><td>定款</td><td>定款</td><td>定款</td><td>定款</td></tr>
<tr><td>設立時資金</td><td>1 円以上</td><td>不要</td><td>300 万円以上</td><td>不要</td><td>必要</td></tr>
<tr><td>出資者（発起人）</td><td>1 名以上</td><td>1 名以上</td><td>1 名以上</td><td>1 名以上</td><td>3 名以上</td></tr>
<tr><td>社員・役員</td><td>1 名以上</td><td>社員 2 名以上</td><td>理事 3 名
評議員 3 名
監事 1 名の
7 名</td><td>社員 10 名以上</td><td>3 名以上</td></tr>
<tr><td>法定設立費用</td><td>定款認証手数料
登録免許税</td><td colspan="2">定款認証手数料
登録免許税</td><td>なし</td><td>なし</td></tr>
<tr><td>剰余金配当</td><td>できる</td><td colspan="2">できない</td><td>できない</td><td>出資配当は
できない</td></tr>
<tr><td>決算書類の公表</td><td>会社法 440 条</td><td colspan="2">一般法人法 128 条、199 条</td><td>NPO 法 28 条②</td><td>請求による</td></tr>
<tr><td>課税対象</td><td>全事業</td><td colspan="2">収益事業のみ課税</td><td>収益事業のみ
課税</td><td>収益事業のみ
課税</td></tr>
<tr><td>寄付者への優遇</td><td>なし</td><td colspan="2">公益社団法人・
公益財団法人のみあり</td><td>認定 NPO 法人
のみあり</td><td>なし</td></tr>
<tr><td>その他</td><td></td><td>公益認定基準
を満たせば
公益社団法人</td><td>公益認定基準
を満たせば
公益財団法人</td><td>認定基準を
満たせば
認定 NPO 法人</td><td>一定の条件を
定款に定めれば
特定労働者
協同組合</td></tr>
</table>

（出典）筆者作成

なことであることはいうまでもないことですが，設立時の手続きと必要経費の金額，寄付を含む資金調達の仕方，当該法人に関係がある税制などは，法人格取得の前に考えておかなければならない事項です。

図表1は，設立が比較的容易である公益法人（非営利型），NPO 法人，労働者協同組合を，営利法人である株式会社と比較したものです。ここで労働者協同組合は 2022 年 10 月からスタートした新しい法人制度です。

どの法人形態を取ればいいのかを決めることは，実は難しい問題です。しかし，どのような法人形態であれ，事業が継続するしくみを考えなければなりません。スタート時は盛り上がっても，賛同者が増えなかったり活動資金が枯渇したりすることで，解散しないまでも，何も活動していない状態が続くという場合も少なくありません。したがって，自分がどんな活動を行いたいのかを見極め，その活動を遂行するためにどの法人制度が適切なのかを考えることが重要になります。

V　継続した事業のために

社会貢献という言葉もよく聞かれるようになりました。社会貢献は，社会に役立つために行動することです。また社会貢献は「民間非営利セクターの本来的な存在意義である」（『非営利用語辞典』2022）と定義されることもあります。非営利組織の存在そのものが社会貢献であるということです。株式会社のような営利組織が行う社会貢献は，本来事業の延長線上の活動，あるいは組織の一部の活動ですが，非営利組織はその活動のすべてが社会貢献活動といっても過言ではありません。

ところで，非営利法人の場合，活動資金の調達は非常に重要な問題です。図表 1 で示した非営利法人では，まず会費を集め，寄付金を集めて活動資金の一部にすることになります。しかし，それだけでは到底足りないでしょうから，積極的に助成金や補助金を活用することも重要です。助成金や補助金の募集情報は，募集している助成金・補助金を紹介する Web サイト（助成情報 navi や補助金ポータル）で知ることができます。ただし，法人を設立すればすぐに助成金や補助金が得られるものではありません。しかも必要な資金を満額得られるというわけでもありません。また多くの場合，活動実績が問われますので，法人設立前の任意団体時から活動を継続していることが大事になります。

さて，非営利組織の活動で常につきまとう問題が「生きるための糧をいかに確保するか」です。今から 10 年以上も前に『社会貢献でメシを食う』という本が出版されました。この本では，NPO 法人で働く，あるいは NPO 法人を立ち上げる際に注意すべきこととして所得の問題が取り上げられていました（竹井 2010）。社会貢献を目指して熱い志を持って 20 代に社会貢献活動を自分の一生の仕事にすることに定めたとします。しかし，結婚や子どもができたといった自分のライフステージが変わっても，20 代とほぼ同じ所得だとしたら，生活のために社会貢献活動から離れてしまうことになるかもしれません。

社会貢献活動とみずからの生活の安定をどのようにバランスするかは大きな問題です。しかし，この問題は，会社を興す場合とさほど違いはありません。「この製品は絶対に売れる」という熱い思いと確信を持っていても，消費者のニーズにマッチせず，まったく売れないことも数多くあります。私たちが手に取っている製品は，成功例のほんのわずかにしか過ぎません。しかも製品化までにコストを要していますので，製品がまったく売れなかった場合には，販売者には相応の負担がのしかかります。銀行借入を行っている場合には，債務の返済をどうするかという問題も生じます。

本書では，非営利法人を取り上げました。学校法人や社会福祉法人など，多額の固定資産（土地・建物）を準備しなければならない一部の法人形態を除き，NPO法人や公益法人などでは，製品販売というよりサービスの提供が多くなります。サービス提供コストは比較的安価で，費用としては人件費の割合が大きいといえます。しかし「このサービスは絶対ニーズがある」と思っていても，思うように利用者がいない，つまり，「製品がまったく売れない」ことと同じような経過を辿ってしまうこともあります。したがって，社会貢献のために起業することは，実は営利組織の場合と同様に，さまざまなリスクを考慮する必要があります。継続して事業が遂行できる見通しが立たなければ人件費を賄うことができませんし，経験に応じて所得が増えるというしくみを作ったとしても，現実には絵に画いた餅に終わってしまう可能性が高いわけです。

このように，社会貢献活動で生計を立てるために法人化することは，会社の設立と同じであるということを理解しなければなりません。また，よくいわれるように「小さく産んで大きく育てる」という意識を持つことも重要です。身近な社会課題を対象にするところから始め，支援者を募り，会費収入や寄付収入を増やし，継続して活動することが求められます。

[注]

1) 非営利法人である医療法人の会計基準（厚生労働省令）では，株式会社と同様に貸借対照表と損益計算書の作成を求めています。しかし，資本金の代わりに基金という概念が用いられ，売上高という用語は使われていません。

2) これに続く「ソーシャルビジネス推進研究会報告書」(2011年3月）では，ソーシャルビジネスを「様々な社会的課題（高齢化問題，環境問題，子育て・教育問題など）を市場として捉え，その解決を目的とする事業」との定義を与えています（経済産業省 2011)。

[参考文献]

経済産業省（2008）『ソーシャルビジネス研究会報告書』。
経済産業省（2011）『ソーシャルビジネス推進研究会報告書』。

日本ファンドレイジング協会（2021）『寄付白書2021』日本ファンドレイジング協会。
非営利法人研究学会編（2022）『非営利用語辞典』全国公益法人協会。
米倉誠一郎監修，竹井善昭（2010）『社会貢献でメシを食う』ダイヤモンド社。

[もっと深く学びたい人へのお勧め文献・Web情報]

国税庁法人番号公表サイト　https://www.houjin-bangou.nta.go.jp/
　※営利・非営利を問わず，全国の法人番号付与法人が検索できます。
助成情報navi　https://jyosei-navi.jfc.or.jp/
　※助成金を公募している団体の助成情報を検索できます。
補助金ポータル　https://hojyokin-portal.jp/
　※主に企業向けの補助金・助成金情報を検索できます。
前林清和・中村浩也編著（2021）『SDGs時代の社会貢献活動：一人ひとりができることとは』昭和堂。

コラム16　株式会社でも非営利型？

株式会社は営利を目的として設立されるというのが一般的な見方です。いいかえれば私的利益の追求，利益の最大化を目指し獲得した利益額に応じて分配する組織が株式会社です。しかし本文でも述べたように，CSRやSDGsに力を注ぐ株式会社も少なくありません。

米国では，株主利益の最大化だけを目的にせず，従業員や地域社会に配慮した企業をあらわす「Bコープ」(Benefit Corp) の認定を受ける企業もあります。そして最近では，日本でも非営利型の株式会社も登場しました。これは，会社法に定める制度ではありませんが，利益を配当という形で分配しない，残余財産の分配を行わないことを定款において定めた株式会社です。このような株式会社の出現は，株式会社の新しい方向性を示しています。

（大原昌明）

索　引

数字・欧文

あ　行

か　行

さ　行

た 行

な 行

は 行

ま 行

や 行

ら 行

石津　寿惠（いしづ　としえ）　編著者，第1章，第2章，第6章，第7章

所属：明治大学経営学部教授

略歴：明治大学大学院経営学研究科博士後期課程修了（博士・経営学）。厚生労働省中央社会保険医療協議会（中医協）委員，会計検査院情報公開・個人情報保護審査会委員，神奈川県公益認定等審議会委員等歴任。

主要業績：『公法・会計の制度と理論』（中央経済社，共著），『地方公共団体の公会計制度改革』（税務経理協会，共著），「損益計算と情報開示」（白桃書房，共著）等。

大原　昌明（おおはら　まさあき）　編著者，第3章，第8章・第9章，第16章

所属：北星学園大学経済学部教授

略歴：駒澤大学大学院商学研究科博士後期課程中退。北海道公益認定等審議会会長，非営利法人研究学会常任理事，北海道NPOサポートセンター理事長。

主要業績：『現代企業簿記の基礎（第4版）』（同文舘出版，共著），『原価計算ガイダンス（第2版）』（中央経済社，共著），『非営利用語辞典』（全国公益法人協会，共著）等。

金子　良太（かねこ　りょうた）　編著者，第4章，第13章，第15章

所属：國學院大學経済学部教授

略歴：早稲田大学商学研究科修士課程修了。早稲田大学商学研究科博士課程単位取得退学。2013年4月より現職。公認会計士・米国公認会計士（USCPA；ワシントン州）。政府会計・非営利組織会計の研究を行う。内閣府公益法人の会計に関する研究会委員・経済産業省契約等評価監視委員会委員等。

主要業績：『体系現代会計学第9巻　政府と非営利組織の会計』（中央経済社，共著）『テキスト入門会計学』（中央経済社，共著）『公益法人会計の教科書　中級』（全国公益法人協会，単著）『米国ホテル会計基準Ⅱ』（税務経理協会，共訳）等。

橋本　俊也（はしもと　としや）　第10章，第11章

所属：税理士，登録政治資金監査人　橋本経営会計事務所所長

略歴：愛知学院大学経営学研究科博士課程単位取得退学。

主要業績：『現代国際会計の諸問題』（税務経理協会，編著），共著に『NPO法人実務ハンドブック』（清文社，共著），『NPO法人会計基準〔完全収録版〕』（八月書房，共著），『非営利組織の財源調達』（全国公益法人協会，共著），『財務会計論　国際的視点から』（税務経理協会，共著），「入門　グローバルビジネス」（学文社，共著）等。

花房　幸範（はなふさ　ゆきのり）　第5章

所属：アカウンティングワークス株式会社 代表取締役

略歴：中央大学商学部会計学科卒業。公認会計士・税理士。大手監査法人にて監査業務の他，株式公開，デューデリジェンス業務等に携わる。その後，投資会社の財務経理部長としてM&Aに従事。現在は，アカウンティングワークス株式会社代表取締役として，財務経理業務のアウトソース・業務改善，M&A支援，事業計画作成支援，連結決算に係わるコンサルティングの他，幅広く企業の問題解決・プロジェクト支援・経理人材教育等を手がける。

主要業績：『有価証券報告書を使った決算書速読術』，『最小限の数字でビジネスを見抜く決算書分析術』，『数字のプロ・公認会計士がやっている　一生使えるエクセル仕事術』（いずれもCCCメディアハウス，共著）等。

藤井　亮二（ふじい　りょうじ）　第12章，第14章

所属：白鴎大学法学部教授

略歴：慶應義塾大学法学部法律学科卒業。参議院事務局に入局し，予算委員会調査室首席調査員，企画調整室次長，予算委員会専門員（室長）を経て，2022年4月より現職。予算制度，財政制度を中心に財政政策の研究を行う。栃木地方最低賃金審議会委員等。

主要業績：「財政政策の転機となる2023年度予算」『白鴎大学論集』第37巻第2号，「国庫債務負担行為の現状及び後年度への財政影響」（共著）『社会科学年報』（第54号）専修大学社会科学研究所，「新しい方向性を探る財政投融資制度」『専修大学社会科学研究所月報』No. 665等。

非営利組織会計の基礎知識
―寄付等による支援先を選ぶために

発行日 ── 2023年10月16日　初版発行　〈検印省略〉

編著者 ── 石津寿恵・大原昌明・金子良太

発行者 ── 大矢栄一郎

発行所 ── 株式会社　白桃書房
〒101-0021　東京都千代田区外神田5-1-15
☎03-3836-4781　Ⓕ03-3836-9370　振替00100-4-20192
https://www.hakutou.co.jp/

印刷・製本 ── 藤原印刷

 ISBN 978-4-561-35232-7　C3034